PENTATEUCO

Interpretación eficaz hoy

T0081462

PENTATEUCO

Interpretación eficaz hoy

Samuel Pagán

editorial clie

EDITORIAL CLIE
C/ Ferrocarril, 8
08232 VILADECAVALLS
(Barcelona) ESPAÑA
E-mail: clie@clie.es
http://www.clie.es

PENTATEUCO. Interpretación eficaz hoy
ISBN: 978-84-8267-966-2
Depósito legal: B. 1440-2016
Comentarios bíblicos
Antiguo Testamento
Referencia: 224939

Impreso en USA / *Printed in USA*

SAMUEL PAGÁN

Decano del *Florida Center for Theological Studies* en Miami (Florida). Profesor de Biblia y Literatura Hebrea en el *Colegio Universitario Dar al-Kalima* en Belén (Israel). Ha sido director del departamento de traducción de la Biblia de la *United Bible Societies* en las Américas.

El Dr. Samuel Pagán es profesor de Biblia y literatura hebrea en el Colegio Universitario Dar al-Kalima en Belén; ha escrito más de 30 libros y cientos de artículos entorno a diversos temas teológicos, exegéticos, bíblicos y pastorales.

Ha trabajado en varios proyectos de traducción de la Biblia, ha editado cinco Biblias de estudio en castellano y escribe regularmente en diversos periódicos en torno a temas educativos y referente al Oriente Medio.

Ha servido, además, como profesor titular y visitante de Biblia en diversos seminarios en su natal Puerto Rico y en Estados Unidos, Europa, América Latina, África, Asia y el Oriente; y ha sido decano y presidente de varias instituciones teológicas de educación superior.

Posee un bachillerato en ingeniería química, maestrías en divinidad y teología, doctorados en literatura hebrea y sagrada teología y estudios post-doctorales en arqueología y geografía bíblicas, lingüística y antropología.

Don Samuel es ministro ordenado de la Iglesia Cristiana. En la actualidad vive en Jerusalén junto a su esposa Nohemí.

Dedicatoria

Dedico este libro a mis nietos Samuel Andrés, Ián Gabriel y Matthew Alexander y a mi nieta Natallie Isabelle.

Espero que amen, disfruten y compartan el mensaje de la Biblia, y que vivan a la altura de las enseñanzas de la Ley del Señor.

Contenido

12   *Contenido*

Abreviaturas y símbolos

Símbolos que representan los libros de la Biblia

1. Libros canónicos

Abd	Abdías	Jon	Jonás
Am	Amós	Jos	Josué
Ap	Apocalipsis	Jud	Judas
Cnt	Cantar de los cantares	Jue	Jueces
1 Co	1 Corintios	Lc	Lucas
2 Co	2 Corintios	Lm	Lamentaciones
Col	Colosenses	Lv	Levítico
1 Cr	1 Crónicas	Mal	Malaquías
2 Cr	2 Crónicas	Mc	Marcos
Dn	Daniel	Miq	Miqueas
Dt	Deuteronomio	Mt	Mateo
Ec	Eclesiastés	Nah	Nahúm
Ef	Efesios	Neh	Nehemías
Esd	Esdras	Nm	Números
Est	Ester	Os	Oseas
Ex	Éxodo	1 P	1 Pedro
Ez	Ezequiel	2 P	2 Pedro
Flm	Filemón	Pr	Proverbios
Flp	Filipenses	1 R	1 Reyes
Gl	Gálatas	2 R	2 Reyes
Gn	Génesis	Ro	Romanos
Hab	Habacuc	Rt	Rut
Hag	Hageo	1 S	1 Samuel
Hch	Hechos	2 S	2 Samuel
Heb	Hebreos	Sal	Salmos
Is	Isaías	Sof	Sofonías
Jer	Jeremías	Stg	Santiago
Jl	Joel	1 Ti	1 Timoteo
Jn	Juan	2 Ti	2 Timoteo
1 Jn	1 Juan	Tit	Tito
2 Jn	2 Juan	1 Ts	1 Tesalonicenses
3 Jn	3 Juan	2 Ts	2 Tesalonicenses
Job	Job	Zac	Zacarías

2. LIBROS DEUTEROCANÓNICOS

Bar	Baruc	2 M	2 Macabeos
Eclo	Eclesiástico	Sab	Sabiduría
Jdt	Judit	Tob	Tobías
1 M	1 Macabeos		

Abreviaturas y símbolos generales

a. C.	antes de Cristo	l	litro
AEC	antes de la era común	lit.	literalmente
AT	Antiguo Testamento	m	metro
a. m.	*ante meridiem* (*lat.*: 'antes del mediodía')	*m.*	*meridies* (*lat.*: 'mediodía')
c.	aproximadamente,	ms., mss.	manuscrito o manuscritos
circa		n.	nota
cf.	*confer* (*lat.*: 'compara')	NT	Nuevo Testamento
cm	centímetros	orig.	texto original
DC	deuterocanónico	p. ej.	por ejemplo
d. C.	después de Cristo	*p. m.*	*post meridiem* (*lat.*: 'después del mediodía')
DEC	después de la era común	reimp.	reimpresión
ed., eds.	editor, editores	rev.	revisión
etc.	etcétera	s., ss.	siguiente o siguientes
g	gramo	LXX	versión griega del AT, Septuaginta
gr.	griego		
heb.	hebreo	TM	texto masorético
ibid.	*ibibem*, el mismo autor y la misma obra	trad.	traducción
		v., vv.	versículo o versículos
id.	*idem*, el mismo autor	Vg.	versión latina de la Biblia, Vulgata
kg	kilogramo		
km	kilómetro	vol., vols.	volumen o volúmenes

Abreviaturas de obras académicas

Las abreviaturas de documentos y obras académicas que se incluyen en este libro se fundamentan principalmente en las recomendaciones de Schwertner, *Internationales Abkrzungsverzeichnis für Theologie und Grenzgebiete*, 2 Berlín y Nueva York: W. de Gruyter, 1991.

❀ Prefacio

*Oísteis que fue dicho a los antiguos: «No matarás»,
y cualquiera que mate será culpable de juicio. Pero
yo os digo que cualquiera que se enoje contra su
hermano, será culpable de juicio; y cualquiera que
diga «Necio» a su hermano, será culpable ante el
Concilio; y cualquiera que le diga «Fatuo», quedará
expuesto al infierno de fuego.*

MATEO 5:21-22

La Ley de Moisés

La importante frase, «Oísteis que fue dicho a los antiguos», que en el Evangelio de Mateo se incorpora como parte del llamado Sermón del monte (Mt 5:1-7:28), es una alusión a la Ley de Moisés. En el contexto de esas enseñanzas, que constituyen el fundamento de su mensaje, Jesús de Nazaret explora y expande el significado y la interpretación del mensaje del Pentateuco. La base fundamental de sus palabras fueron las antiguas revelaciones del famoso legislador israelita, aplicadas a su contexto inmediato. Tomó el corazón de la Torá y las enseñanzas de Moisés y las actualizó para que sus discípulos descubrieran y disfrutaran las implicaciones transformadoras del mensaje bíblico.

Jesús se ubica, de esa manera, en la gran tradición de maestros judíos y rabinos que afirmaban y celebraban la Ley y destacaban la importancia de la alianza de Dios con su pueblo. Esa comprensión teológica amplia y ese intenso entendimiento pedagógico de las enseñanzas mosaicas, se ponen claramente de manifiesto, inclusive, en la literatura deuterocanónica o apócrifa (Ecl 24:23-29), en la cual se indica directamente que la Ley fue promulgada por Moisés, es herencia del pueblo de Jacob, y está llena de sabiduría; además, declara que está llena de sensatez e instrucción.

En efecto, la Ley de Moisés contiene el corazón del mensaje de la Biblia, que revela su importancia teológica en las famosas palabras del *Shemá*: «Oye, Israel: El Señor, nuestro Dios, el Señor uno es» (Dt 6:4). Este mensaje pone de relieve la doctrina primordial de la revelación bíblica: ¡Dios es uno! Y esa gran afirmación teológica y monoteísta, se convirtió en el núcleo principal del mensaje de los profetas y sacerdotes, y también de Jesús de Nazaret y sus discípulos.

En cierta manera, en mensaje general de la Biblia se asocia con el estudio, la revisión, el análisis y la actualización de esa enseñanza básica de la Torá. Los profetas presentaban sus oráculos al pueblo para declarar las bendiciones asociadas a la fidelidad y obediencia a la Ley y al pacto que se llevó a efecto en el monte Sinaí, a la vez que promulgaban el juicio divino que se desprendía de las actitudes de infidelidad y rechazo a la revelación divina, de acuerdo con sus expresiones mosaicas.

Desde esta perspectiva histórica y teológica, la Ley de Moisés es un componente indispensable y fundamental en la revelación bíblica, y su estudio y comprensión es determinante para el entendimiento adecuado y la valoración justa del mensaje de los profetas y para aquilatar adecuadamente el ministerio transformador de Jesús de Nazaret.

La revelación divina

Los creyentes, las iglesias y las sinagogas estudian el Pentateuco desde la perspectiva de la fe. Ese entendimiento afirma que la Biblia es parte de la revelación de Dios a la humanidad. Las Sagradas Escrituras no solo son recuentos de las intervenciones de Dios en medio de la historia del pueblo de Israel, sino que constituyen el corazón de la revelación divina a la humanidad. Y de una forma singular, la Biblia es, a la vez, palabra de Dios y palabra humana.

En efecto, la revelación de Dios se hace realidad y se transmite por medio de las palabras de autores humanos que intentan comunicar el mensaje divino. Dios habla por medio de hombres y mujeres, que utilizan el lenguaje para transmitir ideas, conceptos, enseñanzas, historias, poemas, leyendas, leyes… Y por esa singular razón, es menester comprender la naturaleza misma del lenguaje humano, para también entender adecuadamente el mensaje divino.

La revelación de Dios

El Dios del Antiguo Testamento, de acuerdo con los relatos bíblicos, escogió revelarse al pueblo de Israel en medio de la historia, específicamente decidió manifestarse en las vivencias reales y cotidianas de la comunidad, al revelar la Ley y establecer un pacto o alianza con el pueblo, que era el claro objeto de su amor y misericordia.

Hablar es una característica singular de las personas. Las palabras, los mensajes y las comunicaciones son parte esencial en la vida, pues le permiten a la humanidad afirmar su existencia. Las comunicaciones entre las personas, y con Dios, son parte vital de esa existencia, pues es una manera de afirmar la vida. Quizá esa capacidad de comunicación es la que más acerca a las personas a lo eterno, pues es una manera concreta de reflejar «la imagen y semejanza de Dios». Los hombres y las mujeres, hablan, escuchan, atienden, entienden, analizan, hacen pausas en la comunicación, responden… Ciertamente, las palabras son un vínculo indispensable en el desarrollo de convivencias estables, saludables, respetuosas, responsables y dignas.

El lenguaje humano tiene varias funciones que no debemos ignorar, y que pueden identificarse y estudiarse. Hay un propósito informativo esencial en el cual transmitimos hechos, cosas, sucesos, y también interpretamos lo que hemos visto o experimentado. Además, la comunicación nos permite expresar sentimientos profundos e interpelar personas.

En hebreo, la palabra *dabar* significa, a la vez, palabra pronunciada y acontecimiento (Gn 22:1; 1 R 2:41). Por esa razón, tanto *dabar* como *logos*, en griego, pueden traducirse como palabras o suceso. El sentido bíblico de estas expresiones incluye las ideas de palabra, obra, decir y hacer. Y esa palabra bíblica inspira y promueve el diálogo y la respuesta.

La Biblia es Palabra de Dios que se transmite por medio de las comunicaciones de las personas. La revelación divina se divulga a través de esas palabras humanas, que informan, pero que también forman, transforman y reforman. La Biblia en general y el Pentateuco en particular contienen la Palabra divina dirigida a la gente y a los pueblos en medio de sus vivencias cotidianas. Es Palabra creadora (Gn 1-2) y liberadora (Ex 3-15), y también expresión que llama a los patriarcas y a las matriarcas de Israel (Gn 12), y establece pactos con el pueblo (Ex 20). No es una palabra para el entretenimiento, sino el mensaje que fomenta la conversión y la renovación.

La revelación divina se hace realidad mediante el lenguaje humano, que facilita los procesos de comunicación. Esa revelación, que es la manifestación extraordinaria del amor, la misericordia, los juicios y la voluntad divina, se transmite a través de los documentos escritos que se han preservado en las Sagradas Escrituras. El Pentateuco, en esa tradición literaria, afirma que la revelación divina es salvadora, dialogal, universal, comunitaria, familiar, personal, histórica y escatológica.

Nuestro estudio

No son pocos los estudios serios y efectivos de la Biblia en general y del Pentateuco en particular. Esa popularidad se relaciona directamente con la importancia que tienen los cinco libros de Moisés en el desarrollo y el estudio de las Sagradas Escrituras; particularmente, en sus formulaciones teológicas. Y nuestro análisis va a beber de esas buenas fuentes académicas y pastorales, tanto judías como cristianas, para presentar al lector o lectora el estado actual de los estudios en torno a la Ley de Moisés.

Mi objetivo fundamental es poner a la disposición de los lectores y las lectoras de esta obra una presentación sobria, balanceada, asequible y entendible del mensaje del Pentateuco. Mi meta es colaborar con el proceso de comprensión, asimilación, disfrute y actualización del mensaje de la Ley de Moisés. Y mi finalidad es identificar algunas pistas para la interpretación y aplicación de las enseñanzas de la Torá en las comunidades de fe de habla castellana.

No es la primera vez que estudio y publico algún material en torno al Pentateuco o la Torá. Lo he hecho para biblias de estudio y también para una introducción a la Biblia hebrea o el Antiguo Testamento, y cada vez que pondero este material descubro nuevos ángulos teológicos, encuentro detalles de gran significación espiritual y disfruto implicaciones noveles de estas tradiciones antiguas de la historia del pueblo de Israel.

Invito al lector y lectora de esta obra a llegar a las narraciones y leyes del Pentateuco con ojos frescos y mentes dispuestas. Estos relatos antiguos cobran vida propia frente a nosotros cuando estudiamos nuevamente las enseñanzas de Moisés a la luz de la historia del pueblo de Israel y en relación con los desafíos que presenta la sociedad contemporánea a las iglesias y los creyentes. Nuestra finalidad es incentivar y propiciar este proceso de estudio, comprensión y actualización del mensaje de la Torá.

Agradecimientos

Para completar nuestro estudio, debemos reconocer que no han sido pocas las personas a las que debo agradecer su colaboración efectiva. En primer lugar, a mis estudiantes en el Seminario Teológico Fuller, que escucharon por vez primera las reflexiones y enseñanzas que se incluyen a continuación. También debo expresar mi agradecimiento a Alfonso Triviño, de la Editorial CLIE, que con paciencia y firmeza me incentivaba a completar esta obra en el tiempo adecuado y previsto. Y a Nohemí, que siempre lee y edita mis escritos con los ojos del amor y los de la criticidad. ¡Muchas gracias!

Y para culminar este prefacio, debo citar uno de los poemas más antiguos de la Biblia, que se incluye en medio de las narraciones en torno a la liberación de los grupos israelitas de las tierras de Egipto. Es un poema que cantaron Moisés, María y el pueblo, y revela las gratitudes y la confianza que tenían en las intervenciones divinas en el momento oportuno. Afirman que Dios debe ser bendecido, pues se cubrió de gloria y liberó a un pueblo oprimido y herido por el faraón de Egipto y sus ejércitos:

> Cantaré yo al Señor, Porque se ha cubierto de gloria;
> ha echado en el mar al caballo y al jinete.
>
> Éxodo 15:1, 21

Junto al poeta bíblico, me uno a esas alabanzas, pues Dios echó al mar los caballos y los guerreros que intentaban mantener al pueblo del Señor cautivo en la ignorancia y oprimido por la falta de conocimiento...

Dr. Samuel Pagán
Semana Santa 2014

1

❁ Introducción

Cuando Jehová Dios hizo la tierra y los cielos, aún no había ninguna planta del campo sobre la tierra ni había nacido ninguna hierba del campo, porque el Señor Dios todavía no había hecho llover sobre la tierra ni había hombre para que labrara la tierra, sino que subía de la tierra un vapor que regaba toda la faz de la tierra. Entonces el Señor Dios formó al hombre del polvo de la tierra, sopló en su nariz aliento de vida y fue el hombre un ser viviente.

GÉNESIS 2:4b-7

En el principio

Todo comenzó con la visión de un grupo de tribus nómadas en las tierras de Egipto que entendieron haber recibido en una especial revelación divina la orden de salir de la opresión que sufrían en Egipto y liberarse del cautiverio que experimentaban en la sociedad liderada por el faraón. Y esa salida extraordinaria, de acuerdo con los relatos del libro del Éxodo, se constituyó en el núcleo básico que con el tiempo llegó a convertirse en el Pentateuco, para los creyentes cristianos e Iglesias, y en la Torá, para los judíos en sus sinagogas. El recuerdo de un acto significativo y redentor de liberación nacional se convirtió en el fundamento de una extraordinaria obra literaria, que es, el día de hoy, respetada y apreciada igualmente por creyentes y no creyentes.

En efecto, el Pentateuco, y también la Biblia hebrea, es el testimonio elocuente de un pueblo que descubre su identidad y su razón de ser en lo que ellos entienden que son actos divinos de liberación. Esos eventos salvadores los apoyan en su deseo de salir de la opresión y llegar a las nuevas tierras de Canaán, en efecto promisorias, y asentarse y vivir como el resto de las naciones en el Oriente Medio antiguo.

El recuento de esas experiencias significativas de liberación nacional se presenta en diversos géneros literarios para llegar de ese modo a los diferentes sectores del pueblo y también responder a las necesidades variadas de la sociedad. Los actos divinos referentes a la emancipación del pueblo de Israel se articulan en himnos, narraciones, cuentos, leyendas, proverbios, parábolas, leyes, oráculos… Y del estudio sobrio de esas piezas literarias se desprende un gran conocimiento de la vida del pueblo hebreo y judío, en sus diversos períodos históricos.

La gran mayoría de los lectores del Pentateuco lo hace por razones religiosas. La Torá es reconocida como documento sagrado en las sinagogas y las iglesias, y respetada en las mezquitas. Ese particular aprecio se revela inclusive en las formas de disponer el libro, que lo presentan e imprimen como una obra eminentemente religiosa: escrito en dos columnas, encuadernado en negro y, en ocasiones, con bordes dorados. El presupuesto implícito, espiritual y religioso básico, detrás de este acercamiento, es que en esta singular obra literaria se encuentran enseñanzas que no se descubren en otro tipo de literatura.

El valor religioso del Pentateuco, y de la Biblia hebrea, sin embargo, no agota las posibilidades interpretativas ni los apetitos intelectuales de los lectores contemporáneos. Hay quienes llegan a sus páginas para disfrutar una pieza literaria que está a la par con otras obras clásicas del mundo antiguo: por ejemplo, las tragedias griegas o las grandes contribuciones literarias de la Edad Media, de Shakespeare o de Cervantes.

Inclusive, hay quienes se acercan a sus mensajes desafiados eminentemente por sus importantes contribuciones a la civilización occidental. Ciertamente, no son pocos los literatos contemporáneos que toman del Pentateuco ideas, conceptos, mensajes, personajes, valores y enseñanzas, y las ponen en diálogo con la sociedad actual. Es común, por ejemplo, que la gente de diferentes estratos sociales y niveles académicos, en sus diálogos más íntimos, se refieran sin inhibiciones a Adán, Eva, Noé, Abraham, Sara, Moisés…

La narración de la Torá

Aunque, en el idioma hebreo, los sentidos fundamentales de la palabra *torah* son, primordialmente, «enseñanzas», «instrucciones» o «leyes» (Sal 19; 119), una lectura somera de los textos pone en evidencia que el mensaje del Pentateuco o la Torá se presenta generalmente en relatos. Y esa gran narración, que incluye trama, personajes principales y secundarios, puntos culminantes, valores y enseñanzas, comienza al inicio mismo de la historia de la humanidad y culmina con la llegada de los hijos e hijas de Israel a la frontera de la tierra que Dios mismo le prometió a su pueblo.

La narración del Pentateuco puede dividirse en temas, capítulos o episodios. De acuerdo con los textos bíblicos, Dios creó al mundo y a la humanidad en seis días, y luego tomó un descanso. Dios crea al hombre, Adán, lo ubica en un jardín paradisíaco y, posteriormente, crea a Eva, su mujer, como un complemento indispensable para superar la soledad. Ellos tenían acceso a todo lo creado, excepto a un árbol específico cuyo fruto estaba prohibido.

En ese contexto idílico, la narración incorpora las acciones siniestras de una serpiente astuta, que no solo habla, sino que tiene poder de convencimiento y persuasión. Y de una conversación íntima, en la cual se ponen en tela de juicio la justicia y la sabiduría divina, Eva y Adán desobedecen las instrucciones de Dios y son expulsados del jardín del edén.

Al salir del edén, Adán y Eva tienen hijos, surge el primer fratricidio y la desobediencia humana se extiende por el mundo. Esas actitudes de maldad se extendieron por el mundo conocido y Dios decide terminar con esas actitudes impropias y pecaminosas con un diluvio general que exterminó a la humanidad. Solo se salvaron Noé, su familia inmediata y los animales que entraron en la embarcación especialmente construida con ese propósito salvador. De esa manera comienza una nueva época en la Biblia, que también se vio herida por la confusión de los lenguajes en la construcción de una torre en Babel.

La narración del Pentateuco prosigue con el llamado de Dios a Abram (que posteriormente se transformaría en Abraham), que estaba en Mesopotamia. Dios le prometió que sería padre de una gran nación si obedecía y se movía a Canaán. De esa forma, Abraham y Sara salieron de su ciudad, que le brindaba seguridad y estabilidad, para asentarse definitivamente en las nuevas tierras. Y en medio de ese peregrinar, siendo ya adultos avanzados en años, tienen hijos, nietos y familia, que se convirtieron en los antepasados del pueblo de Israel.

Con el tiempo, y debido a una crisis económica y a la hambruna en Canaán, los descendientes de Abraham llegaron y se asentaron en Egipto, donde prosperaron y vivieron; pero, con el tiempo, las autoridades egipcias sintieron que la comunidad de los antepasados de Abraham, llamados ahora israelitas, constituían una amenaza para el desarrollo y la estabilidad del reino e iniciaron una campaña persecución y matanza de niños. Sin embargo, y por el gesto heroico de unas mujeres parteras, un niño se salvó, Moisés, que con el tiempo se convirtió en el líder máximo de su comunidad.

Moisés organizó a los israelitas para salir de Egipto, huir de la persecución y llegar a unas tierras que Dios les había prometido. Fue un viaje difícil y complejo por el desierto, que probó la fe y la perseverancia del pueblo. En medio de ese peregrinar, en el monte Sinaí, Dios le revela a Moisés su Ley en unas tablas de piedra. Y esa revelación se convirtió en el punto focal de la teología bíblica.

Los israelitas que salieron de Egipto, según la narración del Pentateuco, eran muchos: ¡Como 600 000 hombres, sin contar las mujeres ni los niños! Transitaron el desierto de forma errática y con muchas dificultades, problemas y crisis, pero, en medio de todas esas calamidades, Dios reveló su voluntad. En primer lugar, los Diez Mandamientos, y, luego, una serie de leyes que regulaban la vida del pueblo. Las leyes tenían implicaciones en diversos órdenes: por ejemplo, en áreas religiosas, sociales, políticas, económicas, sexuales, familiares, cúlticas, espirituales, éticas, morales, interpersonales, internacionales...

La vida del pueblo en el desierto fue muy difícil. Tanto la salida de Egipto como el peregrinar antes de llegar a las orillas de Canaán, estuvieron marcados por dificultades sociales, religiosas, políticas y militares. Y de esas dinámicas complejas y contradictorias, la figura de Moisés sale como un líder indiscutible en la historia nacional.

La sección final de las narraciones del Pentateuco ubica al pueblo de Israel, y específicamente a Moisés, en las llanuras de

Moab, y luego en el monte Nebo. Y desde el monte, el famoso legislador y líder israelita tiene la oportunidad de ver en la distancia las tierras que Dios había prometido al pueblo. Su discurso final fue para recordarle a la comunidad que la llegada a las tierras de Canaán era parte del plan divino. Afirmó que los israelitas debían cumplir con las responsabilidades y obligaciones relacionadas con la Ley en medio de las nuevas tierras que iban a habitar.

Moisés muere a los 120 años y lo entierran en una tumba desconocida. Josué le sucede, y se convierte en el líder que llevó al pueblo de Israel a las conquistas iniciales en Canaán.

Narración, historia y teología

Evidentemente, las narraciones del Pentateuco se han dispuesto como una gran historia de los orígenes del pueblo de Israel. La finalidad de los escritores y redactores de la obra es presentar la historia nacional de forma coherente y organizada. El objetivo es indicar que Dios ha estado trabajando en medio de su pueblo, desde los momentos iniciales de la historia hasta su llegada a Canaán. Posteriormente, esta misma teología continúa en la Biblia hebrea hasta llegar al exilio en Babilonia y la posterior liberación y retorno del pueblo judío a las tierras de sus antepasados.

Una lectura cuidadosa de estas narraciones descubre que los relatos que se incluyen en el Pentateuco no solo hacen afirmaciones teológicas explícitas, sino que tienen una ideología implícita. Cada una de las narraciones articula no solo conceptos de Dios que responden a diversos momentos de la historia nacional, sino que presentan concepciones del mundo y percepciones de la naturaleza que no pueden obviarse si se desea profundizar en el mensaje de las Escrituras, particularmente para entender los libros de la Ley de Moisés.

De fundamental importancia es comprender que aunque las narraciones de la Torá o el Pentateuco tienen un estilo «histórico», el propósito de los relatos es esencial y esencialmente teológico.

Los autores y redactores de estas narraciones no articulan el mensaje bíblico desde las comprensiones históricas y científicas actuales, sino que desean afirmar que detrás de los acontecimientos naturales, históricos, personales y familiares está la mano divina guiando al pueblo y organizando los eventos. Para entender la teología del Pentateuco, es de medular importancia comprender que la secuencia de los acontecimientos que se presentan en las narraciones escriturales tienen una finalidad espiritual: ¡Dios está al control de la historia humana!

En este sentido, la historia bíblica debe ser entendida como «historia de la salvación», que es un buen término para describir adecuadamente las narraciones que se han incorporado en el Pentateuco. Lo que intenta afirmar el mensaje de la Torá, es que el Dios intervino en la historia humana, creó el cosmos y la humanidad, llamó a Abraham y a Sara, salvó a Moisés, reveló su Ley, estableció un pacto y acompañó al pueblo por el Sinaí, y cumplió su promesa de liberar al pueblo de Egipto y llevarlo a Canaán, que era la tierra prometida.

Esta «historia de la salvación», que ciertamente afirma el poder de Dios, pone de manifiesto una serie de criterios literarios implícitos que debemos identificar y tomar en consideración para aquilatar y comprender de forma efectiva las narraciones y los relatos del Pentateuco.

1. Se trata de unas formas literarias específicas e intencionales, no son relatos que nacen de manera casual o accidental. Se redactan y cuentan para afirmar algún detalle histórico, teológico, étnico, familiar, cultural, social o político.
2. Las narraciones no son solo la presentación de eventos, sino que incluyen su valoración e interpretación. En estas «historias» se incluyen evaluaciones y actualizaciones que permiten leer y recitar los relatos en diferentes períodos y contextos.
3. Los relatos evalúan los acontecimientos de acuerdo con sus causas morales. La articulación de los eventos incluye su valoración ética y sus implicaciones.
4. Estas narraciones provienen de la memoria colectiva de la nación o de algún grupo étnico. El propósito es destacar

algún aspecto de la nación, no enfatizar las experiencias de vida de individuos.

5. Los relatos que se incluyen forman parte de las tradiciones literarias del pueblo y juegan un papel importante en el desarrollo de la identidad nacional. Estos relatos le brindan al pueblo sentido de pertenencia histórica, nacional y étnica.

La redacción de esos relatos bíblicos proviene de diferentes momentos de la historia nacional, desde la época patriarcal hasta el período postexílico. Algunas narraciones se originan en la época que describen o, quizá, en períodos posteriores en que se intentaba comprender la historia nacional. Su redacción final, posiblemente, se llevó a efecto en el exilio en Babilonia o posteriormente a esta época, pues ese fue un momento crucial en la historia del pueblo en el que se necesitaba afirmar la identidad nacional en medio del mundo politeísta en el cual vivía el pueblo judío.

Una peculiaridad que se descubre al leer el Pentateuco es que en medio de las narraciones se incluye una serie de poemas, de diferente longitud, que llegan con diferentes propósitos. Esos poemas, además de interrumpir momentáneamente, le brindan cierta belleza literaria a los textos. Dependiendo el contexto, desean destacar sentimientos, afirmar enseñanzas, subrayar ideas o conceptos de importancia, o quizá, simplemente, se hayan incluido con fines estéticos, que ciertamente propician la memorización del mensaje.

La extensión del poema se relaciona con su ubicación en el relato. Los poemas más cortos, generalmente, están al final de un relato (p. ej., Gn 27:27-29, 39-40; Ex 15:1-21); y los más extensos comienzan o culminan los libros o una de sus secciones (p. ej., Gn 49; Dt 32; 33). Estos poemas no son una añadidura casual en los libros, sino que forman parte integral de las afirmaciones teológicas de la obra.

Junto a las narraciones y los poemas, el contenido del Pentateuco incluye también una serie importante de leyes que le brindan a la obra un singular sentido legal y cúltico. Se trata específicamente de tres colecciones legales que responden a las realidades históricas y sociales del pueblo en diferentes períodos: el Código de la Alianza (Ex 20:22-23:19); el Código de Santidad (Lv 17-26); y el Código Deuteronómico (Dt 12-26).

A esta serie amplia de regulaciones, debemos añadir tres colecciones menores que le brindan a la Torá su específico carácter legal y jurídico: el primer texto del Decálogo (Ex 20:2-17), el segundo texto del Decálogo (Dt 5:6-21) y el llamado «privilegio del Señor» (Ex 34:10-26). Estas leyes abarcan casi la totalidad de la vida del pueblo, aunque le brindan prioridad a los aspectos jurídicos, éticos y litúrgicos.

De acuerdo con mensaje del Pentateuco, estas leyes, lejos de ser respuestas humanas a los problemas diarios de las comunidades, son parte integral de la revelación divina. Y esa revelación tenía dos fuentes básicas y principales. En primer lugar, Dios directamente le dio el Decálogo al pueblo (Ex 20:2; Dt 5:6); además, Moisés fue instrumento para transmitir otras leyes de importancia (p. ej., Ex 20:18-21, 22; Dt 5:22-31). De esta forma se reitera el origen divino de las leyes del Pentateuco, que con el tiempo le dieron en nombre a la obra: la Torá, o Ley.

Las diversas leyes que se incluyen en los códigos del Pentateuco se elaboraron y revisaron en la intimidad del pueblo. Con la influencia de las experiencias legales de los pueblos vecinos, esa comunidad de israelitas, que tenía una historia definida de cautiverio y liberación, revisó, actualizó y redactó esas leyes y códigos. Ese fue el marco de referencia para el establecimiento de la alianza o pacto en el Sinaí. En ese singular pacto, el pueblo reconocía en el Señor al único Dios verdadero y aceptaba sus leyes como base para la convivencia.

Valores espirituales y teológicos

El fundamento básico del gran mensaje del Pentateuco es el reconocimiento claro y certero de que en su origen mismo de la historia, el cosmos y la humanidad se encuentra una experiencia religiosa extraordinaria, significativa y transformadora. Esa gran afirmación teológica se pone en evidencia clara al leer en las páginas de la Torá: Dios se reveló al pueblo de Israel en medio de las vivencias humanas, como Dios único, *creador de los cielos y la tierra,* y *Señor del universo y la historia.* Y esas profundas convicciones teológicas subrayan la naturaleza profundamente espiritual de las Sagradas Escrituras.

De importancia capital en la teología de la Biblia hebrea está el tema del pacto o la alianza de Dios con el pueblo de Israel. Esta relación, de acuerdo con el testimonio escritural, no se fundamenta en las virtudes del pueblo ni se basa en alguna acción positiva de Israel. Por el contrario, de forma libre y espontánea, el Dios que crea y libera se compromete solemnemente a ser Señor y Redentor del pueblo y reclama el cumplimiento de una serie de leyes y estipulaciones que revelan su verdadera naturaleza divina, relacionada específicamente con los conceptos de santidad y justicia.

Esa singular afirmación teológica de la alianza o pacto de Dios con el pueblo de Israel se repetía con insistencia y regularidad en los eventos cúlticos y en las fiestas solemnes nacionales. Además, los profetas bíblicos se encargaban de recordarle al pueblo ese importante compromiso divino-humano, cuando la comunidad se olvidaba de vivir a la altura de los reclamos éticos y morales de la fidelidad y lealtad que se debía a Dios.

Ese particular sentido de llamado y elección debe ser entendido con propiedad teológica, responsabilidad histórica y discernimiento moral. El propósito de esa singular relación divino-humana no revela actitudes de discrimen y rechazo hacia otras naciones y comunidades, tanto antiguas como modernas. De acuerdo con la revelación bíblica, el pueblo de Israel fue seleccionado y elegido para llevar el mensaje del Dios único y verdadero al resto de las naciones, por su condición de esclavo y oprimido, por su estado precario de salud social y política, por su fragilidad nacional y espiritual. Y de esta forma se convierte en canal de bendición para el resto de la humanidad. La elección es la respuesta divina a la opresión y el discrimen que vivía el pueblo en Egipto, no es un signo de discrimen étnico.

No es la finalidad teológica de las narraciones del Pentateuco, que se fundamentan en convicciones religiosas profundas y firmes, brindar al pueblo de Israel algún tipo de licencia divina para discriminar con alguna justificación religiosa, en respuesta a sus cautiverios previos y penurias antiguas. Por el contrario, el pueblo de Israel es llamado por Dios para ser agente de liberación y esperanza para la comunidad internacional, pues ellos ya experimentaron, según el testimonio escritural, la acción liberadora de Dios.

No fue elegido Israel por alguna virtud étnica, de acuerdo con las narraciones bíblicas, sino porque estaban cautivos en Egipto, porque sufrían las penurias de la opresión, porque vivían la angustia de la persecución por parte de las autoridades políticas de Egipto. El fundamento primordial para la selección divina fue la fragilidad humana y nacional, no el descubrimiento de características especiales del pueblo. El Dios eterno y liberador respondió al clamor de un pueblo en necesidad, y esa respuesta al reclamo humano fue el contexto básico para la selección del pueblo de Israel.

Por estas razones teológicas, nunca debe utilizarse la experiencia de fe de individuos o comunidades para justificar la opresión y el cautiverio o para manifestar actitudes de prepotencia política y arrogancia religiosa, espiritual, cultural o nacional hacia otros individuos, comunidades, sectores o grupos étnicos. El pacto o alianza de Dios con Israel es una manifestación concreta de la gracia divina, que desea llegar a toda la humanidad a través de una comunidad histórica definida.

Entre las ideas sobre Dios que se revelan en la Torá, se incluyen las siguientes, que no pretenden agotar el tema:

1. CREADOR

Dios es creador: Desde las líneas iniciales de la Biblia hasta sus ideas finales, ya sea en la Biblia hebrea o el Nuevo Testamento, se manifiesta una vertiente muy fuerte y definida que afirma que el mundo, de la forma que está organizado, no es el resultado de la casualidad histórica ni del azar cósmico, sino producto de la acción divina inteligente, organizada y programada. Y esa importante declaración teológica, se revela con claridad meridiana tanto en las antiguas narraciones épicas de la Biblia (Gn 2:7, 21-22), como en la poesía (Sal 139:7-8, 13, 15-16), y también en los mensajes proféticos (Is 40:12-31; 45:8-13).

En efecto, el Dios bíblico es el Señor que crea el cosmos, la naturaleza, la flora y la fauna y, como culminación de esos procesos de creatividad extraordinaria, crea a los seres humanos a su imagen y semejanza. Y de acuerdo con el testimonio del libro de Génesis, que también se manifiesta en el resto de la literatura bíblica, el proceso dinámico de creación, que es una forma de establecer orden y separar espacios definidos en el mundo, se lleva a efecto mediante la palabra divina: Dios ordena y la naturaleza responde...

De singular importancia en la teología del canon bíblico, es que el mensaje escritural comienza en Génesis con la creación de «los cielos y la tierra» (Gn 1:1-3), y finaliza, en el libro de Apocalipsis, con la creación de «los cielos nuevos y la tierra nueva» (Ap 21-22). En efecto, el gran paréntesis teológico que cubre toda la teología bíblica y las narraciones escriturales es la creación divina.

2. SANTIFICADOR

Dios es santificador. Este tema es de fundamental importancia en la teología bíblica, especialmente en las comunidades sacerdotales y los círculos cúlticos y litúrgicos (Lv 17-25). La santidad divina, que es un atributo insustituible del Dios de Israel, es un concepto que pone de manifiesto la creatividad e imaginación de los teólogos en las Escrituras. Para profetas como Isaías, el tema cobró importancia capital, pues destacaba las cualidades de Dios en contraposición a las divinidades extranjeras (Is 45:20-25), representadas por los imperios internacionales que amenazaban la estabilidad social y económica, la independencia política y militar, y la salud mental y espiritual del pueblo.

Una afirmación teológica adicional merece especial atención en el análisis de este importante concepto bíblico. De acuerdo con las leyes sacerdotales, Dios mismo demanda y reclama la santidad del pueblo, para que se manifieste con claridad la continuidad ética divina-humana. Con la solemne declaración «santos seréis, porque santo yo soy» (Lv 19:2), se pone claramente de manifiesto el corazón del concepto. En el contexto de las leyes que regulan los comportamientos humanos, y que también manifiestan las preocupaciones éticas y morales de la Torá, se destaca y subraya el imperativo categórico de vivir a la altura de las leyes y los preceptos de Dios. De acuerdo con las enseñanzas del Pentateuco, la santidad no es un tema secundario, bueno para la especulación filosófica; por el contrario, es un valor indispensable y necesario para el gobierno y la administración de los procesos decisionales de la vida.

3. LIBERADOR

Las lecturas bíblicas sistemáticas descubren sin mucha dificultad que la liberación es un tema de gran importancia histórica y teológica en las Sagradas Escrituras. Las diversas formas de liberación que se incluyen, tanto en el Antiguo Testamento como en el Nuevo, son, en efecto, expresiones concretas del poder divino y de la misericordia del Señor. Y esas manifestaciones de la autoridad y las virtudes de Dios les permiten a individuos y naciones romper con las dinámicas que los cautivan y les impiden desarrollar el potencial que tienen. Según la revelación en las Escrituras, el Dios bíblico es esencialmente libertador.

El libro de Éxodo es el relato básico, de acuerdo con los escritores y redactores del Pentateuco, de la gesta inicial y fundamental de liberación del pueblo de Israel del cautiverio ejercido sobre ellos por el faraón de Egipto. Esa característica divina rechaza, de forma categórica, abierta y firme, los cautiverios y las acciones que atentan contra la libertad humana. La salida de Egipto, aunque representó el evento fundamental para la constitución del pueblo de Israel, era también una enseñanza continua. Dios no creó a las personas ni a los pueblos para que vivieran cautivos, sojuzgados, perseguidos, derrotados, angustiados, disminuidos ni destruidos: los creó para que disfrutaran la libertad con que fueron creados.

4. JUSTO

Y relacionado con el importante tema de la liberación, se pone en evidencia clara en las páginas de la Biblia la afirmación teológica de que Dios es justo. Esa declaración y comprensión teológica, es una forma efectiva de traducir las virtudes eternas y extraordinarias de Dios en categorías humanas concretas, asimilables, entendibles, compartibles...

La justicia divina es un tema que no debe reducirse a los diálogos teológicos del pueblo y sus líderes, sino que demanda su aplicación concreta y efectiva en medio de las realidades cotidianas de la existencia humana y entre las acciones y negociaciones nacionales e internacionales. La gran crítica de los profetas a los líderes del pueblo era que, aunque participaban de algunas experiencias cúlticas y religiosas significativas en el Templo, no ponían en práctica las implicaciones concretas de las enseñanzas religiosas.

Para los profetas de Israel, la implantación de la justicia era el criterio fundamental e indispensable para evaluar las acciones de las personas, particularmente las decisiones de los reyes.

5. DIOS DE PAZ

Dios es paz, y en el contexto de estas enseñanzas teológicas, el Pentateuco presenta un mensaje capaz de llevar salud mental y espiritual a quienes lo leen, estudian y aplican. El importante concepto bíblico de *shalom*, que en castellano se ha vertido generalmente como «paz», tiene una acepción más amplia y profunda en el idioma hebreo. Ese *shalom* no se relaciona únicamente con la eliminación de las dificultades, ni tampoco con los deseos de superar los conflictos con sentido de inmediatez, sin tomar en consideración las implicaciones futuras de las decisiones.

La «paz» bíblica se relaciona inminentemente con las ideas de bienestar, salud, prosperidad, abundancia, gozo, felicidad. Es un valor que incluye los conceptos de sentirse completo, bendecido, feliz, dichoso, bienaventurado. La experiencia religiosa que incentiva y promueve ese tipo de paz contribuye de forma sustancial y significativa a la salud emocional, social y espiritual de sus adeptos.

La paz en la Biblia es el resultado de la implantación concreta y específica de la justicia... No es un estado emocional que evade sus realidades ni respeta las adversidades de la vida. Por el contrario, es una actitud de seguridad y afirmación que le permite a la gente enfrentar los mayores desafíos de la existencia humana con sentido de seguridad, optimismo, realidad y esperanza.

Personajes y protagonistas

Desde la perspectiva teológica, la fuerza que guía la narración del Pentateuco es el compromiso divino que se manifiesta claramente para no solo crear el mundo y la humanidad, sino para liberar a los hijos e hijas de Israel y llevarlos al umbral de la tierra prometida. La gran afirmación teológica en los relatos es que un Dios creador y libertador cumple sus promesas.

El análisis literario de la Torá revela, además, una serie de personajes que hacen posible la revelación y la manifestación de la voluntad de Dios en medio de las vivencias del pueblo. Estos personajes, que están al servicio de la trama central de la obra, propician las dinámicas que hacen posible la comunicación de los valores y las enseñanzas que el Pentateuco desea presentar a sus lectores y oyentes.

Como en toda obra magna, en las narraciones de la Torá hay protagonistas y personajes secundarios. Por ejemplo, Dios (el Señor), Adán y Eva, Abraham y Sara, Jacob e Israel; además de Enoc, Noé, Isaac, Rebeca, Lea, Aarón, María, Josué... Todos ellos contribuyen a la presentación de un gran relato y afirman el mensaje básico y fundamental de la obra: el Dios creador, es también libertador y fiel a sus promesas.

1. Dios

El primer gran personaje de la obra es Dios, cuyo nombre propio se revela en la zarza que arde (Ex 3:15), Yahvé (o Jehová, en las versiones Reina-Valera de la Biblia). Tanto desde el ángulo teológico como desde el literario, la figura principal del Pentateuco es Dios. Y es el protagonista indiscutible, pues el resto de los personajes de la Torá dependen directamente de sus palabras, gestiones y voluntad. Entre las acciones extraordinarias de Dios, se pueden identificar las siguientes: creó el cosmos y la humanidad; llamó a Abraham a trasladarse desde Mesopotamia a Canaán; salvó y preparó a Moisés para convertirlo en el libertador nacional; reveló sus leyes en el monte Sinaí; cuidó y guio a los israelitas en su peregrinaje por el desierto y, finalmente, cumplió su palabra y los llevó frente a la tierra prometida.

El Señor, en efecto, en las narraciones del Pentateuco, y desde la perspectiva literaria, es un personaje complejo. Una lectura cuidadosa de los textos bíblicos pone de manifiesto sus acciones, preocupaciones, intervenciones, rechazos, dolores, alegrías, compromisos, decepciones, revelaciones... Y ese panorama tan amplio de características complica el proceso de sistematización del personaje.

La presencia divina es un factor constante en los relatos de la Torá, pues únicamente el nombre personal de Dios (Yahvé) se incluye de forma explícita sobre 1 800 veces. Además, Dios interviene de forma magistral en momentos de crisis nacional y se asocia directamente con algún episodio fundamental de los otros personajes (p. ej., Adán y Eva, Abraham y Sara, y Moisés).

De gran importancia literaria, y también teológica, es la autodefinición de Dios. Se proclama como el Dios de los patriarcas y de las matriarcas, o antepasados de Israel (Ex 3:6, 15), y también como el que liberó a los hijos e hijas de Israel de las tierras de Egipto (Ex 20:2). En primer lugar, Dios se autodefine como una divinidad que toma en consideración el pasado de su comunidad (Gn 12-50) y, a la vez, es el Dios que los lleva al futuro, a la tierra prometida (Éxodo-Deuteronomio). Esos dos pilares teológicos se deben unir a las declaraciones de Dios como creador (Gn 1-11).

2. ABRAHAM

El protagonismo de Abraham en las Sagradas Escrituras se pone claramente de manifiesto al leer los relatos que le presentan: es el padre de Isaac y abuelo de Jacob e Israel, y de esa forma se convierte en el gran antepasado del pueblo de Israel.

La narración de los orígenes de la humanidad (Gn 1-11) va orientada hacia el patriarca Abraham, quien es llamado por Dios, desde la antigua ciudad de Ur, en Mesopotamia, para llegar a Canaán y hacer de su descendencia una gran nación (Gn 12:2). De la misma forma que Adán y Eva son los progenitores de la humanidad, Abraham y Sara lo son del pueblo de Israel.

De singular importancia en las narraciones del Pentateuco, particularmente en el libro de Génesis (Gn 1-11), es que las genealogías sirven para concatenar la narración y unir a los primeros personajes con Abraham y luego con Moisés. La afirmación literaria, que ciertamente tiene implicaciones teológicas, es que la historia de la humanidad está unida desde el comienzo mismo de la creación. Y para logar esa importante transición histórica, el autor de la Torá hace uso de personajes que, en algunos momentos, inclusive tienen que romper con su historia personal y familiar, como el caso de Abraham y Sara, que fueron llamados a salir de Ur para ser parte de la «historia de la salvación».

Lo que ubica a Abraham en la línea de personajes protagónicos del Pentateuco, y también de la historia del pueblo de Israel, es que obedeció el llamado divino a dejar atrás su pasado (Gn 12:2) y emprender un nuevo proyecto de vida en Canaán. Y esa revelación divina y la obediencia humana vino ¡cuando nuestro personaje tenía 75 años!

De los previos 74 años de Abraham, los autores del Pentateuco no nos bridan información ni noticias. Solo les interesa destacar las acciones del patriarca luego de su respuesta obediente a la revelación divina. Tampoco las narraciones presentan la información necesaria para escribir su biografía. La Biblia contiene solo narraciones antiguas que destacan los aspectos teológicos y morales del personaje. El propósito teológico y educativo era que Abraham sirviera de modelo para los judíos que estaban exiliados en Babilonia y soñaban con regresar a la tierra prometida.

3. JACOB E ISRAEL

Los nombres Jacob e Israel aparecen estrechamente ligados en las narraciones de Pentateuco, hasta que finalmente se unen y llegan a identificar al mismo personaje (Gn 32:28; 35:10). En los relatos que presentan al patriarca José, los nombres son sistemáticamente intercambiados (p. ej., Gn 37:13; 42:5).

De este personaje, la Torá ofrece alguna información valiosa para entender sus acciones y su estilo de vida. Su comportamiento antiético le hace huir de sus tierras, llegar al pozo y encontrarse con la que sería su esposa (Gn 27:41-45; 29:1-14). Posteriormente se presenta su matrimonio y el crecimiento de su familia (Gn 29:15-30:24), y también su regreso y encuentro con su hermano (Gn 31:2-32:22; 33:1-20).

La finalidad de los relatos es que el pueblo vea en las acciones de Jacob, sus comportamientos. Y estas narraciones en torno a Jacob e Israel, son el preámbulo inmediato para las narraciones de la salida de los israelitas de las tierras de Egipto.

4. MOISÉS

El carácter protagónico de Moisés en la Torá e historia del pueblo de Israel no está en juego. Sus contribuciones a la narración general del Pentateuco son fundamentales, pues es el eje de dos episodios de importancia capital: fue el líder de la salida de Egipto y también fue la persona que recibió las tablas de la Ley y medió en el pacto o alianza entre Dios y su pueblo.

Entre las características que se presentan de Moisés en el Pentateuco, vamos a destacar la siguiente: es un instrumento divino para traducir la voluntad divina en las vivencias diarias del pueblo, para llegar a ser parte de la historia nacional. Su personalidad es compleja, pues, a la vez, es un tipo de jefe militar y profeta (Ex 3:1-15; Dt 34:10-12), y esta combinación es difícil de entender en las sociedades occidentales contemporáneas.

En el monte Sinaí, Moisés se presenta esencialmente como el mediador entre Dios y el pueblo (Ex 20:18-19; Dt 5:5). También los relatos lo describen como intercesor, pues cada vez que el pueblo se queja oficialmente de alguna situación o, inclusive, aunque solo murmurara, Moisés se allegaba ante Dios para implorar el perdón, la misericordia y el apoyo divino (Ex 15:22-25; 17:1-7).

La figura de Moisés es tan importante, en las narraciones de la Torá, que hasta lo llaman «el siervo del Señor» (Ex 14:31; Dt 34:5). Esa frase descriptiva es una forma literaria y teológica para destacar las virtudes y los compromisos del famoso legislador de Israel con Dios. Con ese idioma, el Pentateuco pone claramente en evidencia que Moisés mantuvo una relación especial con Dios.

Las mujeres

En un mundo patriarcal, en donde las mujeres tenían su rol social primario en el hogar, las narraciones del Pentateuco incluyen una serie de mujeres con voz, protagonismo, mentes independientes, sentido de dirección. Eva tiene la capacidad de tomar decisiones y de convencer a su compañero, Adán (Gn 2). En los relatos patriarcales, las matriarcas, como por ejemplo, Sara, Hagar y Lea, y también María, hermana de Moisés y Aarón, hablan, disienten, ríen, lloran, toman decisiones de importancia… ¡Estas mujeres no están silenciadas! ¡No son invisibles!

Respecto al tema del protagonismo de las mujeres en la Torá, no debemos ignorar que fueron mujeres las que se organizaron para salvarle la vida a Moisés, quien es el protagonista por excelencia de la obra. La mamá de Moisés quería salvarlo, a pesar de los edictos reales; las parteras se confabularon para proteger al niño y la hermana de Moisés lo cuidó en su travesía por el río Nilo. De esta manera se destaca que, aunque Moisés es el protagonista humano más importante del Pentateuco, las mujeres fueron el instrumento divino para salvarlo y ayudarlo a hacer la voluntad de Dios.

Los pobres

Los sectores más vulnerables, oprimidos, excluido y pobres de la sociedad ocupan un lugar singular en las narraciones y leyes del Pentateuco. Esos grupos marginados y heridos por las instituciones económicas, políticas y religiosas, tienen un trato preferencial en la teología de la Torá. El Dios del Pentateuco está muy interesado en el bienestar y en la liberación de los sectores desposeídos del pueblo de Israel.

Esa singularidad teológica se revela en las narraciones del éxodo de Egipto, que indican que Dios escuchó el clamor del pueblo y decidió intervenir con virtud liberadora. En efecto, los relatos escriturales ponen de manifiesto la solidaridad divina con la gente que estaba en el cautiverio continuo y creciente de la pobreza. Y la intervención de Dios los sacó del cautiverio y la pobreza para llevarlos a una nueva tierra, Canaán, que simbolizaba progreso y bienestar.

La teología bíblica que apoya a los pobres no solo se manifiesta en las secciones narrativas del Pentateuco, sino que se revela con fuerza en la articulación e implantación de las leyes. Inclusive se presentan disposiciones especiales en casos extremos de que alguna persona sin recursos recurra a hacer un préstamo para evitar la perpetuación de la pobreza (Ex 22:21-27; Lev 25:35-40; Dt 23:19-20).

El fundamento ético para el desarrollo de la legislación contra la pobreza y de protección a los sectores más vulnerables de la sociedad es que el pueblo debía recordar que estuvo esclavo y cautivo en Egipto y que Dios intervino para finalizar esas penurias y dinámicas de desesperanza y opresión social, económica y política. De forma clara y contundente, la ley indica que no se debe oprimir al jornalero pobre y menesteroso (Ex 22:21-22; 23:9; Dt 24:14-18). Además, esas regulaciones tenían explícitas, importantes implicaciones morales, pues rechazaban y castigaban los falsos testimonios (Ex 23:1).

Géneros literarios

El mensaje histórico, teológico y religioso del Pentateuco se articula en términos humanos mediante una serie de géneros literarios que facilitan la comprensión y propician el aprecio de la revelación divina. Para los creyentes, tanto judíos como cristianos, esta revelación bíblica tiene muchas virtudes espirituales que se manifiestan con vigor en medio de la belleza literaria y estética que se encuentra en sus escritos.

Los escritos bíblicos se pueden catalogar, en una primera evaluación, en los dos grandes géneros literarios: la narración y la poesía. Sin embargo, un análisis más riguroso, minucioso, detallado y sobrio de esta literatura descubre que entre esos dos géneros mayores se encuentra una serie compleja y extensa de formas de comunicación que no solo añaden belleza a los escritos, sino que facilitan los procesos de memorización y disfrute de la revelación divina.

La lectura de la Torá, desde la perspectiva del análisis literario, descubre los siguientes géneros, entre otros:

- Relatos históricos, que pretenden transmitir las experiencias de vida de algunos personajes importantes de la historia de Israel (p. ej., Ge 11:27-25:7). Este tipo de narración alude al pueblo de Israel, presenta a sus personajes más importantes y significativos y alude a las naciones vecinas y sus gobernantes.

- Narraciones épicas, como la liberación de Egipto, el peregrinar por el desierto Sinaí o la conquista de las tierras de Canaán, que revelan las gestas nacionales que le brindan al pueblo de Israel sentido de identidad, cohesión y pertenencia (p. ej., Ex 1-15).

- Leyes y documentos legales, que ponen de manifiesto las regulaciones religiosas y las normas éticas y morales que debía seguir el pueblo si deseaba mantener una relación adecuada de pacto con Dios. Estas leyes también revelan la naturaleza divina, que se describe con términos significativos y valores fundamentales, como santidad, justicia, fidelidad y rectitud (p. ej., Ex 19:1-24:18; Lv 17:1-25:55).

- Genealogías, que son piezas literarias de gran importancia y significación para el mundo antiguo, pues intentaban afirmar el sentido de pertenecía y pertinencia de una persona o una comunidad. Estas formas literarias tienen un gran valor teológico en la Biblia hebrea, pues relacionan al pueblo de Israel con la creación del mundo y el origen de la humanidad (p. ej., Gn 5:1-32; 10:132; 11:10-31).

* Poemas de orígenes, que son piezas literarias de naturaleza religiosa que presentan el inicio de la historia de la humanidad y la creación del mundo desde una perspectiva teológica y espiritual (p. ej., Gn 1:11-3:24). La finalidad no es hacer una descripción científica del comienzo de la vida y la existencia humana, sino afirmar que fue Dios y solo Dios el responsable de la existencia de la naturaleza y de todo lo creado.

Capítulos y versículos

La disposición moderna de la Biblia, en capítulos y versículos no proviene de tiempos muy antiguos. Originalmente, las Sagradas Escrituras se presentaban en manuscritos de papiro o cuero que se organizaban por libros, secciones o temas. El sistema de capítulos se introdujo en el s. XIII por el arzobispo de Canterbury, Stephen Langton. En París (en el año 1231), apareció por primera vez una Biblia dividida en capítulos.

La incorporación de los versículos se llevó a efecto posteriormente en Ginebra (en el año 1251). Fue el exiliado tipógrafo protestante francés, Robert Estiénne, quien los introdujo para facilitar la identificación de párrafos y la búsqueda de porciones de importancia. Y con estas innovaciones se editaban las Biblias, hasta que llegó la revolución de la imprenta y la Reforma protestante en Europa.

En el s. XV, la Biblia fue el primer libro en ser publicado con el sistema de imprenta de Gutenberg. Hasta ese momento, las Escrituras solo eran conocidas, leídas y estudiadas por grupos selectos de religiosos. La gente común solo conocía lo que escuchaban de quienes sabían leer y les explicaban sus mensajes. Los manuscritos en círculos de personas literatas eran objeto de veneración, reconocimiento y aprecio, pero eran desconocidos por la gran mayoría de los creyentes que no sabían leer.

El texto hebreo

Hasta los años finales del primer siglo de la iglesia, la Biblia hebrea se transmitía a través de diversas familias y grupos de copistas, que se encargaban de transcribir y procesar cuidadosamente los manuscritos recibidos. Al caer Jerusalén en el año 70 d. C., y con el advenimiento del grupo de los fariseos como representantes oficiales del judaísmo normativo, surge en la comunidad la necesidad de preservar los textos sagrados con particular esmero y determinación. De esa forma es que surgen los manuscritos que se relacionan con la tradición masorética, que alude al grupo de eruditos judíos que compilaron por el s. x d. C. los manuscritos de la Biblia hebrea.

La alusión a los «masoretas» hace referencia a la «masora», que es el conjunto de notas y aclaraciones en forma de apéndice que se juntaron al texto bíblico para ayudar en el proceso de comprensión del mensaje escritural. Ese grupo excepcional de eruditos judíos, fue el que se encargó de añadir un sistema de vocales a las consonantes con que se transmitió por siglos el texto hebreo. El trabajo de los masoretas fue tan efectivo que con el tiempo fue remplazando gradualmente otras formas de transmisión de los textos hebreos, hasta el grado que representan los manuscritos más antiguos de la Biblia hebrea, con solo algunas excepciones (p. ej., los documentos descubiertos en Qumrán, en el mar Muerto, provienen del s. x d. C.). Referente a la efectividad de esos textos masoréticos, es importante indicar que los manuscritos de Qumrán confirman, en la mayoría de los casos, el buen trabajo de los masoretas judíos.

Los libros de la Biblia hebrea fueron escritos en hebreo, aunque hay algunas secciones menores que se encuentran en arameo (p. ej., dos palabras en Gn 31:47; Jer 10:11; Dn 2:4-7, 28; Esd 4:8-6:18; 7:12-26), lenguas semíticas que provienen del mismo sector noroccidental del Oriente Medio. Los libros deuterocanónicos se escribieron tanto en hebreo (p. ej., Sirácide –o Sabiduría–, 1 Macabeos, Baruc, y algunos fragmentos de Ester), como en griego (p. ej., Sabiduría y 2 Macabeos); y, además, se conservan algunas copias griegas de posibles previos manuscritos semíticos (p. ej., Tobías, Judit y algunos fragmentos de Daniel).

La escritura del idioma hebreo tuvo tres períodos importantes de desarrollo. El primer tiempo, y el más antiguo, se relaciona con el uso de los caracteres fenicios en la grafía del idioma; posteriormente se utilizó el alfabeto de las consonantes arameas, luego del exilio en Babilonia, para, finalmente, llegar al sistema de las vocales del s. VI al X d. C.

Las narraciones bíblicas orales más antiguas se redactaron primeramente con los caracteres fenicios; posteriormente, se transliteraron al hebreo con las consonantes arameas; y, al final del proceso de redacción, en el Medioevo, se incorporaron las vocales y los demás signos diacríticos, junto a las observaciones textuales hechas por los eruditos masoretas.

Los materiales que se utilizaban para escribir los textos hebreos eran variados; por ejemplo, desde piedras raras (Ex 24:12; 31:18; 34:1) o cubiertas de cal (Dt 27:2), hasta tablillas de barro cocido; desde tablas de plomo, bronce, plata u oro (Job 19:24; Is 8:1; 1 M 8:22; 14:18,26), hasta tablas de arcilla (Ez 4:1). Además, se escribía en cuero, papiros y pergaminos, y el instrumento de escribir era el estilete de hierro con punta de diamante o la caña para escribir en materiales más suaves, como los papiros (Jer 17:1; Job 19:24; 3 Jn 13).

Las Escrituras se preparaban, guardaban y disponían en forma de rollos (véase, p. ej., Jer 36:2; Ez 3:1; Zac 5:1; Sal 40:8; Job 31:35): una larga hoja, o tira de papiro o pergamino, de acuerdo con la extensión del documento, se enrollaba hasta llegar al final, y los rollos tenían una especie de bastones que los mantenían en su lugar y facilitaban su manejo. Hacia el s. II d. C. se comenzó a utilizar las formas de códices en los pergaminos (que era una especie básica de libro), pero los hebreos mantuvieron el sistema de rollos por siglos, antes de implantar finalmente esa nueva tecnología de escritura y administración de documentos.

Los autores originales e inspirados del mensaje bíblico no guardaron sus documentos iniciales o mensajes básicos. En la actualidad solo poseemos copias de copias de esos primeros manuscritos, llamados autógrafos, que no llagaron hasta nuestros

días. Posiblemente desaparecieron no mucho después de su redacción, pues los materiales en los cuales se escribía no eran du-
raderos, como el papiro que se deterioraba con relativa facilidad.

Las copias más antiguas que tenemos de algunas porciones de
la Biblia hebrea provienen del s. II a. C.: en primer lugar, poseemos copias del *papiro Nash* y también disponemos de los fa-
mosos manuscritos descubiertos en las cuevas de Qumrán, muy
cerca del mar Muerto. La preservación de estos importantes manuscritos se debió principalmente a las condiciones climáticas
desérticas de los lugares en donde fueron encontrados. *El papiro
Nash* contiene parte del Decálogo (Ex 20; Dt 5:6-26), y la oración *Shemá* (Dt 6:4-9). Y *los manuscritos de Qumrán* contienen
numerosas copias de casi todos los libros de la Biblia hebrea,
junto a otras obras de gran importancia para la comunidad esenia
que vivía en la región del mar Muerto.

El texto hebreo de mayor autoridad y respeto entre los eruditos
el día de hoy es el masorético (TM). Aunque otras familias de manuscritos antiguos, tanto hebreos como griegos, cargan gran peso
e importancia en el estudio de la Biblia, el análisis crítico del
texto masorético (TM) ha revelado que representa una tradición
bien antigua, especialmente en referencia a las consonantes de
los manuscritos, que fue fijada por un grupo docto, escrupuloso
y muy especializado de rabinos por los s. I y II d. C. Otra familia
importante de manuscritos se relaciona con la versión griega de
la LXX, que es muy útil para la comprensión de pasajes complejos
o la comprensión y traducción de algunas palabras y expresiones
difíciles de entender en el TM.

Papiro Nash.   Rollo de un manuscrito hallado en Qumrán.

Versiones antiguas

Las versiones de la Biblia hebrea, son las traducciones de esos antiguos manuscritos y textos a los diversos idiomas que hablaba la comunidad judía antigua. Algunas de estas versionas antiguas de la Biblia han jugado un papel protagónico en el desarrollo de las doctrinas de las iglesias y en la diseminación del mensaje cristiano. Ese es el caso de algunas de las traducciones bíblicas al griego y al latín.

1. PENTATEUCO SAMARITANO

El Pentateuco samaritano es una versión de la Torá, escrita en un hebreo antiguo, que se preservó en las comunidades samaritanas. Su traducción no es la más fidedigna, pero es importante, pues presenta un testigo de las traducciones más antiguas de la Biblia hebrea y revela cómo algunos grupos judíos comprendían e interpretaban porciones teológicamente importantes para sus comunidades.

2. VERSIONES GRIEGAS

Entre las versiones griegas de la Biblia, se encuentran la Septuaginta, que también es conocida como de los Setenta o LXX, y las versiones de Aquila, Teodosio y Simaco. La LXX posiblemente constituye el primer intento sistemático de transmitir el mensaje de la Biblia hebrea en otro idioma. La referencia a «los Setenta», proviene de una narración en la Carta de Pseudo-Aristeas que intenta explicar el proceso milagroso de redacción que experimentó esta particular traducción, en el cual las autoridades judías de Jerusalén enviaron a un grupo de 72 traductores (número que se redondeó a 70), seis por cada una de las tribus tradicionales de Israel, que trabajaron por separado, pero produjeron documentos idénticos. Este tipo de leyenda pone de manifiesto el gran aprecio a esta versión griega de la Biblia hebrea que tenía el grupo de judíos que vivía en Alejandría, Egipto.

Por varios siglos, la LXX fue la Biblia que utilizaron las comunidades judías de la diáspora, que no dominaban el idioma hebreo.

Posteriormente, las iglesias cristianas hicieron de esta versión el texto fundamental para sus usos cúlticos y también para el desarrollo efectivo de su apologética.

Como la LXX era el texto bíblico usado por los cristianos en sus argumentaciones contra los judíos, con el tiempo, esa importante versión griega se convirtió en una esencialmente cristiana y las comunidades judías de habla griega comenzaron a utilizar otras versiones. Los judíos, poco a poco, comenzaron a rechazar la versión de los LXX por el uso que le daban los cristianos y por algunas diferencias que presentaba con respecto al texto hebreo. De esta forma paulatina, las versiones de Aquila, Teodosio y Simaco sustituyeron a la LXX entre los lectores judíos.

De acuerdo con las tradiciones rabínicas, Aquila fue un converso judío del paganismo, oriundo de Ponto, que tradujo la Biblia hebrea al griego, con suma fidelidad al TM. En su traducción, intentó, inclusive, reproducir en griego palabra por palabra del texto hebreo, incluyendo los modismos del lenguaje. Esas características lingüísticas y teológicas hicieron de esta versión griega la más popular entre las sinagogas de la diáspora, posiblemente por cuatro siglos, hasta la entrada la época árabe.

Teodosio fue un judío converso de Éfeso que por el año 180 d. C. revisó la traducción de los LXX con la finalidad de atemperarla a las necesidades de la comunidad judía. Esta traducción, sin embargo, aunque era un intento por hebraizar el texto de los LXX, carecía de elementos anticristianos y fue rechazada por la comunidad judía y apreciada por la cristiana.

Simaco era un judío fiel que con el tiempo se incorporó a las comunidades de los ebionitas. Por el año 200 d. C., y posiblemente para mejorar la traducción de Aquila, revisó nuevamente el texto griego de la Biblia. En esta ocasión, es de notar que no se apegó tanto a la literalidad del texto hebreo y buscó transmitir con fidelidad el sentido fundamental de los pasajes particularmente difíciles de las Escrituras.

De estas tres versiones griegas, Aquila, Teodosio y Simaco, no tenemos lamentablemente los manuscritos completos. Solo poseemos algunos fragmentos que han sobrevivido parcialmente en las famosas Hexaplas de Orígenes, que consiste en una publicación que dispone siete versiones de la Biblia en paralelo. En esta importante obra se encuentran inclusive referencias a otras versiones griegas y antiguas de la Biblia, las cuales conocemos principalmente por su ubicación en la obra. De particular importancia son las versiones que se encuentran en las columnas quinta, sexta y séptima.

3. VERSIONES ARAMEAS

Cuando el hebreo comenzó a ser sustituido por el idioma arameo, luego del regreso del exilio en Babilonia, la comunidad judía sintió la necesidad de traducir y presentar sus documentos sagrados en esa nueva lengua. Las versiones arameas de la Biblia se conocen como *tárgums*, que proviene del hebreo, y significa 'traducción'. Esas nuevas traducciones de la Biblia se utilizaban de forma destacada en las sinagogas, pues vertían al arameo las lecturas bíblicas del idioma hebreo. Servían de base para las liturgias y especialmente las explicaciones, enseñanzas y sermones. Eran esencialmente explicaciones libres y, en ocasiones, expandidas o parafrásticas de los textos bíblicos.

En sus comienzos, estas traducciones se producían de manera oral, pues se llevaban a efecto a la vez que se presentaban los pasajes bíblicos en el culto sinagogal. Con el tiempo, sin embargo, se fijaron en formas literarias, y se les añadían, inclusive, comentarios y reflexiones de naturaleza doctrinal, pedagógica y homilética. A su vez, estas nuevas traducciones de los manuscritos inspirados eran una forma novel de interpretar y aplicar esos importantes textos sagrados.

Existen traducciones arameas o tárgums de todos los libros bíblicos, con la posible excepción de Esdras, Nehemías y Daniel. Y el uso de estas versiones bíblicas llegó hasta el período neotestamentario, como se desprende de la presencia de los tárgums de Job y de Levítico entre los manuscritos de Qumrán.

En torno a la Torá, se han encontrado cuatro tárgums. El primero, redactado en un arameo babilónico y, ciertamente, el más antiguo e importante del grupo, se conoce como el Tárgum de Onquelos. El manuscrito que poseemos proviene posiblemente del s. I o II d. C. y presenta una paráfrasis sobria de las narraciones y las leyes del Pentateuco. Los otros tárgums se han redactado en arameo palestino, y presentan paráfrasis más libres de los textos bíblicos: el Tárgum Yerushalmi I o de Pseudo-Jonatán; el Tárgum Yerushalmi II o *Fragmentarium*, del cual se conservan solo unos 850 versículos; y el Tárgum Neophyti, que se encontró en la biblioteca del Vaticano en 1956.

Referente a la sección de los profetas, o *Neviim* en la Biblia hebrea, el Tárgum de Jonatán ben Uzziel contiene las traducciones parafrásticas de los profetas anteriores y posteriores. Aunque es de origen palestino, este tárgum recibió su edición definitiva en Babilonia en los s. III y IV d. C. Se atribuye a Jonatán, que es posiblemente un discípulo distinguido de Hillel, el gran rabino del s. I d. C.

De los Escritos, o *Ketubim*, existen manuscritos de casi todos sus libros, y de Ester se poseen tres. Redactado en un arameo palestino, contiene traducciones e interpretaciones del texto bíblico que provienen de diversos períodos históricos y de diferentes autores. Su edición definitiva se produjo en los s. VIII y IX d. C.

4. Otras versiones antiguas

Otras versiones del texto hebreo circularon en diferentes contextos judíos y cristianos en la Antigüedad. Entre ellas, de particular importancia son las traducciones al latín y al sirio, que han tenido un uso generalizado en las iglesias.

Versiones occidentales

Entre estas versiones occidentales, las versiones latinas merecen especial atención, por su importancia en la historia de la iglesia y en la exegesis y el desarrollo doctrinal. La primera de estas versiones es la *Vetus Latina*, que es la forma tradicional de referirse a las traducciones al latín antes de la obra de san Jerónimo. El propósito de estos esfuerzos de traducción bíblica incluía la expansión del cristianismo por todo el mundo conocido de Occidente en un momento en que el latín se había convertido en lengua principal de la región.

Dos de estas versiones griegas merecen especial atención: la primera proviene del África, *c.* 150 d. C.; y la segunda, posiblemente de Roma, entre los s. II y III d. C. Esta segunda versión latina es superior a las otras versiones por la fidelidad el texto hebreo y la claridad en la comunicación. El texto base para el AT fue la LXX.

La versión de la Biblia conocida como la Vulgata ha jugado un papel protagónico en la historia de la Iglesia cristiana, pues se convirtió en texto bíblico oficial de la Iglesia católica hasta épocas muy recientes. San Jerónimo llevó a efecto esta traducción (383404 o 406 d. C.) en la histórica ciudad de Belén, por encomienda expresa del papa san Dámaso, que quiso tener una edición de la Biblia que ayudara a superar las dificultades textuales y las confusiones teológicas que generaban los previos diversos esfuerzos latinos de traducción.

De los esfuerzos de traducción de san Jerónimo, el más importante, posiblemente, es la traducción del Antiguo Testamento, que llegó a formar parte de la Vulgata y se convirtió en el documento bíblico definitivo de las iglesias por siglos. Esa traducción se basó en el texto hebreo que se utilizaba en la sinagoga local de Belén, que era un texto en la tradición del TM. El trabajo de san Jerónimo incluyó la traducción de todos los libros del protocanon y de los libros deuterocanónicos de Tobías y Judit. Tradujo, además, las secciones apócrifas o deuterocanónicas de Daniel del texto griego de Teodosio.

Entre las características fundamentales de la Vulgata latina, se encuentran la fidelidad que manifiesta a las lecturas del texto hebreo y la gran capacidad de comunicación y elegancia del latín. Una de sus preocupaciones básicas fue hacer inteligible el mensaje bíblico, añadiendo, inclusive, en ocasiones, alguna nota marginal que expandía la comprensión de algún término o explicaba con sencillez y profundidad conceptos de importancia teológica, por ejemplo, como las referencias al Mesías.

Respecto a la Vulgata, debemos añadir que el Papa Paulo VI creó una especial comisión pontificia para la revisión de este texto latino antiguo. De esos importantes esfuerzos y trabajos, se produjo la Neovulgata, que es una edición latina de la Biblia que, aunque conserva en su mayor parte la antigua traducción de san

Jerónimo, incorpora en sus textos los descubrimientos, las contribuciones y los progresos de las ciencias bíblicas contemporáneas. Su utilidad actual se relaciona con la liturgia y la exegesis. Desde la perspectiva técnica y científica, esta nueva edición de la Biblia en latín se fundamenta en los mejores textos críticos, tanto del Antiguo Testamento como del Nuevo.

Otras versiones occidentales de la Biblia merecen alguna consideración, como las traducciones a las lenguas gótica y eslava. De la primera, debe indicarse que es la obra literaria de más antigüedad en lengua teutónica, y fue realizada por el obispo Ulfilas a mediados del s. IV d. C. ¡Para su redacción se necesitó crear un nuevo alfabeto! Y referente a la eslava, es menester indicar que la primera versión se produjo con una finalidad esencialmente litúrgica, por los hermanos Cirilo y Metodio (s. IX d. C.). Esta versión constituye el texto eclesiástico básico para las iglesias eslavas desde el s. XV d. C.

Versiones orientales

Las versiones de las Sagradas Escrituras en el mundo eclesiástico del Oriente son principalmente las Biblias en los idiomas sirio, copto, armenio, etíope, georgiano y árabe. Estas ediciones de la Biblia contribuyeron sustancialmente a la expansión del cristianismo y al desarrollo de las grandes doctrinas de las iglesias de esta región.

En esta tradición de traducciones bíblicas, una versión siria merece tratamiento especial. Conocida desde el s. X d. C. como la Peshita (que significa corriente, común o usual), es una obra de varios autores, aunque no podemos precisar si fueron judíos o cristianos. La traducción del AT se llevó a efecto en el s. II d. C. y se fundamentó en algunos manuscritos hebreos con diferencias importantes del TM. Posteriormente, fue revisada y corregida a la luz de la versión de LXX. Desde muy temprano en la historia, esta versión gozó de gran popularidad entre los cristianos de habla siria y contribuyó de forma destacada a la expansión del cristianismo en esa región.

La versión de la Biblia al idioma copto obedece al rápido crecimiento del cristianismo en Egipto. Hay cuatro versiones coptas y, de ellas, la bohaírica ha sido las más difundida y utilizada por las iglesias. Inclusive, esta versión copta ha permanecido en la liturgia hasta nuestros días. La traducción del AT proviene de los s. II y III d. C. y se basó en la versión LXX.

En el idioma armenio, la Biblia fue traducida en el s. V d. C. y utilizó como base, posiblemente, la versión siria o Peshita, que se incluye en la obra *Hexapla*, de Orígenes. Se conoce como la reina de las versiones de la Biblia, por la calidad literaria de la traducción.

La traducción de la Biblia al idioma etíope se inició, posiblemente, a mediados del s. IV d. C. y utilizó como base el texto de la LXX. La versión georgiana proviene del s. IV d. C. Y las traducciones al árabe, que se llevan a efecto luego del desarrollo del islam y la conquista árabe del Oriente, vienen del s. VIII d. C. (aunque el Evangelio se predicó en lengua árabe quizá desde antes del s. III d. C.), y el AT se tradujo tomando en consideración los textos hebreos, la LXX y la Peshita.

Versiones políglotas europeas

Durante el Medioevo, los esfuerzos por traducir la Biblia a los diversos idiomas nacionales continuó e, inclusive, se incrementó. Esos proyectos, sin embargo, no siempre intentaban producir todas las Sagradas Escrituras. Eran más bien proyectos parciales. Y en ese contexto de traducción y producción de Biblias, específicamente en Europa, comenzaron a imprimirse una serie multilingüe de ediciones de las Escrituras que se conocen como las Biblias políglotas. Estas Biblias contenían, por lo general, las lenguas originales y una o más versiones a diversos idiomas europeos.

Entre las ediciones más importantes de las Biblias políglotas, se encuentran cuatro, que se conocen como ediciones «mayores», y se identifican por el nombre de la ciudad donde fueron editadas e impresas:

- Políglota Complutense o de Alcalá: 1514-1517, 1522;
- Políglota de Amberes o Antuerpiense o Regia: 1569-1572;
- Políglota Parisiense: 1629-1645;
- Políglota Londinense o Waltoniana: 1645-1657;

Traducciones de la Biblia al castellano

Como el latín se mantuvo como la lengua literaria en España hasta mediados del s. XII, las traducciones al idioma del pueblo, que ya manifestaba características propias y definidas, se pospuso hasta esa época. Entre los s. XIII y XV se produjeron varias traducciones en lengua castellana, tanto por eruditos judíos como cristianos. De particular importancia fueron las Biblias traducidas por judíos y protestantes en el s. XVI.

Posiblemente, la más famosa de las traducciones judías castellanas de ese período es la Biblia de Ferrara o Biblia de los Hebreos (1533). Luego apareció la muy celebrada traducción de Casiodoro de Reina, impresa en Basilea, y conocida como la Biblia del Oso por el grabado de su portada (1567). Esa importante versión castellana fue seriamente revisada por Cipriano de Valera (1602) en Ámsterdam. Esta edición revisada de la Biblia, conocida como la tradición de traducciones Reina-Valera, ha sido una de las más importantes en el mundo de habla castellana, particularmente en comunidades protestantes o evangélicas, en sus diversas revisiones, hasta el s. XXI.

Junto a la tradición Reina-Valera, se pueden identificar otras versiones castellanas de la Biblia que poseen gran importancia, ya sea por su calidad literaria y fidelidad a los originales o por el uso que tienen en las comunidades de fe, tanto católicas como protestantes o evangélicas. A continuación se identifican algunas de las Biblias castellanas más prominentes, con su fecha de publicación, identificadas por su traductor principal o por la casa editora. La siguiente lista no pretende ser exhaustiva ni completa. Es solo una guía de estudio.

- Felipe Scío de San Miguel: 1790-1793;
- Félix Torres Amat: 1823-1825;
- Eloíno Nácar Fuster y Alberto Colunga: 1944 (rev. 1974);
- José María Bover y Francisco Cantera: 1947 (rev. 1962);
- Francisco Cantera y Manuel Iglesias González: 1975;
- Juan Straubinger: 1948-1951;
- Biblia de la Casa de la Biblia: 1966 (rev. 1992);

- Martín Nieto: 1965 (rev. 1988);
- Biblia de Jerusalén: 1967 (rev. 1975);
- Biblia para la iniciación cristiana: 1977;
- Biblia latinoamericana: 1969;
- La Biblia. Dios habla hoy: 1979;
- La Nueva Biblia Española: 1975;
- La Biblia de Navarra: 1975-2002;
- El libro del pueblo de Dios. La Biblia: 1981;
- La Biblia Reina-Valera: 1909, 1960, 1995, 2010;
- La Biblia. Nueva Versión Internacional: 1999.

Diversos métodos para el estudio del Pentateuco

El Pentateuco, y en este sentido la Biblia como un todo, es un documento complejo tanto por su extensión y antigüedad como por la variedad de géneros literarios que expone y los asuntos y temas que presenta. Sin embargo, por su naturaleza religiosa, y también por los valores morales y espirituales que tiene entre las personas creyentes, su estudio riguroso y ponderado, para que sea provechoso, demanda la elaboración de metodologías que contribuyan positivamente a apreciar su carácter, descubrir el sentido, disfrutar sus enseñanzas, facilitar su comprensión y propiciar la aplicación de los valores expuestos.

Y para atender esas importantes necesidades de comprensión, diversas formas de estudiar las Escrituras se han desarrollado con el tiempo, para superar las complejidades y dificultades que se manifiestan en estos documentos. Cada metodología contribuye, desde su particular perspectiva, al esclarecimiento de los asuntos expuestos y al entendimiento de los principios y conceptos que se articulan y enuncian.

En el mundo de las ciencias bíblicas y los análisis rigurosos de las Escrituras, este tipo avanzado de metodología de estudio se identifica con la expresión «crítica» que, lejos de ser una expresión peyorativa hacia las Sagradas Escrituras, alude al análisis profundo, a la evaluación sosegada y a la ponderación cuidadosa de los documentos y los libros estudiados. Y, en ese proceso, se analizan detenidamente los acentos, las palabras, los silencios, las frases, los pasajes, las secciones y los libros de la Biblia, desde diversas perspectivas; por ejemplo, las estructurales, literarias y temáticas.

La crítica de las fuentes está interesada en el análisis de la estructura literaria, el vocabulario y el estilo que se manifiestan en los textos bíblicos, para así descubrir las diversas tradiciones orales y escritas que lo componen. Ese particular tipo de estudio nos puede ayudar a precisar las posibles fechas de composición del pasaje escritural bajo consideración. Esta metodología ha sido de gran utilidad para la comprensión, por ejemplo, del Pentateuco, con la llamada «teoría documentaria», que intenta descifrar sus complejos procesos de transmisión oral y literaria, y la final redacción y edición de la obra, al identificar y analizar las diversas fuentes que lo componen.

Otra forma de estudios bíblicos de gran importancia se conoce como la crítica de las formas. En esta metodología se intenta analizar las formas literarias de los pasajes estudiados para relacionar esas porciones con las fuentes orales previas a su fijación escrita. Con este análisis, además, se desea comprender el proceso de transmisión de oral o literaria del pasaje antes de adquirir su forma definitiva en la Biblia. Con esta metodología se han estudiado, por ejemplo, las narraciones de los patriarcas y las matriarcas de Israel, y también los Salmos. Y el resultado de estos estudios ha beneficiado en gran manera la comprensión de estos textos, pues nos ha permitido entender mejor los entornos históricos y sociales en que esos pasajes antiguos fueron transmitidos de generación en generación.

La crítica de la redacción es la metodología que desea identificar los diversos géneros literarios y los temas de los libros de la Biblia para descubrir las fuerzas teológicas y temáticas que motivaron a los autores sagrados a relacionar esos materiales antiguos. Este tipo de análisis contribuye sustancialmente a la comprensión de los pasajes bíblicos en su forma canónica final, que es de una gran ayuda en la aplicación de las dinámicas hermenéuticas. Al aplicar este método de estudio bíblico a los dos relatos de creación de Génesis (Gn 1:1-2:3a; 2:4b-3:24), por ejemplo, se descubre, entre otras, una serie importante de diferencias temáticas, teológicas, estilísticas y literarias.

Para atender el texto bíblico en su forma canónica, definitiva y final, se han elaborado diversas formas de críticas literarias. El objetivo de esta metodología es descubrir el significado que tenía alguna porción bíblica para la comunidad antigua que lo escuchó. Estas formas de estudios bíblicos analizan las Escrituras para descubrir sus virtudes estéticas significativas, que contribuyen de forma destacada al descubrimiento y disfrute del sentido de los pasajes.

Este método es una manera de reaccionar a los procesos de estudios bíblicos que se especializan en descomponer los pasajes en diversas partes y secciones, tanto orales como literarias. Es una forma de tomar muy seriamente en consideración lo que, en última instancia, produce sentido en la persona que lee algún pasaje: su estado literario final, que, ciertamente, es el documento que poseemos y podemos estudiar con seguridad.

Las metodologías relacionadas con la crítica literaria descubren y destacan el importante papel que juega el lector o lectora en los procesos de estudio y comprensión de la Biblia. Las Sagradas Escrituras se componen de documentos literarios que manifiestan ciertas características estéticas, literarias, espirituales, morales, educativas, éticas, teológicas y filosóficas a las que las personas lectoras reaccionan desde sus diversas perspectivas y experiencias de vida. En estas formas de estudio, el contexto en que se encuentran los lectores y las lectoras, juega un papel protagónico en las dinámicas de acceder al texto, descubrir el sentido y comprender los pasajes bíblicos.

Estas metodologías de análisis presuponen también que el sentido no lo produce únicamente el autor de algún documento, sino que las personas que lo leen, desde sus realidades diarias, también contribuyen al descubrimiento y disfrute de esos diversos niveles semánticos. Ni el texto ni los lectores son recipientes pasivos de las ideas y los conceptos; también los contextos, tanto del pasaje bíblico como de los lectores, juegan papeles de importancia en los procesos de comprensión de los pasajes.

Y por la importancia que juega el lector o lectora en estas formas dinámicas de estudios bíblicos, diversos grupos y sectores de la comunidad han incorporado estas metodologías literarias a sus modos continuos de estudio de las Sagradas Escrituras. Estas formas de estudio han sido particularmente importantes en sectores sociales y en comunidades que han sido víctimas de procesos de opresión y cautiverio, y políticas de marginación y rezagos. Diversos grupos minoritarios han visto en estas metodologías de estudios bíblicos una gran ayuda para entender la Biblia con virtud liberadora y con poder transformador.

Ese es el particular caso de las mujeres que han descubierto el carácter patriarcal y misógino de los documentos bíblicos, y han comenzado a leer los documentos bíblicos en clave de liberación. Al comprender que la Biblia procede de esos ambientes y contextos fundamentados prioritariamente en las perspectivas masculinas de la sociedad y la existencia humana, han elaborado lecturas alternativas que brindan esperanza y futuro a las mujeres.

Las metodologías literarias han sido importantes en el desarrollo de las teologías latinoamericanas, pues han relacionado las vivencias, los dolores y las miserias de los grandes sectores empobrecidos del continente con los relatos de la salida de los israelitas de la opresión del faraón de Egipto bajo el mandato de Moisés. También en la teología del Oriente Medio, particularmente en la palestina, estas metodologías literarias han sido fundamentales para redescubrir el tema de la esperanza en sociedades inmersas en continuos conflictos políticos y guerras que parecen humanamente insalvables.

Para las personas que leen y estudian la Biblia, estas diversas metodologías de estudio son herramientas útiles para descubrir el sentido y para facilitar la comprensión del mensaje. Estas metodologías, sin embargo, son solo herramientas de estudio, no constituyen un fin en sí mismas, sino que son parte de un proceso pedagógico y literario que puede contribuir positivamente a un mejor entendimiento y disfrute del mensaje escritural.

La gente que llega a las Sagradas Escrituras desde la perspectiva de la fe afirma que esos documentos tienen gran autoridad espiritual y moral, y fundamentan sus estilos de vida y prioridades en la existencia humana, en los valores y las enseñanzas que se desprenden de esos importantes documentos religiosos. Esas lecturas reconocen que la Biblia contiene la Palabra de Dios y que su mensaje tiene gran relevancia y pertinencia en las sociedades contemporáneas.

2

❊ El mundo del Pentateuco

En el principio creó Dios los cielos y la tierra.
La tierra estaba desordenada y vacía, las tinieblas
estaban sobre la faz del abismo y el espíritu de Dios
se movía sobre la faz de las aguas.

GÉNESIS 1:1-2

La región de Palestina

La comprensión adecuada del Pentateuco requiere un entendimiento básico de las fuerzas físicas, sociales, políticas, económicas y religiosas que sirvieron de marco de referencia a la historia del pueblo de Israel. Inclusive, la topografía de la región fue determinante para la vida cotidiana de individuos y comunidades que poblaron sus ciudades.

La necesidad de ese entendimiento se pone claramente de manifiesto al estudiar las narraciones bíblicas y notar las continuas referencias a la naturaleza y al ambiente, las alusiones repetidas a los pueblos vecinos y la geopolítica de la época y la evocación reiterada a las culturas e imperios circundantes a Jerusalén. No es posible estudiar, analizar y comprender la Biblia hebrea en general, ni la Torá en particular, sin, por lo menos, un conocimiento general de las múltiples dinámicas que rodearon la vida de los israelitas a través de su historia nacional.

El entorno geográfico que fue el contexto histórico de las narraciones de la Biblia hebrea es, principalmente, una pequeña franja de terreno que está enclavada al este del mar Mediterráneo. Rodeada por los grandes imperios de la Antigüedad (p. ej., Egipto, Asiria, Babilonia, Persia y Roma), esta región jugaba un papel protagónico en la geopolítica de su época: ¡era el puente entre Asia, África y Europa!

En muchas ocasiones, por estas particulares características geográficas, las políticas internas nacionales dependían de las

decisiones de las grandes potencias vecinas; en efecto, las decisiones locales en Palestina respondían a las prioridades de los
principales centros de poder de la región, que en ocasiones es
conocida como el Creciente Fértil.

De gran importancia, además, es entender las luchas internacionales que llevaban a efecto los gobernantes de esos imperios
antiguos. Para la comprensión de diversas porciones bíblicas
en la literatura profética, por ejemplo, hay que estar conscientes de las políticas, acciones e intenciones intervencionistas de
estos imperios y hay que notar el crecimiento político y militar
de varias naciones durante el período bíblico. Esas fueron las
dinámicas a las que respondieron teológicamente los profetas y
esas son las dificultades a las que aluden las plegarias intensas
de los Salmos.

La época de Moisés hay que relacionarla con Egipto. Los relatos de los triunfos militares de David, deben ser evaluados a la
luz del conflicto con los filisteos del período. Igualmente, el ministerio de Ezequiel hay que analizarlo con el telón de fondo del
imperio babilónico y, posteriormente, el persa. El mensaje del
libro de Isaías responde a las crisis que generaban los imperios
dominantes en el Oriente Medio al querer implantar políticas militares que afectaban adversamente a la región de la Palestina antigua. Y el Pentateuco debe ser ponderado en el contexto amplio
de todos esos imperios y naciones, pues sus narraciones revelan
las dinámicas políticas, sociales y culturales de la región desde
los tiempos patriarcales hasta el exilio en Babilonia.

Por estar ubicada en los caminos que llevaban de la antigua
Mesopotamia al África y a Europa, la importancia de la Palestina antigua no debe entenderse en términos de su extensión física, sino como un coeficiente de su utilidad como frontera entre
imperios antagónicos. En efecto, los territorios de las actuales Israel y Palestina, desde muy temprano en la historia, han
estado inmersos en conflictos bélicos, invasiones extranjeras
y revoluciones internas. Esas tierras, que han sido el contexto
primario de la literatura bíblica, también se han caracterizado
por la violencia inmisericorde y las continuas confrontaciones
políticas y militares.

El nombre más antiguo con que se conoce la región, de acuerdo con las narraciones canónicas de la Biblia, es «tierra de Canaán» (Gn 11:33), aunque, posteriormente, con el advenimiento de las tribus israelitas, se conoció como «Tierra de Israel» (1 S 13:19; Ez 11:17; Mt 2:20). Como por algunos siglos los filisteos, que provenían de las islas del mar Mediterráneo, habitaron y gobernaron la región, cuando se implantó el proceso de helenización, tanto los griegos como los romanos prefirieron llamar al lugar Palestina, que es el nombre propio que surge de los cambios lingüísticos de la palabra «filisteo». Durante algún tiempo, especialmente durante la administración romana, por lo menos, una sección importante de la región se conoció con el nombre de Judea.

La topografía de la región palestina está definida por cuatro secciones básicas que brindan los espacios pertinentes para el desarrollo político, social, agrícola, familiar y personal. Son cuatro grandes franjas que corren casi paralelas del norte al sur de la región. Cada una de esas secciones tiene sus propias características geológicas internas y también sus climas.

El primer sector topográfico cananeo se encuentra paralelo al mar Mediterráneo, y se extiende al norte hasta cerca de la Galilea, específicamente hasta el monte Carmelo. En esta sección de tierras arenosas, conocida como la planicie costera, es que se encuentran, al nivel del mar, varias ciudades de importancia bíblica; por ejemplo, Gaza, Ascalón, Asdod y Jopé, y, un poco más al norte, Cesarea Marítima. En esa misma región se encuentra la moderna ciudad de Tel Aviv.

Al este de la planicie costera, se encuentra una sección importante de montañas de poca altura que separa la costa de la cordillera central de Canaán, Palestina e Israel. Era una especie de frontera natural entre las poblaciones de Judá y las comunidades filisteas durante la época monárquica. Se identifica con el nombre de la Sefela palestina, que significa, acertadamente, 'tierras bajas' o 'base de las montañas'.

La sección central de Palestina la compone una cordillera que nace en el norte, muy cerca del Líbano, y se extiende al sur hasta el desierto del Néguev. Entre la Galilea y Samaria se interpone, en medio de las montañas, la llanura de Esdrelón o de Jezreel. En esta sección es donde se encuentran las ciudades de Jerusalén y Belén (*c*. 800 m sobre el nivel del mar).

Y al este de las montañas centrales se puede identificar la cuenca del Jordán, que incluye el río Jordán, el mayor de la región, que en la actualidad divide los territorios de Jordania, con los de Israel y Palestina. Nace en el norte de Galilea, en la base misma del monte Hermón, sigue al sur como 300 km, atraviesa el lago Merón y el mar de Galilea, o de Tiberiades, y prosigue todavía más al sur, hasta llegar al mar Muerto o mar Salado (*c*. 392 m bajo el nivel del mar). En esta región palestina se encuentran la antigua ciudad de Jericó y las famosas cuevas de Qumrán, muy cerca del mar Muerto. ¡Es la región habitada más baja de la tierra!

La región también puede dividirse en cuatro sectores o grupos poblacionales. La comunidad de Galilea, al norte; la sección de Samaria, al centro de Palestina; Judá, cuyos pobladores vivían entre montañas y en terrenos secos, que en algunas secciones se hacían desérticos; y el Néguev, que llega hasta la región del Sinaí, en Egipto, esencialmente es una zona desértica y poco habitada.

El clima en la antigua Canaán o la «Tierra de Israel» es subtropical: particularmente seco, árido y desértico al sur, y fértil al norte. Las montañas están llenas de piedras, condición que dificulta los cultivos familiares y complica la agricultura industrial. Al norte, sin embargo, en la llanura de Jezreel, en la sección Galilea, en el valle del Jordán, al este, y, en el oeste, en la costa del Mediterráneo, abundan los terrenos fértiles, y la agricultura progresa y prospera.

Las temperaturas varían con las estaciones del año, la altura de las montañas y la hora del día. La región incluye desde climas desérticos, inhóspitos y extremadamente difíciles para la vida, hasta regiones de temperaturas cálidas y bien agradables. Las estaciones del año son básicamente dos: el invierno y el verano. Y en torno al clima que favorece la vida y la agricultura, es menester mencionar las «lluvias tempranas», que llegan entre octubre y noviembre, y las «tardías», que caen en mayo.

Esas temporadas de lluvias son de fundamental importancia para la infraestructura de la región, pues es época para almacenar el agua que se utilizará el resto del año. Respecto a las lluvias, o la falta de ellas, es importante mencionar que las sequías en la región son frecuentes y severas.

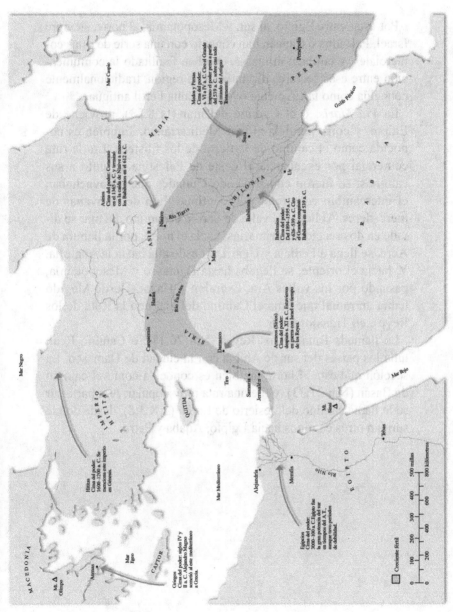

El mundo del Antiguo Testamento.

Rutas antiguas

Por estar entre Egipto, al sur, y Mesopotamia, al norte, siempre Israel, Palestina o Canaán han contado con una serie de rutas comerciales, y también militares, que han facilitado la comunicación entre esos sectores distantes de la región, tradicionalmente conocida como la Creciente o Media Luna Fértil antigua.

La *Via Maris,* o el Camino del mar (Is 8:23), proviene de Egipto, y corre paralela al mar Mediterráneo. También es conocida como el camino de la tierra de los filisteos. Era la ruta comercial por excelencia al oeste de Palestina y, junto a sus caminos, se fueron construyendo ciudades que aprovechaban el intercambio comercial y el continuo flujo de caravanas de mercaderes. Al llegar al valle de Sarón, el camino del mar se divide en dos secciones primarias: hacia el norte, por la llanura de Acre, se llega a Fenicia y Ugarit, y desde allá hasta la Anatolia. Y, hacia el oriente, se llegaba hasta Damasco y Mesopotamia, pasando por los valles Ara, Esdrelón y Hazor. Desde Megidó había un ramal que unía el Camino del mar con la Ruta de los Reyes, en Transjordania.

La llamada Ruta de los Reyes (Nm 20:17), o Camino Real, unía los países del sur de Arabia con la ciudad de Damasco. La sección que está al norte también es conocida como el camino de Basán (Nm 21:33), y fue una ruta muy popular. A la parte sur se la llama camino del desierto de Edom (2 R 3:8), desde donde surgían otros caminos hacia Egipto, Áqaba y Petra.

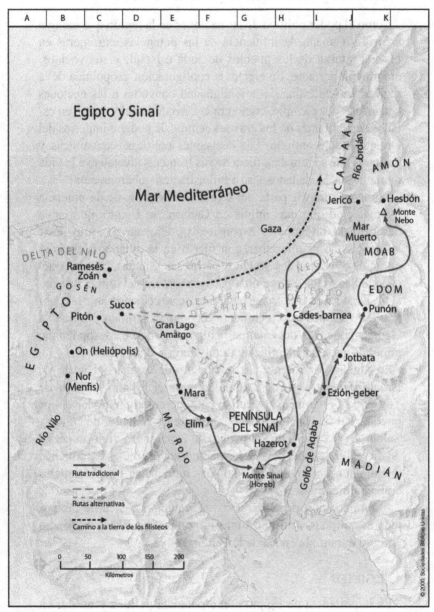

Rutas y caminos del Antiguo Testamento.

Imperios y naciones vecinas de Israel

Como el poder político de las naciones en la región que incluye a Siria y Canaán, la influencia de las potencias extranjeras en la vida interna de los pueblos de Judá e Israel, y sus vecinos, era muy importante. En efecto, la configuración geopolítica de la región sirio-palestina de la Antigüedad convertía a las naciones pequeñas –por ejemplo, como era el caso de Israel y Judá– en estados dependientes de los grandes centros de poder e imperios del Oriente Medio antiguo. Las decisiones políticas, económicas y militares que se tomaban fuera de sus fronteras afectaban a la vida diaria de sus ciudadanos y su administración gubernamental.

Durante la mayor parte del segundo milenio a. C., la potencia internacional que más influía en Canaán era Egipto, que había desarrollado un imperio expansionista, eficiente y firme. Esas influencias se manifestaban con fuerza en la dinámicas sociales que quizá vivieron los antiguos patriarcas y matriarcas de Israel cuando llegaron a esa región. Posteriormente, en el primer milenio a. C., el poder de Egipto fue paulatinamente cediendo ante las continuas invasiones y el crecimiento económico, político y militar de algunas potencias del este, particularmente desde Mesopotamia, imperios que eran identificados con Asiria y Babilonia.

En algunas ocasiones, las naciones que estaban al norte de Israel, región que en la actualidad sería el Líbano y el sur de Turquía, se organizaban y unían para ejercer algún poder en los pueblos del sur. Posiblemente es durante los reinados de David y Salomón (s. x a. C.) que el pueblo de Israel logró vivir un período de real independencia de las naciones y potencias extranjeras, aunque aún durante ese período las influencias internacionales eran significativas.

A continuación presentaremos información básica de las potencias políticas y militares más importantes del Oriente Medio antiguo durante la época de la Biblia hebrea.

1. EGIPTO

La importancia de Egipto como potencia política y militar en la Antigüedad no debe nunca ser subestimada. Y su desarrollo cultural e historia se relacionan directamente con el río Nilo y el desierto. Como casi no tiene lluvias, el agua necesaria para consumo humano y agrícola se recibe del Nilo. Además, por ese importante cuerpo de agua es que se desplazaban sus pobladores para moverse del norte al sur del país. Nace el Nilo en el corazón de África y corre como 4 000 millas hasta desembocar en el mar Mediterráneo. El desierto, por su parte, proveía a Egipto de cierta protección natural contra las amenazas internacionales.

Mizraim, como se conoce en la Biblia a Egipto, tiene una de las civilizaciones más antiguas conocidas el día de hoy, y ya para el tercer milenio a. C. poseía una de las culturas más avanzadas de la Antigüedad. De la lectura de alguna correspondencia del segundo milenio a. C. (p. ej., las Cartas de El Amarna), se desprende que el poder y la influencia egipcia se extendía con vigor hasta la región palestina, pues el faraón se comunica con algunos de sus oficiales que estaban estacionados en Canaán, donde posteriormente se ubicó la ciudad de Jerusalén.

Es de notar, sin embargo, que para el año 1 000 a. C. el poder egipcio había disminuido de forma considerable. Hasta el punto de que las naciones palestinas y sirias habían desarrollado gobiernos con cierta autonomía e independencia. Esa fue la época del inicio de la monarquía en Israel. El poder de Egipto en la región no se recuperó hasta el s. IV a. C., cuando llegaron y se implantaron las extraordinarias conquistas de Alejandro el Grande. Ese tipo de poder disminuido se pone de manifiesto en varias ocasiones (p. ej., Is 30:7), cuando Israel les solicitó ayuda ante las amenazas de las nuevas potencias mesopotámicas, pero las gestiones diplomáticas fueron infructuosas.

2. ASIRIA

Uno de los centros de poder que más influencia y poder ejerció en el Oriente Medio antiguo, particularmente sobre la región cananea, palestina o israelita, provenía de la ciudad de Asur, de donde procede el gentilicio 'asirio'. Enclavados en el corazón de la gran Mesopotamia, específicamente en lo que hoy conocemos como la nación de Irak, el imperio asirio ejerció su poder sobre

Israel, especialmente durante los s. IX-VII a. C., en el período conocido como de la Monarquía Dividida.

Fue testigo, ese período, de la separación y hostilidad entre los gobiernos de Judá e Israel, que constituyeron los reinos del sur y del norte, y coincidió con el programa expansionista del imperio asirio, que deseaba conquistar los países vecinos. La importancia geográfica y estratégica de Israel era fundamental, si deseaban llegar y dominar a Egipto.

La influencia de Asiria sobre Israel y Judá no se sentía únicamente en períodos de conflictos o en medio de las políticas de conquista imperial, pues entre estos dos pueblos se manifiestan grandes afinidades culturales, particularmente en el pensamiento religioso. De gran importancia es notar que, aunque Egipto es un vecino más cercano, la relación de Israel y Judá con Asiria era más intensa y continua. El rey asirio, Senaquerib, conquistó a Israel en el 722 a. C., culminando de esa forma la independencia del reino del norte.

3. BABILONIA

Desde Mesopotamia se desarrollaron otros centros de poder de gran importancia, como el que provino de la ciudad de Babilonia. Ya para finales del s. VII a. C., el poder regional se había desplazado de los asirios a los babilónicos, luego de grandes batallas y conflictos. Y bajo ese gran poder político y militar babilónico fue que cayó la ciudad de Jerusalén y el reino del sur, y comenzó el importante período que se conoce en la Biblia como el «exilio» o «destierro», donde se deportaron ciudadanos importantes, de acuerdo con las narraciones bíblicas, a las ciudades de Babilonia.

Nuestro conocimiento del imperio babilónico se fundamenta no solo en los relatos de las Escrituras, sino en documentos oficiales del Estado, como las llamadas Crónicas babilónicas. Esas crónicas coinciden con el testimonio escritural sobre la presencia de los ciudadanos de Judá en sus ciudades, que con el tiempo llegaron a ser una importante comunidad dentro del imperio. Esa comunidad judía en la diáspora o exilio jugó un papel de gran importancia en el desarrollo de la literatura hebrea, no solo en relación con la Biblia, sino en torno a la literatura posbíblica, como el Talmud.

4. SIRIA O ARAM

La verdadera historia de Siria, hasta tiempos recientes, no era muy conocida. Sin embargo, ese estado de cosas cambió significativamente con los descubrimientos arqueológicos en las antiguas ciudades de Ugarit y Ebla, que nos han brindado un panorama adecuado y amplio de la región. De particular importancia con el advenimiento de esta nueva información es el reconocimiento de sus logros culturales y la oportunidad de estudiar de primera mano las religiones de Canaán.

Los sirios constituyeron los vecinos más cercanos de Israel. Y más que una nación monolítica, unida y organizada, Siria era una especie de estados vecinos cuasi independientes, cuyas fronteras no siempre estaban precisa y claramente definidas. Desde la perspectiva del AT, los sirios se identifican como Aram, y su capital más importante era Damasco, que está ubicada a solo cincuenta millas al noreste del mar de Galilea. Esa cercanía hacía que cualquier conflicto y enemistad entre Siria e Israel fuera potencialmente muy peligroso. Tradicionalmente, entre estos dos pueblos, se establecía algún tipo alianza temporera.

De importancia capital para la comprensión de la Biblia hebrea es el análisis de los hallazgos arqueológicos en la ciudad de Ugarit. Por ejemplo, se encontró, entre sus restos, una magnífica colección de narraciones épicas y de ritos que nos permite estudiar las religiones cananeas desde su propia perspectiva, no desde el ángulo crítico de los profetas de Israel. Tenemos, de primera mano, algunos documentos teológicos que manifiestan paralelismos importantes con la literatura bíblica.

5. MEDIA Y PERSIA

El poder político y militar en el s. VI a. C. fue moviéndose de forma paulatina hacia el sur y el este de Mesopotamia. Y de esa región provenían dos grupos nacionalistas poderosos que tenían el deseo de conquistar y llegar hasta Egipto. Los medos estaban ubicados al norte de la actual Irán y los persas poblaban el sur de esa misma región. Y, basados en los descubrimientos arqueológicos, ambos pueblos estaban cultural y militarmente muy adelantados.

Para lograr sus propósitos expansionistas, los medos hicieron una importante alianza con los babilónicos para sacar a los asirios del poder absoluto en el Creciente Fértil, u Oriente Medio (*c* . 614-609 a. C.). El triunfo de la alianza, sin embargo, no les duró mucho, pues los poderosos ejércitos de Darío, el rey de Persia, los despojó de su protagonismo político y militar en el 550 a. C.

Bajo el liderato de Ciro, los persas fueron conquistando de forma gradual los diversos reinos de la región, incluyendo Egipto, y crearon uno de los imperios más extensos y poderosos de la Antigüedad, que se extendía desde la India hasta las fronteras con Grecia. Este particular imperio se mantuvo en el poder por más de doscientos años, hasta que fue a su vez derrotado por Alejandro Magno.

De particular importancia para los estudios bíblicos es la religión persa. Zoroastro desarrolló un tipo de movimiento religioso en el s. VI a. C. que contenía las creencias en un solo dios y también en el reconocimiento de un sistema complejo de fuerzas benignas y malignas que afectaban a la humanidad. En ese contexto ideológico y teológico persa, es que comienzan a desarrollarse las ideas del cielo, el infierno, los ángeles y el juicio final, que posteriormente llegaron al pensamiento judío, hasta influenciar de manera importante a la literatura apocalíptica y a varios escritos del Nuevo Testamento.

6. FENICIA

El reino de Tiro estaba ubicado hacia el norte, en la costa del mar Mediterráneo, y al oeste de Aram o Siria. Desde antes de la época griega se le conoce como Fenicia. Y, además de sus proyectos de navegación comercial, uno de los fundamentos de su fama se relaciona con sus bosques. La importancia económica de los fenicios se asociaba a la capacidad que habían desarrollado para trabajar las maderas, por lo cual eran llamados de diversas partes del mundo antiguo a ejercer esas labores artesanales.

En los proyectos de construcción del Templo de Jerusalén, llevados a efecto por el rey Salomón, de acuerdo con el testimonio bíblico, los fenicios jugaron un papel de importancia, no solo por producir y proveer las maderas necesarias para el proyecto, sino porque enviaron también a sus artesanos expertos. Además, fueron los fenicios los que elaboraron el alfabeto que ha servido de base para el desarrollo de la escritura, con los sistemas de vocales y consonantes, en primer lugar por los griegos, y posteriormente, por otros idiomas indoeuropeos, incluyendo el castellano.

7. FILISTEA

La región que se encuentra al suroeste de Judá se conoce en las Escrituras como Filistea. En ese lugar, un pueblo que llegó del mar, de ascendencia no semita, posiblemente de la isla de Creta, estableció una serie de ciudades entre las que se encuentran: Ecrón, Asdod, Ascalón, Gad y Gaza. Esas cinco ciudades se desarrollaron en Palestina, posiblemente durante la época en que también llegaron las tribus israelitas a la misma región desde Egipto y el desierto (*c*. 1200 a. C.). Sus orígenes como pueblo, posiblemente se pueden ubicar mucho más al norte, quizá en la región sur de Rusia.

Con el paso del tiempo, los filisteos fueron adquiriendo poder político y militar, hasta que llegaron a un punto de esplendor y fuerza durante de época de Samuel, Saúl y David. El fundamento de ese desarrollo bélico se relaciona con la capacidad que tenían de trabajar con el hierro, con el cual hacían armas de guerra que superaban la tecnología de las tribus israelitas, que solo utilizaban el cobre. La tecnología del hierro posiblemente la aprendieron de los hititas, que provenían de la actual Turquía.

Esa dominación militar de los filisteos, fue posiblemente una de las razones para que el pueblo de Israel tratara de responder a esos desafíos con la instauración de la monarquía. ¡El pueblo le pidió a Samuel que les diera un rey como el resto de las naciones!

Finalmente, David pudo responder a las amenazas militares filisteas y los venció de forma definitiva y los convirtió en sus vasallos. Y aunque los filisteos lograron conseguir nuevamente su independencia de Israel, luego de la muerte de Salomón, no recuperaron nunca más su poderío militar, y en las campañas militares expansionistas y bélicas de Asiria en Palestina, terminaron su existencia por el *c.* s. VIII a. C.

8. AMÓN, MOAB Y EDOM

Cuando se cruza el río Jordán desde las tierras de Canaán, Israel o Palestina, al otro lado del mar Muerto, se encuentran dos ciudades que desempeñaron alguna importancia en varios períodos de la historia bíblica: Amón y Moab. Y junto a esas ciudades estado se encuentra Edom, ubicada al sur del mar Muerto, que era parte de ese trío que constituyó el imperio que organizó y administró el rey David en Palestina, según los relatos bíblicos.

Entre estos pueblos existe gran continuidad histórica y lingüística. Inclusive, en uno de sus legados literarios, conocido como la Piedra Moabita, se habla elogiosamente de una gran victoria del rey moabita Meshá, al cual también se alude en la Biblia como contemporáneo del rey Acab (2 R 3:4). Además, las narraciones del Pentateuco mencionan a los reinos amoritas de Sidón y Og, que fueron vencidos por los grupos de israelitas que llegaban a la región desde Egipto. Esas narraciones también mencionan a Edom, Moab y Amón, pero se indica que los israelitas los invadieron.

La relación filial entre estos pueblos también se enfatiza en la Biblia, al indicar claramente que Esaú era el padre de Edom. Sin embargo, entre Israel y Edom se manifiesta una seria enemistad que aparece reflejada en la literatura profética (Abd; Jer 49; Ez 35) y poética (Sal 137). El territorio de este pueblo estaba ubicado al sur del mar Muerto hasta llegar al mar Rojo, en la sección palestina conocida como el Arabá.

Moab estaba al norte de Edom, al cruzar el mar Muerto, en el valle del río Arnón. Los moabitas era un grupo semita que adoraba al dios Chemosh, y llegaron a la región al mismo tiempo que los edomitas. Y Amón está ubicado al norte de Moab entre los ríos Arnón y Jacob, en Transjordania.

9. REINO DE LOS HITITAS

Los hititas eran una comunidad no semita que estableció un imperio al sur de la actual Turquía, en Anatolia. Su capital, Hatusas, estaba situada cerca de la actual Ankara, y fue un imperio que prevaleció por varios siglos (*c.* 1500-1200 a. C.). Posiblemente su caída se relaciona con las invasiones de grupos del norte, entre los que pudieron estar los llamados «pueblos del mar» que se asentaron posteriormente en Filistea. Quizá los antepasados de los hititas eran de ascendencia aria, de origen indoeuropeo.

La evidencia arqueológica relacionada con este imperio hitita revela que, como conquistaron pueblos desde Siria hasta Babilonia, incorporaron costumbres e ideas de esas culturas mesopotámicas y cananeas que se manifiestan en el arte y en sus narraciones épicas. En varias ocasiones se menciona a los hititas en las Sagradas Escrituras (p. ej. Ex 3:8; 23:23; Jos 9:1).

10. GRECIA

Con las conquistas de Alejandro el Grande, la influencia helenística comenzó a sentirse con fuerza en todo el Medio Oriente. En solo tres años organizó un ejército profesional que le permitió derrotar fulminantemente a la temible y poderosa armada persa, y en un período de solo diez años logró establecer un imperio que llegó hasta la India, en efecto, hasta el río Ganges. Sus ejércitos avanzaron con determinación no solo para lograr conquistas militares, sino para implantar una nueva cultura, una manera alterna de enfrentar la vida y comprender la realidad.

Esas campañas militares de expansión y conquista estuvieron acompañadas de un bien agresivo y efectivo proceso educativo y de avance cultural que propició que en solo un siglo el Oriente Medio estuviera fuertemente influenciado por la cultura griega, como se pone en evidencia al estudiar el arte, la política, la religión y la filosofía de toda esa región durante ese importante período.

Cuando falleció Alejandro, en el 321 a. C., sus generales se dividieron el reino y prosiguieron con el programa helenístico que marcó de forma permanente el Creciente Fértil. Ninguna nación de la región pudo evadir esas influencias, que se manifiestan con claridad en el período intertestamentario y también en el Nuevo Testamento.

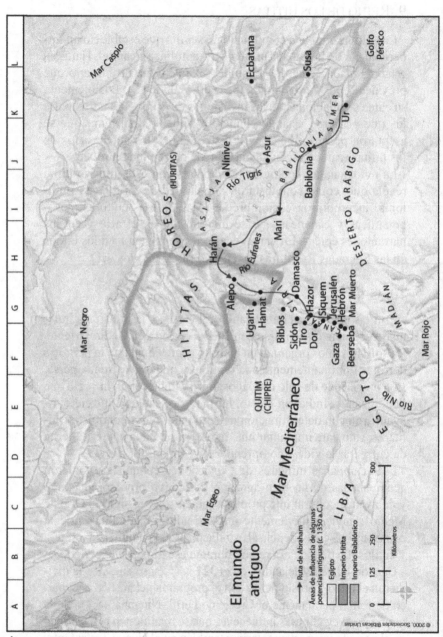

Áreas de influencia de algunas potencias en el mundo antiguo.

Arqueología y Biblia

La arqueología ha desempeñado un papel importante y ha contribuido de forma destacada al mejoramiento y la profundización de los estudios bíblicos. Inclusive, las investigaciones arqueológicas en yacimientos antiguos en las regiones de Siria, Palestina, Israel, Jordania y Egipto han ayudado a esclarecer algunos pasajes bíblicos de importancia. Y aunque el propósito fundamental de las ciencias arqueológicas no es corroborar ni desmentir información alguna de la Biblia, el análisis de los descubrimientos nos han ayudado a comprender y esclarecer mucho mejor el mundo del antiguo Oriente Medio, contexto en el cual surgieron los documentos que constituyen la Biblia.

Arqueología, literalmente, significa «el estudio de los orígenes»; pero como proyecto científico organizado y como disciplina académica profesional analiza los restos de las civilizaciones antiguas para comprender mejor el mundo social, político, religioso y cultural en que vivían. La arqueología es, en efecto, una disciplina complementaria a las ciencias bíblicas que contribuye de manera destacada al esclarecimiento y comprensión del contexto en el cual se desarrollaron los episodios que se relatan e interpretan en la Biblia.

Posiblemente, por esas razones metodológicas, es mejor, en vez de aludir a la «arqueología bíblica», identificar esta importante ciencia no con documentos concretos que se descubren y estudian en alguna parte del mundo, en épocas específicas, sino con la región a ser estudiada. Esa es la razón fundamental por la cual debemos hablar propiamente de arqueología del Oriente Medio o de arqueología de Siria y Palestina.

El estudio crítico y sobrio de los hallazgos de edificios, herramientas, armas, monedas, vasijas, documentos y arquitectura son de vital importancia para la comprensión adecuada de la vida diaria en los tiempos bíblicos. Entre los descubrimientos arqueológicos de importancia bíblica, en la región y tierras de Canaán, se encuentran los siguientes, a modo de ilustración:

- El Calendario Gézer (s. x a. C.) nos ha permitido comprender mejor la vida diaria de los agricultores de esa época, además de brindar información valiosa sobre las casas, las calles, los enseres domésticos y el estilo de vida que llevaban.
- El descubrimiento de una medida de pesos, con la inscripción «pim», nos ha ayudado a entender mejor el texto de 1 Samuel 13:21, que es el único versículo de la Biblia que incluye el término.
- Los hermosos marfiles tallados que se hallaron en el palacio real de Samaria, capital del reino del norte, que provienen del s. ix a. C., nos permiten comprender la referencia a la «casa de marfil» que se hace del rey Acab (1 R 22:29).
- Los múltiples manuscritos descubiertos en Qumrán, muy cerca del mar Muerto, nos han permitido identificar mejor las diversas familias de manuscritos hebreos, nos han provisto de algunos nuevos manuscritos bíblicos que provienen desde épocas previas a la era cristiana y nos han ayudado a llevar a efecto mejores traducciones de la Biblia, particularmente del Antiguo Testamento.
- En la ciudad de Jericó, muy cerca del mar Muerto, que forma parte de las narraciones de la conquista de los israelitas al llegar a la antigua Canaán (Jos 2), se han descubierto los restos de diversas culturas y pueblos que provienen de los años 7000 a. C. Es una de las ciudades con murallas y torres más antiguas de la humanidad. Y entre sus visitantes distinguidos se pueden identificar al profeta Elías (2 R 2:4-5) y a Jesús (Lc 19:1-9).
- En Samaria se encontraron unas vasijas que tenían anotaciones en torno a las entregas de buen aceite de oliva y de vinos de calidad, que posiblemente provenían de los almacenes del rey Jeroboám II (789-748 a. C.) o del monarca Menehem (748-737 a. C.).
- La inscripción de Siloé posee gran importancia histórica pues se encontró en medio de un túnel de agua ubicado debajo de la ciudad vieja de David, en Jerusalén, que se construyó durante el reinado de Ezequías en Judá (715-689 a. C.). El texto indica cómo los dos trabajadores comenzaron a excavar en los lugares

opuestos del túnel y se encontraron en el medio. Posiblemente el túnel fue parte de los preparativos del rey judío ante la amenaza de Senaquerib (701 a. C.), incidente al cual se alude en 2 Reyes 20:20 y en 2 Crónicas 32:30.

- La Ostraca de Laquís presenta un recuento interesante de los últimos días de independencia del reino de Judá, antes de ser conquistada y destruida por los ejércitos de Nabucodonosor (*c.* 597 a. C.). El texto proviene de un comandante de las tropas babilónicas que estaban próximas a conquistar la ciudad de Jerusalén.

Y en el resto del Oriente Medio los siguientes descubrimientos han sido significativos para los estudios bíblicos. Esta lista es solo parcial, pues no son pocos los hallazgos de importancia.

- El *Enûma Elish* es un poema babilónico que presenta la creación del mundo y del cosmos como una gran batalla entre las fuerzas del orden y las del caos. El estudio de este poema épico descubre algunas similitudes con las narraciones de creación que se incluyen en el libro de Génesis.
- La *Epopeya de Gilgamesh* presenta el deseo de inmortalidad del antiguo rey y sus esfuerzos fallidos por lograrla. Y, en el proceso, escucha el relato de un gran diluvio en el cual se salvó Utnapishtim por la intervención de los dioses babilónicos. El poema también revela semejanzas con el relato del diluvio bíblico, en el cual Noé y su familia fueron salvados por la intervención divina.
- El *Código de Hammurabi* es, posiblemente, el más famoso y completo cuerpo de leyes que poseemos de la Antigüedad. Proviene de la Babilonia del s. XVIII a. C., y el estudio cuidadoso del texto manifiesta algunos paralelos con varias leyes y regulaciones que se incluyen en la Ley de Moisés (p. ej., Ex 21-23).
- La Estela de Merenptah es una inscripción del faraón de Egipto datada por el año 1225 a. C. Su gran importancia bíblica y arqueológica proviene del comentario oficial en torno a que

ese año los ejércitos egipcios derrotaron decididamente en Palestina a «Israel», convirtiéndose en la referencia literaria más antigua que poseemos del pueblo bíblico.

- El Obelisco Negro es el recuento visual que dejó el rey asirio, Salmanasar III, en el cual se presenta al rey israelita Jehú (842-815 a. C.) rindiéndole pleitesía al monarca extranjero, en un gesto físico de sumisión y reconocimiento de autoridad. En las referencias bíblicas que se incluyen en la Biblia de este rey no se menciona este particular incidente (2 R 9-10).

- El Prisma de Senaquerib presenta una descripción de la batalla para conquistar la ciudad de Jerusalén. Aunque el prisma no admite la derrota, insinúa que no pudo tomar la ciudad. En 1 Reyes 18-19 se hace el recuento bíblico del evento, en el cual se indica que Senaquerib atacó la ciudad, pero no pudo tomarla por la intervención de Dios.

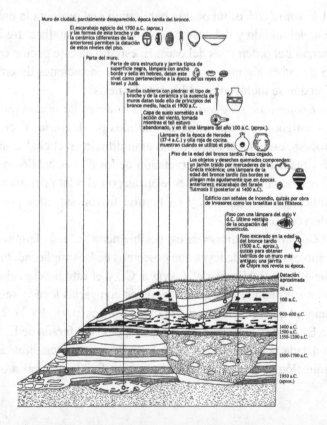

Muro de ciudad, parcialmente desaparecido, época tardía del bronce.

El escarabajo egipcio del 1700 a.C. (aprox.) y las formas de este broche y de la cerámica (diferentes de las anteriores) permiten la datación de estos niveles del piso.

Parte del muro.

Parte de otra estructura y jarrita típica de superficie negra, lámpara con ancho borde y sello en hebreo, datan este nivel como perteneciente a la época de los reyes de Israel y Judá.

Tumba cubierta con piedras: el tipo de broche y de la cerámica y la ausencia de muros datan todo ello a principios del bronce medio, hacia el 1900 a.C.

Capa de suelo sometido a la acción del viento, tomada mientras el tell estuvo abandonado, y en él una lámpara del año 100 a.C. (aprox.).

Lámpara de la época de Herodes (37-4 a.C.) y olla roja de cocina muestran cuándo se utilizó el piso.

Piso de la edad del bronce tardío. Pozo cegado.

Los objetos y desechos quemados comprenden: un jarrón traído por mercaderes de la Grecia micénica; una lámpara de la edad del bronce tardío (los bordes se pliegan más agudamente que en épocas anteriores); escarabajo del faraón Tutmosis II (posterior al 1400 a.C.).

Edificio con señales de incendio, quizás por obra de invasores como los israelitas o los filisteos.

Foso con una lámpara del siglo V d.C. Último vestigio de la ocupación del montículo.

Foso excavado en la edad del bronce tardío (1500 a.C. aprox.), quizás para obtener ladrillos de un muro más antiguo; una jarrita de Chipre nos revela su época.

Datación aproximada

50 a.C.

100 a.C.

900-600 a.C.

1400 a.C.
1500 a.C.
1550-1200 a.C.

1800-1700 a.C.

1950 a.C. (aprox.)

PERÍODOS ARQUEOLÓGICOS MÁS IMPORTANTES

100,000-12,000 a.C.:	Paleolítico: Antigua edad de piedra
12,000-7,500 a.C.:	Paleolítico: Antigua edad de piedra
7,500-4,000 a.C.:	Calcolítico: Edad de cobre y piedra
4,000-3,150 a.C.:	Neolítico: Nueva Edad de piedra
3,150-2,200 a.C.:	Edad de bronce temprana
2,200-1550 a.C.:	Edad de bronce mediana (Período de los antepasados de Israel)
1,550-1,200 a.C.:	Edad de bronce tardía (Período de Moisés y el éxodo)
1,200-586 a.C.:	Edad de hierro (Período de conquista y monarquía)
586-332 a.C.:	Período persa (Período del retorno del exilio)
332-37 a.C.:	Período helenístico (Época de los Macabeos)
37 a.C.-324 d.C.:	Período romano (Época de Jesús y sus discípulos)

Los mitos antiguos

Una de las formas de comunicación de importancia en el Oriente Medio antiguo era la literatura mítica o mitológica. Este tipo de escrito o tradición oral era de carácter simbólico, poético y figurado, y transmitía las verdades más íntimas, profundas e inefables de alguna comunidad. Los mitos, lejos de ser «mentiras», como popularmente se puede entender, ponen de manifiesto las percepciones que los pueblos tienen de sus orígenes, de eventos significativos en su desarrollo nacional y de sí mismos.

Entre los vecinos de Israel, se difundían una serie de relatos de orden mitológico que articulaban las percepciones antiguas del comienzo de la historia y la creación de la naturaleza, el cosmos y la humanidad. Estos antiguos mitos de creación jugaron un papel de fundamental importancia en el desarrollo de las ideas religiosas en todo el Oriente Medio. Y como parte de la constelación de naciones que formaban parte del universo del Creciente Fértil, Israel entró en contacto con esas culturas y estuvo consciente de este tipo de género de comunicación, que se transmitía de generación en generación, no solo en formas orales, sino que, con el tiempo, adquirió carácter literario.

Los descubrimientos arqueológicos en la costa de Siria, en la antigua ciudad de Ugarit, han permitido estudiar con detenimiento una serie importante de textos míticos antiguos. Estos mitos nos permiten adentrarnos en las religiones cananeas y, particularmente, estudiar la religión relacionada con el dios Baal, que parece ocupaba una posición distinguida en el panteón antiguo regional.

Uno de los mitos descubiertos alude a la gran lucha entre Baal, la divinidad relacionada con las tormentas, y un monstruo relacionado con el caos y el mar llamado Yam, que en los textos descubiertos en Ugarit también se conoce como dragón, leviatán y serpiente. Este dios cananeo, Yam, es posiblemente el equivalente a Tiamat, la diosa del caos, en la mitología mesopotámica.

En una batalla fantástica y cósmica, Baal vence a Yam y garantiza, de esa forma, el poder sobre las lluvias, el control de las diversas estaciones del año y su autoridad sobre el orden del mundo. Luego de su triunfo, Baal se proclamó rey y señor de la tierra, y el dios supremo del panteón, El, le obsequia un gran templo en su honor en la ciudad de Ugarit. Posiblemente estas narraciones y poemas míticos se recitaban en los festivales anuales, relacionados directamente con las cosechas y con la agricultura en general, pues se asociaban al importante tema de la fertilidad de la tierra.

El AT incluye algunos de los temas que se ponen de manifiesto en varios mitos antiguos (p. ej., Sal 74; Sal 89; Is 51), pero los escritores sagrados transformaron o desmitificaron esos conceptos antiguos e imágenes. En los relatos de creación bíblicos (Gn 1-3), por ejemplo, no hay luchas entre las divinidades creadoras ni se vence a los monstruos marinos para dar paso a la vida. En Israel no hay panteón con diversos dioses, pues el desarrollo del monoteísmo rechazó temprano en la historia este tipo de percepción religiosa e incentivó la producción de su teología monoteísta.

Instituciones sociales

Para adquirir una mejor comprensión de la Biblia, es necesario, además de conocer las dinámicas de las políticas nacionales e internacionales que afectaron al pueblo de Israel, entender las fuerzas sociales que se manifestaban en la vida diaria del pueblo. De fundamental importancia en este análisis son las instituciones sociales que regulaban las interacciones entre individuos, comunidades, tribus, pueblos y naciones. Y como el período que cubre la literatura del AT es tan extenso, hay que tomar en consideración que esas mismas instituciones variaron con el tiempo y las regiones.

1. FAMILIAS, CLANES Y TRIBUS

El mundo del AT, desde el período patriarcal, manifiesta una dinámica social donde las familias extendidas se agrupaban en clanes, los clanes en tribus y las tribus, con el tiempo, formaron naciones. El caso de Israel es similar, pues, en el período previo al desarrollo de la monarquía con Samuel, Saúl, David y Salomón, las relaciones sociales seguían ese tipo de dinámica social.

Algunos estudiosos han propuesto que durante el período de los jueces las tribus que llegaron desde Egipto se organizaron en un tipo de federación temporera, conocida como «anfictionía», que le permitía a los diversos grupos responder en común a los diversos desafíos y problemas de seguridad. Les unía, se propone, el pacto o alianza en el Sinaí, cuyo signo visible era el Arca del pacto. Era una especie de unión, sin mucha estructura o compromiso, que respondía particular y específicamente a las amenazas de grupos enemigos.

Quizá la relación entre las tribus no era tan definida y clara, porque las distancias y rivalidades entre ellas las mantenían en alerta, y también porque las prioridades locales les impedían desarrollar alianzas estratégicas regionales más estables, eficientes y funcionales. Esas mismas relaciones de conflicto interno, fueron parte de los problemas que generaron, con el tiempo, la división de las tribus antiguas en dos grandes bloques que se organizaron como reinos: El reino del norte, Israel, con su capital en Samaria; y el reino del sur, Judá, con Jerusalén como su centro de poder.

No puede ignorarse, sin embargo, el hecho de que el concepto de tribu mantuvo cierta importancia a través de la historia bíblica, pues significó retener algunos compromisos sociales y afirmaciones de identidad en relación a esas dinámicas antiguas. Saúl, por ejemplo, se identifica como de la pequeña tribu de Benjamín (1 S 9:21), para afirmar su humildad entre las familias y las tribus de Israel. Luego del exilio, sin embargo, la organización social de la comunidad superó el nivel funcional de los clanes y tribus, pero las familias extendidas mantuvieron su importancia en los procesos administrativos (Ez 10:16).

En tiempos del NT, aunque la administración local se había desarrollado, se manifiesta una clara conciencia nacional en torno al tema de las doce tribus de Israel (p. ej., Lc 22:30; Stg 1:1; Ap 7:4-8). Quizá era un recuerdo que les permitía relacionarse con sus antepasados de alguna forma simbólica pero significativa. El apóstol Pablo, en esa tradición, alude a que también procede de la tribu de Benjamín, al presentar su mensaje pastoral a la comunidad de Filipo (Flp 3:5).

2. LOS ANCIANOS

En ese mundo de clanes y tribus, los «ancianos» jugaban un papel de capital importancia social. Estos personajes bíblicos eran líderes de familias o de clanes que se reunían a las puertas de la ciudad para escuchar los casos locales de dificultades y conflictos, para juzgarlos e implantar la justicia. Entre los ancianos de cada ciudad o comunidad, se establecía una especie de concilio o corte que adquiría un poder extraordinario para evaluar situaciones locales y también desarrollar algunas políticas administrativas.

En el libro de Job se presenta una idea de cómo funcionaban estos grupos de ancianos (Job 29:7-17) y se pone claramente de manifiesto la dignidad y autoridad del grupo; además, se afirma la imagen positiva que proyectaban ante la comunidad en general. De particular importancia para este grupo de ancianos o corte, era actuar a favor de las personas que estaban en necesidad o que eran víctimas inocentes de alguna injusticia, particularmente en la tradición de la Ley de Moisés, hacia las personas huérfanas y extranjeras, y hacia las viudas.

Con el paso del tiempo, y también por las complejidades en las relaciones sociales, se necesitaron otros foros de justica. Esas dinámicas legales se notan en las narraciones bíblicas en torno a Samuel y sus hijos (1 S 7:15-8:3), que actuaban como jueces en casos que superaban las prerrogativas de los ancianos en las puertas de la ciudad. Inclusive, de la lectura de algunos pasajes legales de la Torá, se desprende que los sacerdotes también tenían algunas funciones judiciales, especialmente cuando la evidencia expuesta no era contundente, clara y definitiva. En esos casos, los sacerdotes dependían de la suerte para la implantación de la justicia (Ex 22:7-8).

3. EL REY Y LOS SISTEMAS DE JUSTICIA

El foro último de apelación era el rey, que evaluaba casos particulares y complejos que le llevaban ante su consideración y juicio. El presupuesto teológico, filosófico y administrativo del proceso y el funcionario era que una de las responsabilidades principales del monarca se relacionaba directamente con el establecimiento de la justicia, como se pone en evidencia clara en algunos poemas del Salterio (Sal 72:2, 4).

Tanto en Israel como en Judá la monarquía siguió algunas dinámicas administrativas, sociales y políticas que tenían continuidad con el resto del Oriente Medio. En los libros de los Reyes, las evaluaciones de los monarcas de ambos reinos, del norte y del sur, responden prioritariamente a criterios religiosos. En efecto, los escritores bíblicos analizan las ejecutorias y las decisiones de los reyes en términos específicos de su fidelidad a Dios y al pacto. Sin embargo, en algunas porciones bíblicas se revelan detalles que deben tomarse en consideración en la evaluación crítica de la institución de la monarquía: Samuel presenta un panorama extremadamente adverso de la vida bajo los reyes (1 S 8:11-17), y del análisis de las acciones de Salomón y Jeroboam se deduce que, aun en medio de las administraciones más prósperas y económicamente desarrolladas, se manifestaban injusticias sociales, económicas y políticas (1 R 12).

En el contexto más amplio del Oriente Medio, los reyes eran vistos como figuras cercanas a las divinidades. En Egipto, por ejemplo, ante los ojos del pueblo, el faraón era como una figura divina; y en Mesopotamia, el rey era el representante oficial de los dioses ante la humanidad. Esas altas percepciones de la monarquía se manifiestan, entre otras formas, en el esplendor de sus palacios, la grandeza de sus tronos, y en las representaciones artísticas de sus reinos.

Esa particular ideología de la monarquía, donde el incumbente era una divinidad, no se manifestó entre los reyes de Israel y Judá. Hay que notar, sin embargo, que, de acuerdo con el testimonio de la Biblia hebrea, el rey era hijo de Dios (Sal 89:27-28, 30-32) y sus tronos eran bien elaborados y majestuosos (1 R 10:18-20).

Como en las diversas monarquías vecinas de Israel y Judá, los reyes tenían una especie de asesores que formaban una corte o grupo de asesores y de apoyo real. Estas cortes se encargaban de implantar las políticas reales y también de supervisar los diversos procesos administrativos y judiciales del país.

Generalmente, eran miembros de estas cortes los familiares del monarca y personajes importantes de las familias más cercanas al rey, que con el tiempo adquirían un nivel social distinguido.

De esa forma histórica y social, adquirían el reconocimiento como personas «nobles», «príncipes», «cortesanos».

De acuerdo con las narraciones bíblicas, el rey tenía asesores para asuntos legales, históricos y militares, además de ayudantes personales y secretarios (2 S 8:15-18; 1 R 4:2-6). Algunos, posiblemente, no provenían de familias nobles cercanas al rey, sino que habían sido seleccionados por sus cualidades personales y sus destrezas específicas.

Tanto en Egipto como en Mesopotamia se habían creado sistemas educativos para preparar a este tipo de funcionarios de la corte. Posiblemente en Israel y Judá se siguieron esas mismas políticas educativas. La Biblia habla específicamente que la corte de Judá, en medio de la amenaza de Senaquerib, tenía mayordomo, escriba, canciller y copero mayor, entre sus altos funcionarios (2 R 18:18). Las monarquías tenían una infraestructura elaborada que les permitía la operación diaria de forma efectiva.

4. SABIOS, SACERDOTES Y PROFETAS

Las diversas culturas del mundo han identificado personas que por alguna calificación profesional, intelectual o familiar denominan «sabios». Son individuos que gozan del respeto y aprecio de la comunidad y se caracterizan por sus recomendaciones prudentes y acertadas. En efecto, tienen la virtud de aplicar el conocimiento y la inteligencia de forma responsable y ponderada.

En las Sagradas Escrituras, se identifican una serie de personas con ese distintivo, y de la lectura de algunas porciones se desprende que podría tratarse de un grupo determinado de líderes nacionales. Es precisamente un profeta, Jeremías, el que analiza las reacciones de la comunidad ante la naturaleza crítica de su mensaje e indica que los sacerdotes no educarán, los profetas no darán la palabra y los sabios no brindarán sus consejos (Jer 18:18). La lectura de este pasaje parecería aludir a tres tipos de «oficios» específicos y definidos en la sociedad israelita antigua, pues de la misma forma que hay sacerdotes que ejercen sus funciones en el Templo y profetas que reaccionan a las decisiones de los monarcas, los sabios también tenían un espacio específico y definido dentro de la sociedad. Posiblemente, la referencia a estos sabios es una alusión a los consejeros del rey que, de acuerdo con el mensaje escritural, lo orientaban en asuntos de diversa naturaleza.

La Biblia también incluye de forma destacada un tipo de escrito que se conoce como «literatura sapiencial». Consistía esa literatura en la recopilación de enseñanzas que constituían la base para la educación moral y ética del pueblo. Esta literatura, que se puede encontrar, entre otros libros de la Biblia, en Salmos y Proverbios, pone de manifiesto las reflexiones naturales que intentan descubrir y celebrar el sentido positivo y grato de la existencia humana. Más que afirmaciones filosóficas especulativas, son reflexiones en torno a la vida diaria que se fundamentan en las observaciones empíricas.

Los sacerdotes, por su parte, eran funcionarios oficiales de la corte. Y en torno a este tema, es importante señalar que en el Oriente Medio no se distinguen las dinámicas religiosas de las políticas. La vida es una y no se divide en esferas religiosas y seculares.

En la Antigüedad, el sacerdocio era, como el resto de las profesiones en Israel, una actividad heredada. En efecto, el oficio era aprendido en los entornos familiares y transmitido de generación en generación. Los documentos más antiguos indican que, al menos en sus comienzos, el sacerdocio podía ser ejercido por cualquier persona, si era identificado y comisionado por la persona adecuada, que primordialmente eran los jefes de familias o de clanes (Jue 17-18).

El gentilicio «levitas» aludía inicialmente a los pertenecientes a la antigua tribu de Leví; sin embargo, con el paso del tiempo, el término adquirió una particular carga semántica que lo relacionaba directamente con el sacerdocio. Inclusive, la tribu de Leví se identificó específicamente como una comunidad sacerdotal, luego de la época de la monarquía. El libro del Deuteronomio afirma con claridad, en esa tradición teológica, que los levitas estaban calificados para actuar como sacerdotes del pueblo (Dt 18:1). Este libro representa una visión de las instituciones religiosas de Israel en el s. VII a. C. En ese particular momento histórico, el sacerdocio servía únicamente en Jerusalén y los sacrificios solo se ofrecían en el Templo. Antes de esa época, los levitas ofrecían sacrificios al Señor en otros lugares con alguna significación religiosa.

Luego del exilio, las dinámicas religiosas de la comunidad israelita cambiaron de forma dramática. Las nuevas realidades sociales, políticas y religiosas de las dos comunidades judías, tanto las que habían quedado en Jerusalén como las que habían regresado desde Babilonia, requirieron que se redefinieran los requisitos para ejercer el sacerdocio renovado en el Templo restaurado. Y de esta forma se identificó, como personal sacerdotal certificado, solo a los descendientes de los sacerdotes que habían ejercido esas funciones en el Templo antes del exilio. Se les conocía específicamente como «los hijos de Sadoc», y se trazaba su ascendencia familiar hasta Aarón, el hermano de Moisés. Sadoc sirvió como sumo sacerdote en el reinado de David.

Fue en el período que prosiguió al retorno a Jerusalén que los levitas fueron ubicados en una posición inferior en la escala sacerdotal, pues podían apoyar la celebración de los eventos en el Segundo Templo, particularmente en la música, pero no podían ofrecer sacrificios. Con el tiempo, posiblemente en el período helenístico, el sumo sacerdote tomó más responsabilidades políticas y sociales para administrar los asuntos nacionales por la falta de un monarca con poder político claro y definido.

De singular importancia entre las responsabilidades básicas de los sacerdotes eran sus funciones educativas. Aunque los sacrificios constituían un componente importante en sus funciones litúrgicas, la educación del pueblo en los temas relacionados con la Torá era considerada como una de sus responsabilidades fundamentales, por lo menos ante los ojos de los profetas (Os 4:6; Mal 2:7-9).

Los profetas eran personajes singulares en la sociedad israelita. Sus funciones se relacionaban con las actividades del rey, aunque también contribuían de forma destacada en la formación de opinión pública en el pueblo. Eran personajes independientes que no se relacionaban ni estaban adscritos a ningún santuario definido. Constituían, posiblemente, una de las pocas profesiones en el Israel de la Antigüedad que no era hereditaria, pues la vocación profética, más que un oficio, era una encomienda divina que se debía cumplir con responsabilidad y vehemencia bajo ciertas especificaciones estrictas. La institución de la profecía se desarrolló paralelamente con la de la monarquía y no requería entrenamiento particular: solo se necesitaba estar llamado y comisionado por Dios.

Aunque no ejercían ninguna posición oficial dentro del reino, con regularidad se encontraban en diálogo directo con los monarcas (Is 8-9) y personas influyentes en el palacio real, pues algunos formaban parte del grupo de asesores y consejeros oficiales de los reyes. Esta orientación política y religiosa era requerida de los profetas, particularmente en tiempos de crisis nacional, o para tomar decisiones de importancia nacional e internacional, como, por ejemplo, el comenzar una guerra (1 R 22).

La expresión «hijos de los profetas» se refiere específicamente a los grupos que vivían en algún tipo de comunidad, concretamente en tiempos del profeta Eliseo (2 R 2:15-17; 4:38-41; 6:1-7).

Los profetas, provenían de diversas regiones y sectores del país; inclusive, algunos reclamaban haber sido llamados por Dios mientras llevaban a efecto sus labores cotidianas (Am 7:14). Su labor principal consistía en anunciar la palabra divina al pueblo, en ocasiones por conducto del rey, aunque también tenían la capacidad de efectuar milagros. Con el tiempo se convirtieron en la consciencia moral del pueblo y sus líderes, llamándolos a vivir de acuerdo con las estipulaciones definidas en la Ley y de acuerdo con el pacto.

Relaciones familiares

La unidad básica de la sociedad antigua en Israel era la familia, que era entendida en términos extendidos e incluía abuelos, padre y madre, hijos e hijas, tíos y tías, sobrinos y sobrinas y hasta sirvientes y esclavos. La estructura era patriarcal. Las personas de autoridad eran reyes, jueces, sacerdotes, sabios, guerreros, artesanos, agricultores. Y estas dinámicas sociales se producían no en contextos beduinos antiguos, sino en las diversas ciudades en las que se asentaron los israelitas como pueblo al llegar a las tierras de Canaán.

Los hombres, en este tipo de arreglo social, tenían las responsabilidades mayores, y las mujeres ocupaban un sitial subordinado, como esposas, madres, hijas o viudas. Los niños y las niñas también eran relegados a jugar un papel secundario, pues eran vistos como una posesión paternal. La familia ideal era numerosa, pues se fundamentaba en el antiguo mandamiento bíblico de crecimiento (Gn 1:28). El tener muchos hijos e hijas era considerado una bendición divina. Y la infertilidad era vista como una maldición y siempre se le achacaba a las mujeres, que se sentían particularmente humilladas y afligidas por la incapacidad de procrear (Gn 16:1-6; 1 S 1:1-7).

Los procesos educativos se llevaban a efecto en el seno del hogar. El hombre se encargaba de instruir a los varones en el oficio tradicional de la familia y las mujeres hacían lo propio con las niñas, que se encargaban de todas las actividades domésticas, y también de algunas del campo. La educación formal para leer y escribir con tutores no era común y estaba reservada para algunas familias con mayor poder económico y prestigio social.

Aunque las mujeres vivían en un ambiente de subordinación y sus entornos de acción no eran amplios e independientes, la Biblia afirma sus derechos humanos y personales. Las leyes de protección de viudas y huérfanos, por ejemplo, era una forma de salvaguardar y afirmar la dignidad de ese sector vulnerable y necesitado de la sociedad. Los hombres, que constituían las personas responsables de los grupos más frágiles, no podían disponer de las mujeres, niños y niñas ni de los esclavos a sus caprichos, pues inclusive los esclavos, tanto hombres como mujeres, tenían el mismo derecho a la liberación luego de seis años de trabajos.

El particular caso de la mujer virtuosa, en el libro de los Proverbios (Pr 31:14-23), presenta el importante modelo de una mujer ideal, que no corresponde a los patrones de subordinación previamente descritos. Además, las críticas del profeta Amós a las esposas de los hombres acaudalados (Am 4:1), ponen claramente de manifiesto que el grado de subordinación de las mujeres en estos sectores de la sociedad, variaba de acuerdo con el nivel económico que ostentaban.

De acuerdo con la literatura sapiencial, que manifiesta una actitud de discrimen óptimo, las mujeres eran seductoras y pecadoras (Pr 2:16-19; 5:1-14; 7:6-27). Esa percepción llega a un punto mayor con las afirmaciones del Eclesiastés (Ec 7:28), que indica que no es posible conseguir una buena mujer entre la multitud.

Esa actitud misógina y antifemenina contrasta dramáticamente con una serie de mujeres cuyas contribuciones, de acuerdo con las narraciones bíblicas, apoyaron de forma destacada la vida nacional. Fueron matriarcas (p. ej., Sara, Rebeca y Raquel), reinas, reinas madres y esposas de reyes (p. ej., Abigail y Mica), juezas y militares (p. ej., Débora), salvadoras de su comunidad (p. ej., Ester y Judit) y profetisas (p. ej., María). En efecto, la impresión que dejaron estas mujeres en la vida del pueblo fue de tal magnitud, que, aun en medio de una sociedad que no valoraba adecuadamente sus diversas contribuciones, las memorias de sus ejecutorias sobrepasaron los prejuicios de género y rebasaron los linderos del tiempo.

3

❖ Historia y teología

Murieron José, y todos sus hermanos, y toda aquella generación. Pero los hijos de Israel fructificaron y se multiplicaron, llegaron a ser numerosos y fuertes en extremo, y se llenó de ellos la tierra.

ÉXODO 1:6-7

Narración de la historia bíblica

El Pentateuco está redactado, en una gran parte, en narraciones. Y la naturaleza literaria e histórica de esas narraciones debe ser bien entendida para adquirir una comprensión adecuada de su mensaje. Los escritores bíblicos estaban interesados en contar una «historia» que se fundamentaba en la fe que tenían en Dios. No redactaban lo sucedido de acuerdo con un orden cronológico definido ni fundamentados en las comprensiones científicas que tenemos en la actualidad de la historia. Por el contrario, lo que narraban eran sus percepciones e interpretaciones de los eventos que presenciaban o que escuchaban, algunos que se contaban por generaciones, desde la perspectiva de la fe.

En ocasiones, y mediante complejos análisis literarios, teológicos, históricos y arqueológicos, podemos descifrar algo de lo que realmente sucedió en la Antigüedad y que se presupone o afirma en el recuento bíblico. Hay momentos, sin embargo, en que ese conocimiento preciso y específico de lo que acaeció, por ejemplo, en la antigua Palestina, en el desierto del Sinaí o en el exilio en Babilonia, escapa a nuestras comprensiones y conocimientos actuales, pues el texto bíblico lo que desea destacar es la intervención divina, que tiene una finalidad redentora o educativa para el pueblo. Para la persona estudiosa de la Biblia, sin embargo, es determinante saber que los materiales que estudia son las grandes verdades del pueblo de Israel, que nos llegan matizadas y filtradas por la fe viva que tenía una comunidad antigua en la capacidad de intervención liberadora del único Dios verdadero.

La «historia» bíblica

Los escritores bíblicos estaban interesados en contar una «historia» que se fundamentaba en la fe que tenían en Dios. No redactaban lo sucedido de acuerdo con un orden cronológico definido ni fundamentados en las comprensiones científicas que tenemos en la actualidad de la historia. Por el contrario, lo que narraban eran sus percepciones e interpretaciones de los eventos que presenciaban o que escuchaban, algunos que se contaban por generaciones, desde la perspectiva de la fe.

Ese gran importante marco teológico, es el que debe guiar nuestro estudio y servir de entorno filosófico para nuestra comprensión del Pentateuco. Quienes escribieron la Biblia no eran historiadores independientes o testigos «neutrales» de los eventos que presentan, que trataron de articular de forma escrita la secuencia precisa de las acciones antiguas. Fueron personas de fe en Dios las que entendieron que debían cumplir con esa encomienda literaria y educativa. Fueron hombres y mujeres de bien, y de convicciones firmes y decididas, los que decidieron mover las antiguas tradiciones orales y reducirlas a piezas literarias para el beneficio de la posteridad.

En efecto, las narraciones bíblicas son documentos y relatos «históricos» redactados desde la importante perspectiva de la fe. Escribieron y editaron los materiales que posteriormente llegaron a formar parte del canon de las Escrituras para sus contemporáneos. Sin embargo, por la naturaleza religiosa de esos documentos, y también por sus virtudes estéticas y literarias, esos manuscritos y documentos antiguos han roto los niveles del tiempo y han llegado a diversas generaciones y diferentes naciones como palabra divina. Esas narraciones bíblicas antiguas cobran vida nueva en diversas culturas y en generaciones diferentes de forma permanente, porque la gente de fe vuelve a leer y escudriñar esos documentos y descubre enseñanzas y valores que pueden aplicar en sus vidas. ¡Esos textos antiguos son también mensajes modernos ante los ojos de la fe!

Estas comprensiones teológicas nos permiten descubrir que la revelación de Dios a la humanidad, de acuerdo con el testimonio bíblico, no se pone en clara evidencia mediante la elaboración compleja y el desarrollo progresivo de las diversas filosofías e ideas antiguas. Según las Sagradas Escrituras, Dios se revela al mundo mediante una serie importante de hechos concretos y específicos, y la reflexión que se hace en torno a esos eventos significativos nos permite descubrir las enseñanzas religiosas y los valores teológicos que forman parte de la revelación divina.

A continuación, presentamos la historia de Israel, de acuerdo con las narraciones de la Biblia. Esta historia realmente articula la perspectiva teológica de los eventos, las experiencias personales y colectivas y los recuerdos nacionales, fundamentados en la fe de un pueblo. No se basan, por ejemplo, en lo que se llamaría en las ciencias contemporáneas una presentación crítica de la historia nacional. Lo que realmente tenemos a nuestra disposición es, más bien, una elaboración religiosa de las memorias más significativas e importantes de Israel como pueblo. Contamos, en efecto, con la historia de la redención y la salvación de un pueblo.

De gran importancia al estudiar estos temas es comprender que la información que poseemos en el Pentateuco no solo es teológica, sino que representa la perspectiva social de un particular sector del pueblo. Tenemos en la Biblia hebrea, mayormente, las reflexiones y narraciones que provienen de un singular grupo intelectualmente desarrollado del pueblo, que estaba educado de manera formal o informal y que poseía capacidad literaria; posiblemente tenía, además, una aventajada infraestructura económica y social que le permitía invertir tiempo de calidad en este tipo de proyecto de reflexión religiosa, histórica y política.

Seguiremos, en nuestra presentación, el orden canónico de la Torá, que se articula con cierta coherencia: desde la creación del mundo, pasando por los relatos fundamentales de la liberación de Egipto, hasta llegar a las llanuras de Moab, a las riberas del río Jordán, justo frente a la tierra prometida.

Posteriormente, en esta obra haremos un análisis más detallado y sobrio de los diversos eventos nacionales e internacionales que sirven de base para la redacción. Evaluaremos de esa forma los detalles de esa historia y la comprensión teológica de esas importantes narraciones.

1. LOS COMIENZOS

De acuerdo con el orden canónico, los relatos de la historia del pueblo de Israel comienzan con la creación del cosmos, el mundo y la humanidad. Los comienzos no son solo los inicios de la nación desde la perspectiva histórica, sino la declaración de una serie de afirmaciones teológicas que no solo ponen a Israel en el proceso de la creación divina, sino que revelan de manera categórica y firme que Dios es el creador de los cielos y la tierra. Y esa gran visión teológica de la historia, se reitera con fuerza a través del AT y también del Nuevo.

Muy temprano en el canon bíblico, se pone claramente de manifiesto la relación íntima entre el Dios creador y el pueblo de Israel: el Señor, que tiene el poder absoluto de la creación del cosmos, se relaciona con un pueblo de forma singular, pues forma parte de su acervo cultural y sus memorias históricas. La primera imagen del AT presenta a Dios creando el mundo de forma ordenada, y como culminación del proceso crea a los seres humanos.

¡Todo lo que existe fue creado por Dios!

La lectura del Pentateuco, y de toda la Biblia, comienza con una declaración extraordinaria de fe. La creación del universo, la naturaleza y las personas no es fortuita, ni resultado del azar, ni el producto de las luchas mitológicas de las divinidades de los panteones antiguos: Todo lo que existe es producto de la iniciativa y la voluntad de Dios. Y esa gran declaración teológica generaba seguridad y esperanza en un pueblo que se veía continuamente amenazado por las diversas potencias políticas y militares del antiguo Oriente Medio.

Las narraciones de los comienzos u orígenes (Gn 1:1-2:3a) prosiguen con un segundo relato de creación (Gn 2:3b-3:24), donde el proceso de las acciones divinas se presenta de forma más íntima y dialogada, y se indica que la primera pareja se llama Adán y Eva. Y luego de la creación de esa primera familia, se describen varios eventos de gran significación cultural, histórica y teológica para el pueblo de Israel: la llegada del pecado a la humanidad; el primer crimen, ¡un fratricidio! (Gn 3:1-16); el relato del gran diluvio que afectó adversamente al mundo conocido y el pacto de Dios con Noé y su familia (Gn 6:1-10:32); la narración de la confusión de los idiomas en Babel, por la soberbia y la arrogancia humanas (Gn 11:1-26), y la lista de los antepasados de Abraham (Gn 11:2732).

Estos pasajes, que tanta importancia tienen en los estudios bíblicos, presentan una visión más teológica que histórica de los inicios de la vida. Los escritores antiguos de estas narraciones no estaban interesados en los detalles científicos, como se entenderían en la sociedad contemporánea. Deseaban transmitir, de generación en generación, las grandes afirmaciones religiosas y declaraciones teológicas que estaban ligadas a sus memorias como pueblo y que les brindaban a la comunidad sentido de pertenencia histórica y cohesión espiritual.

La lectura del Pentateuco, y de toda la Biblia, comienza con una declaración extraordinaria de fe. La creación del universo, el cosmos, la naturaleza, los animales y las personas no es fortuita, ni resultado del azar, ni el producto de las luchas mitológicas de las divinidades de los panteones antiguos: ¡todo lo que existe es producto de la iniciativa y la voluntad de Dios! Y esa gran declaración teológica generaba seguridad y esperanza en un pueblo que se veía continuamente amenazado por las diversas potencias políticas y militares del antiguo Oriente Medio.

Las fuentes extrabíblicas que nos permiten estudiar con profundidad la historia de Israel en este período antiguo, conocido como la «pre-historia del pueblo», no son muchas y los documentos son limitados. Por esta razón, el estudio del libro de Génesis es de vital importancia teológica, pues nos brinda memorias muy antiguas de las formas de vida y la cultura de épocas antiquísimas en el Oriente Medio antiguo.

2. LOS ANTEPASADOS DE ISRAEL

El resto de las narraciones en Génesis se relacionan directamente con la historia de los patriarcas y las matriarcas de
Israel. Estos importantes personajes bíblicos, en esencia, eran
una especie de jefes de clanes o de familias extendidas, en el
contexto mayor de las comunidades nómadas del Creciente
Fértil antiguo. Sus grupos se movían de lugar en lugar, pues no
se dedicaban aún a la agricultura ni tenían asentamientos o mo-
radas permanentes. Se quedaban en algún lugar hasta que los
ganados consumían los alimentos de la región. Posteriormente,
continuaban sus migraciones nómadas en busca de comida y
agua para sus ganados.

De acuerdo con el relato bíblico, la familia de Abraham y Sara
provenía de la antigua ciudad de Ur, que estaba situada propiamente junto al río Tigris, en Mesopotamia. En ese lugar, el famoso
patriarca recibió la promesa divina de que su descendencia sería
numerosa y de que se convertiría en una nación grande (Gn 12:1-3;
cf. 15:1-21; 17:1-4). Y fue en ese singular contexto de revelaciones
divinas que comienza el proceso de desarrollo y crecimiento familiar: primero nace su hijo Isaac, que a su vez es padre de Jacob.
De esta forma es que Génesis presenta los inicios de la historia del
pueblo de Israel: ¡desde una perspectiva familiar!

Desde Ur, Abraham y su familia, luego de cruzar el Creciente
Fértil, llegaron a las tierras de Canaán, que entendieron era el lugar
que el Señor les había prometido. Esa migración familiar descrita
en la Biblia tiene paralelos con otras salidas de grupos nómadas
desde esa región mesopotámica durante el mismo período. Y en
ese importante peregrinar al futuro, Abraham y su familia se movieron primeramente hacia el norte, y luego al oeste y al sur.

En ese peregrinar hacia el porvenir, Abraham y Sara, y sus caravanas, se detuvieron en varios lugares que están identificados en
las Escrituras (p. ej., Harán, Siquem, Hai y Betel; Gn 11:31-12:9).
Posteriormente, siguieron su camino, que les llevó hasta Egipto
por el desierto del Néguev, pero regresaron a Canaán y se estable-
cieron de forma definitiva en Mamre, que está ubicada muy cerca
de la actual ciudad palestina de Hebrón (Gn 13:13, 18).

Con la muerte de Abraham (Gn 25:7-11; *cf.* 23:2, 17-20), Isaac, su hijo, hereda su liderato y se convierte en el protagonista de las narraciones bíblicas. De acuerdo con el libro de Génesis, Isaac se relaciona con los pueblos de Gerar y Beerseba (Gn 26:6, 23), que están más al sur de Mamre y Hebrón, en la región desértica del Néguev (Gn 24:62). Su estilo de vida es similar al que tenían las personas del segundo milenio a. C.; por ejemplo, asentamientos temporeros, viajes continuos en busca de agua y comida para los ganados, en ocasiones llevan a efecto algunas tareas agrícolas breves, y conflictos con los pobladores de regiones que tenían pozos de agua (Gn 26).

Luego del protagonismo de Isaac, la narración bíblica destaca los conflictos y las dificultades entre dos hermanos: Jacob y Esaú. El relato tan detallado de estos problemas es una forma literaria de anticipar las dificultades entre los descendientes de Jacob, los israelitas, y los de Esaú, los edomitas. Esta sección del Génesis es más detallada, complicada y larga que las anteriores, pues intenta preparar al lector y lectora para el recuento del resto de la historia de Israel.

Los relatos de las aventuras de Jacob incluyen lo siguiente: su salida y huida a Padamaram, en Mesopotamia; su inteligencia y riquezas; su regreso a las tierras de Canaán; su encuentro transformador con Dios en Peniel; el cambio dramático de su nombre de Jacob a Israel; la renovación de las promesas divinas hechas anteriormente a Abraham (Gn 35:1-14), que ahora se les aplicaban a Jacob; varias narraciones en torno a José; para terminar, finalmente, con la muerte de Jacob en Egipto (Gn 37:1-50:14).

De esa forma familiar, las narraciones del Pentateuco se mueven de la época patriarcal al período del éxodo. Los relatos intentan mantener algún tipo de secuencia lógica e histórica. Los autores han demostrado gran capacidad literaria y educativa, pues hacen uso de la reiteración y repetición para enfatizar algunos de los temas que desean destacar. De la historia de una familia, la trama bíblica se mueve a la historia de una nación.

3. EL ÉXODO DE EGIPTO

El Génesis culmina con la narración de la muerte de José en Egipto. Y ese mismo evento es el que toma el escritor del libro de Éxodo para comenzar su historia nacional. La afirmación en torno a que el nuevo faraón no conocía a José, más que una declaración histórica es una confesión teológica (Ex 1:8). Lo que implica es que la nueva administración egipcia no iba a proseguir con la política de respeto y afirmación hacia la comunidad israelita, entre otros grupos minoritarios, sino que implantarían una serie de nuevas directrices gubernamentales que les afectaría de forma adversa y nefasta.

Durante la época patriarcal, Egipto fue gobernado por un grupo invasor proveniente de Mesopotamia conocido como los hicsos, que antes de llegar al delta del Nilo pasaron por Canaán y se relacionaron con los líderes de esa región (s. xviii a. C.). Posiblemente, por esa razón histórica, es que cuando los patriarcas –por ejemplo, Jacob y toda su familia– llegaron a Egipto, fueron recibidos de forma positiva por las autoridades nacionales. Quizá por esa misma conexión histórica, es que debe entenderse que uno de los descendientes de los patriarcas haya llegado a ocupar una posición de tan alta responsabilidad en el gobierno del faraón, como es el caso de José (Gn 41:37-43).

Sin embargo, cuando los hicsos fueron definitivamente derrotados y expulsados de Egipto, la política nacional en torno a las comunidades extranjeras cambió de forma drástica. Los nuevos gobernantes decidieron revertir los privilegios que la administración anterior había otorgado a los israelitas. Esa es posiblemente la implicación política de que los nuevos gobernantes «no conocían a José»; es decir, no reconocían su autoridad y prestigio, y, además, rechazaban las acciones políticas previas hacia su comunidad. La nueva hostilidad gubernamental hacia los israelitas que vivían en Egipto, posiblemente, está relacionada con el hecho histórico de la derrota de los hicsos, que eran sus protectores.

La nueva política hacia los israelitas era de trabajos forzosos, vejaciones, maltratos y opresiones. Los obligaron a trabajar en condiciones infrahumanas en la construcción de algunas nuevas ciudades, como Pitón y Ramesés (Ex 1:11). El ambiente de respeto y paz que vivían fue transformado en relaciones inhóspitas, inhumanas, agresivas y opresivas. Y en medio de esas dinámicas de cautiverio y desesperanza, de acuerdo con las narraciones del libro de Éxodo, nació un nuevo líder hebreo: Moisés.

Los episodios que enmarcan el relato del nacimiento de Moisés son extraordinarios: ¡fue salvado de forma milagrosa de morir ahogado en las aguas del río Nilo! Y ese acto prodigioso marcó la trayectoria de su vida, pues se convirtió en el líder indiscutible, legislador y libertador del pueblo de Israel.

La liberación de los israelitas de la opresión egipcia fue un proceso extenso e intenso. Moisés tuvo que convencer al faraón para que dejara salir al pueblo, en medio de una serie interesante y reveladora de combates espectaculares con los magos del reino. Finalmente, la sabiduría y el poder de Moisés prevalecen sobre las magias egipcias, y el pueblo de Israel salió al desierto para peregrinar por la península del Sinaí por cuarenta años, de acuerdo con el testimonio bíblico.

La identidad precisa del grupo que salió de Egipto es muy difícil de comprender y explicar. Esos israelitas, o mejor dicho, hebreos antiguos, provenían de diversos sectores de la sociedad. Algunos eran parte de tribus seminómadas que vivían en el desierto, pero que trabajaban por temporadas en la construcción de las nuevas ciudades egipcias; otros, posiblemente, eran grupos que de alguna forma estaban relacionados con los anteriores, pero que ya se habían asentado en las tierras de Egipto; y aún otros eran parte de las tribus del desierto, que se unieron al grupo de Moisés cuando viajaban por el Sinaí.

En ese proceso de liberación bajo el liderato de Moisés, según los relatos bíblicos, el pueblo experimentó una serie importante de manifestaciones divinas: por ejemplo, se revela el nombre personal del Dios que les había liberado (Ex 3:1-16); los ejércitos del faraón, que perseguían y amenazaban con destruir al pueblo de Israel, fueron derrotados y echados a la mar de forma milagrosa y definitiva (Ex 14:1-15:21); y, además, se brindan, en el monte Sinaí, los Diez Mandamientos, que constituyen la base y núcleo fundamental para lo que posteriormente se conoce como la Ley de Moisés (Ex 19:1-20:17).

Las narraciones de la liberación de Egipto le permiten al pueblo de Israel tener el fundamento teológico básico para entenderse como pueblo escogido y llamado por Dios. Este evento de liberación nacional marcó de forma permanente la teología de sabios, profetas y poetas del pueblo, que fundamentados en estos recuentos épicos extraordinarios, desarrollaron teologías que les permitían a las futuras generaciones responder con valor, seguridad y autoridad a los grandes desafíos de la existencia humana.

Y como punto culminante de la experiencia de liberación de Egipto, el libro del Éxodo presenta el pacto o la alianza que Dios establece con el pueblo de Israel. Esa relación singular del Señor con su pueblo, se convirtió en el tema teológico privilegiado de los profetas, que evaluaban el comportamiento del pueblo de Israel y sus monarcas, a la luz de las estipulaciones del pacto. Si la gente cumplía con los mandatos divinos, afirmaban los profetas, vivirían en paz y prosperidad; sin embargo, si se alejaban de esos estatutos éticos y morales, recibirían el juicio divino, de acuerdo con el mensaje profético.

4. La conquista de Canaán

De acuerdo con las narraciones del Pentateuco, luego de la muerte de Moisés (Dt 34), el liderato nacional recayó en manos de Josué, cuyo objetivo primordial era llevar a los israelitas hasta Canaán, que, desde la perspectiva de las tradiciones patriarcales, ya era conocida como la «tierra prometida». Marcó el inicio de ese proceso el cruce del río Jordán –desde la región ocupada por la actual Jordania a Israel y Palestina–, que guarda ciertos paralelos con el cruce de Moisés a través del mar Rojo (Jos 1-3; Ex 14-15).

La llamada «conquista» del territorio cananeo fue un proceso difícil, largo y complejo (Jue 1), que en ocasiones se llevó a efecto de manera pacífica, pero que en otros momentos incluyó hostilidades, conflictos y guerras (Jue 4-5). Ese fue un período de fundamental importancia en la historia bíblica, pues los israelitas pasaron de ser una comunidad nómada o seminómada a convertirse en un pueblo asentado, en las tierras con las cuales se relacionarían el resto de su historia nacional.

Los pueblos que los israelitas encontraron en Canaán tenían en común una ascendencia semita, pero también mostraban elementos culturales distintivos e historias nacionales definidas. Por esa razón, en ocasiones, las luchas fueron intensas, pues estaban en juego no solo los terrenos y los pueblos necesarios para vivir y desarrollar una nación, sino la identidad cultural, que brinda a las comunidades sentido de historia y cohesión y salud emocional, espiritual y social. Con el tiempo, muchas de las comunidades cananeas se fundieron con los grupos israelitas que comenzaban a poblar y colonizar la región (Jue 9).

Mientras que en Canaán los israelitas estaban en pleno proceso de asentarse en la región, había comenzado una serie importante de cambios políticos en el resto del Oriente Medio. Las grandes potencias de Egipto y Babilonia comenzaban a ceder sus poderes a nuevos pueblos que intentaban sustituirlos en la implantación de políticas internacionales. Esos cambios y transiciones de poder, en el contexto mayor del Creciente Fértil, permitió a los pueblos más pequeños, como los de Canaán, desarrollar sus propias iniciativas y adquirir cierta independencia económica, política y militar.

De esos cambios internacionales, que dejaron un cierto vacío político en Canaán, se beneficiaron los recién llegados grupos de israelitas. Desde la perspectiva de la profesión religiosa, los pueblos cananeos tenían un panteón bastante desarrollado que incluía una serie importantes de celebraciones y reconocimientos en honor al dios Baal y a las diosas Asera y Astarté. Además, tenían un panorama complejo de divinidades menores, que primordialmente se relacionaban con la fertilidad. En esencia, las religiones cananeras eran agrarias que adoraban a Baal como dios principal y señor de la tierra.

Naturaleza y particularidades de las narraciones

Una lectura atenta y sobria de las narraciones del Pentateuco pone de relieve una serie importante de peculiaridades literarias y teológicas que debemos tomar en consideración al tratar de comprender la naturaleza y objetivos de este tipo de literatura. El análisis cuidadoso de los relatos manifiesta una serie singular de detalles temáticos, estructurales y estilísticos que nos pueden ayudar a entender mejor las motivaciones, los alcances y las metas de las personas y grupos que redactaron estas antiguas tradiciones orales para convertirlas en historia nacional, que ya hemos llamado «historia de la salvación».

Se pueden distinguir varias dinámicas estéticas y literarias en los relatos del Pentateuco, que debemos identificar y explicar. En primer lugar, está la dimensión temporal, que alude al tiempo que en que pasan los relatos, que se cuenta en horas, días, meses y años. Este componente es importante, pues indica que los eventos que se narran transcurrieron, por ejemplo, en siete días (la creación), cuarenta días (el diluvio), o cuarenta años (israelitas en el desierto). En el estudio de esas narraciones, hay que prestar suma atención a los números, pues detrás de esa numerología hay simbolismos y teologías de importancia. El siete alude a algo completo y el cuarenta describe un período educativo de importancia.

El primer tiempo que transcurre en las narraciones de Génesis es largo: según los relatos escriturales, desde el momento de la creación (Gn 1) hasta la salida de Egipto (Ex 12:40-41) pasan 2 666 años, que equivale a dos terceras partes de los 4 000 años del primer período del mundo. Luego se viven solo cuarenta años, desde el éxodo hasta la llegada a Canaán. Y al final del Pentateuco, el libro del Deuteronomio, incluye solo un día en la vida de Moisés, y presenta su discurso de despedida.

La extensión en los tiempos de las narraciones pone en evidencia la naturaleza figurada, teológica y pedagógica de los documentos y los relatos. Un buen ejemplo de este tipo de relato simbólico es la longevidad de algunos personajes que vivieron antes del diluvio del Génesis: duraban cientos de años (p. ej., 969 y 777); e inclusive, de uno particularmente no dice que vio muerte (Enoc, Gn 5). Luego del diluvio, la gente duraba menos (600-205 años), después de Abraham, mucho menos (200-100 años), y para el salmista, los días de nuestra edad corresponden a las expectativas de vida contemporáneas (p. ej., 70-80 años, Sal 90:10).

Estas afirmaciones de vidas longevas en el Pentateuco, sin embargo, no comparan en nada con varias de las listas de reyes sumerios, ¡que duraban 18 600 y hasta 43 200 años!

Una segunda dimensión literaria y temática que no debemos ignorar al estudiar el Pentateuco es su carácter social, su naturaleza étnica. La afirmación de que «mi padre era un arameo errante» (Dt 26:5) pone en evidencia clara una característica fundamental de los personajes del Génesis, específicamente de los antepasados de Israel, de los patriarcas y las matriarcas del pueblo: el pueblo se entendía a sí mismo con orígenes nómadas, donde la itinerancia jugaba un papel protagónico en sus vidas y familias.

Abraham y Sara, y sus descendientes, pasan gran parte de sus vidas moviéndose de lugar en lugar, de Mesopotamia a Canaán (Gn 11:28), luego a Egipto (Gn 46:6-7), y finalmente de regreso a Canaán (Gn 12:5), donde se establecen definitivamente.

Los relatos, inclusive, afirman que en Canaán vivieron como «peregrinos y extranjeros» (Gn 15:13; 17:8; 23:4; 28:4). Y esta itinerancia de los personajes, es la que brinda cohesión y continuidad a las narraciones.

Referente a la naturaleza nómada e itinerante de los personajes de la Torá, debemos añadir que los israelitas, luego de la salida de las tierras de Egipto, peregrinaron por el desierto durante décadas, caminaron por el Sinaí durante 40 años. Y esos viajes y movimientos permitieron que los relatos se movieran de la época patriarcal y matriarcal hasta la llegada a Canaán y la conquista de la tierra prometida.

La finalidad teológica de las narraciones de itinerancia se relaciona con el cumplimiento de las promesas divinas. Dios le prometió a Abraham una nueva tierra, y esa promesa se cumple con la llegada a Canaán. Desde las primeras narraciones del Pentateuco, las promesas divinas y su cumplimiento constituyen un tema de fundamental importancia para la teología bíblica.

Todo el Pentateuco está enmarcado en el contexto teológico fundamental y amplio del movimiento constante hacia la tierra prometida. Inclusive, Dios mismo le dice a Abraham que mire a su alrededor, hacia los cuatro puntos cardinales, para que pueda contemplar bien la tierra que se le había dado, tanto a él como a sus descendientes (Gn 13:14). En efecto, el objetivo teológico del Pentateuco es el viaje a Canaán, que a su vez es el cumplimento de las promesas divinas. Y de esta forma se pone de manifiesto que el deseo fundamental de las narraciones de la Torá es teológico: el Dios que promete también cumple sus promesas.

Repeticiones, duplicados y estilos

Una peculiaridad literaria del Pentateuco es que sus narraciones y leyes incluyen una serie interesante de repeticiones y duplicados. Y esa característica en el estilo, que ciertamente puede tener una finalidad pedagógica de reiteración, le brinda a la obra una dimensión teológica singular. No se trata de repeticiones acríticas redundantes, sino de relecturas y revisiones de narraciones previas, articuladas ante nuevos desafíos históricos y culturales.

Los duplicados pueden ser temáticos. Podemos leer dos relatos de creación (Gn 1-2), que tienen estructuras literarias y propósitos teológicos diferentes. En el primer capítulo de Génesis, se incluye un poema que afirma que Dios lo creó todo de forma ordenada y coherente; y en el segundo relato, que se articula en un estilo narrativo, se presenta el tema de la creación del hombre y de la mujer, lo que prepara el ambiente para explicar cómo llegó el pecado al mundo.

Hay repeticiones de algunos temas que tienen cierta importancia en el antiguo mundo del Oriente Medio. Uno de esos temas es el de la esposa que también es hermana, que se presenta en diferentes momentos de la narración, con personajes variados y en contextos diversos (Gn 12:10-20; 20:1-18; 26:1-11). Otras repeticiones significativas son los episodios del maná y las codornices (Ex 16; Nm 11:4-35), y las experiencias del agua en Meriba (Ex 17:1-7; Nm 20:1-13). También hay narraciones duplicadas y entremezcladas, como las del diluvio (Gn 6-9) y las manifestaciones divinas frente al mar Rojo (Ex 14).

El estilo de duplicación y repetición de los temas también se manifiesta en las secciones legales del Pentateuco. Quizá la repetición más conocida es la del Decálogo (Ex 20:2-17; Dt 6-21). Ese singular estilo de reiteración, también se revela en las leyes sobre los esclavos (Ex 21:2-11; Lev 25:39-55; Dt 15:12-18), las estipulaciones sobre fiestas (Ex 23:14-17; Lev 23; Dt 16:1-17), los requisitos para ejercer como jueces (Ex 23:2-8; Lev 19:15-16; Dt 16:18-20) y las dinámicas en torno a los préstamos (Ex 22:24; Lev 25:35-37; Dt 23:20-21).

La lectura detenida del Pentateuco identifica una serie de giros del lenguaje que caracterizan algunas secciones de la obra. Por ejemplo, en el Deuteronomio se utiliza un tipo de lenguaje homilético y parenético: por ejemplo, «amarás al Señor, tu Dios» (Dt 6:5; 10:12; 11:1, 13, 22). La obra incluye, además, un grupo de frases cortas y significativas que le brindan a la obra cohesión literaria y teológica: por ejemplo, «de todo tu corazón y de toda tu alma» (Dt 4:29; 6:5; 10:12; 11:13; 13:4; 26:16; 30:2, 6, 10). En el libro se repiten de forma continua expresiones con cargas teológicas singulares: por ejemplo, «haz lo recto ante los ojos del Señor» (Dt 6:18; 12:25, 28; 13:19; 21:9) y «el lugar que el Señor, vuestro Dios, escoja» (Dt 12:5, 11, 21; 14:23, 24; 16:2, 6, 11; 26:2). Estas características literarias y estilísticas son el fundamento para identificar como una forma de comunicación bíblica que se conoce como «deuteronómica».

Referente a la singularidad del estilo en el Pentateuco, es importante indicar que, en los primeros cuatro libros, se utilizan una serie de términos que no aparecen en el Deuteronomio. Esas palabras generalmente se asocian al mundo del sacerdocio, del santuario y del culto. Afirman una concepción singular de la experiencia nacional y de las vivencias religiosas, pues presuponen la centralización del culto en Jerusalén. De singular importancia es notar que el pacto en el Deuteronomio es bilateral, mientras que en las narraciones sacerdotales, es unilateral y eterno.

Entre las frases que aparecen únicamente en el Tetrateuco (los primeros cuatro libros de la Torá), están las siguientes: «creced y multiplicaos» (Gn 1:22, 28; 8:17; 9:1, 7; 17:20; 28:3; 35:11; 47:27; 48:4; Ex 1:7; Lev 26:9), «pacto o alianza eterna» (Gn 9:16; 17:7, 13, 19; Ex 31:16; Lev 24:8; Nm 18:19; 25:13), y «la gloria del Señor» (Ex 16:7; 24:16; 40:34, 35; Lev 8:6, 23). Y entre las palabras hebreas con singular carga teológica que se incluyen en esta primera sección del Pentateuco, están las siguientes: édah que significa 'congregación'; *miskan*, 'santuario'; *qorban*, 'ofrenda', que se incluyen en la sección de la Torá de que va desde Éxodo 25 hasta Números 10.

La teología bíblica

Para la comprensión adecuada de la teología bíblica, hay que reconocer, en primera instancia, que las Sagradas Escrituras no articulan sus reflexiones, pensamientos, convicciones y reflexiones en torno a Dios de forma ordenada. La Biblia no es un tratado de teología sistemática que presenta sus diversos conceptos e ideas en torno a la divinidad de manera metódica y coordinada.

Por el contrario, las teologías que se incluyen en la Biblia se presentan en las narraciones y se descubren en los poemas, se identifican en los oráculos y se revelan en los proverbios, se articulan en la vida de los patriarcas y las matriarcas del pueblo y se desprenden de las memorias de las vivencias históricas del pueblo. La teología bíblica, en efecto, se desprende de los relatos que aparecen en las diversas partes del canon.

Esas formas de articulación teológica, sin embargo, no desmerecen sus convicciones ni mucho menos disminuyen el poder de sus virtudes. La teología bíblica está íntimamente unida a los documentos que le brindan significado histórico y espiritual al pueblo, y que se pone en clara evidencia en la lectura y evaluación de las narraciones canónicas, que, en nuestro singular caso, son las que se encuentran en el Pentateuco, y también en las Escrituras judías, el Antiguo Testamento o la Biblia hebrea.

La gran pregunta teológica en la Biblia no es si Dios existe, sino cómo esa particular divinidad se manifiesta libremente en medio de las realidades cotidianas de su pueblo. El mayor interrogante es cómo ese Dios se revela para contribuir positivamente al desarrollo de un sistema social, económico, político, religioso y espiritual que ponga en evidencia clara su compromiso con los valores impostergables de amor, verdad, justicia, paz y santidad.

En efecto, el presupuesto bíblico básico y fundamental de la Biblia es que Dios existe. Solo la persona necia es capaz de «decir en su corazón –o pensar– "No hay Dios"» (Sal 14:1; 53:1).

La preocupación fundamental de la teología bíblica no es «probar» la existencia de Dios, sino descubrir, identificar, explicar, afirmar y contextualizar las manifestaciones divinas en la vida de individuos, comunidades y naciones. Y su finalidad litúrgica es celebrar y agradecer esas intervenciones extraordinarias de Dios en la naturaleza y el cosmos.

«En el principio Dios creó los cielos y la tierra» (Gn 1:1). De esa manera directa, firme y contundente comienzan las Sagradas Escrituras. Y desde ese mismo momento, el tema de las acciones divinas se convierte en la vertiente teológica principal de toda la Biblia. En el corazón mismo de la literatura bíblica se encuentra la revelación de Dios que desea comunicarse con las personas de forma directa y clara. Particularmente, se manifiesta al pueblo de Israel y más específicamente, a personas marginadas y sufridas en la vida, a gente en necesidad y angustia en la sociedad, a comunidades en cautiverio y opresión en el mundo.

La Biblia narra lo que, a juicio de sus redactores, Dios ha hecho, ha dicho y ha prometido. Las Escrituras revelan cómo Dios intervino en medio de las angustias del pueblo y cómo puso de manifiesto su voluntad, poder, autoridad, virtud y paz con justicia. Y esa revelación divina se presenta a través de relatos, poesías, oráculos, biografías, historias familiares, enseñanzas sabias, leyes, etc.

Metodologías de estudio

A través de la historia, muchas personas eruditas y estudiosas han desarrollado formas diversas de estudiar la llamada «teología bíblica». El objetivo es comprender mejor el mensaje de las Escrituras e identificar adecuadamente los componentes sustantivos de la naturaleza divina, de acuerdo con las afirmaciones de la Biblia. Estos acercamientos metodológicos son varios y, en muchos casos, se complementan.

El «método descriptivo» pone su atención principal en lo que el texto bíblico quiso decir al pueblo de Israel y no está interesado tanto en la contextualización y aplicación del mensaje escritural. Describe lo que sucedió, explica sus orígenes y analiza las ideas, los temas y las importancias teológicas de los asuntos planteados. Es limitante, sin embargo, esta metodología de análisis, pues es incapaz de descubrir y afirmar las implicaciones contextuales y transformadoras de las enseñanzas bíblicas, que tienen un valor fundamental para las religiones proféticas.

Otra forma de estudiar la teología bíblica se conoce como el
«método confesional», que intenta poner de relieve la importancia de la fe cristiana y sus valores al estudiar el Antiguo Testamento. En esa metodología se reconoce que leemos el AT o la
Biblia hebrea como creyentes cristianos y que debemos interpretar esos documentos fundamentados en las doctrinas cristianas
básicas, no en los méritos propios de la literatura hebrea antigua.
Una preocupación en torno a esta metodología es la posibilidad
del anacronismo histórico, al leer la teología y los valores de la
Iglesia cristiana en las narraciones hebreas antiguas.

El «método transversal» es una forma adicional de estudiar la
teología bíblica que identifica los procesos y eventos históricos
que se encuentran subyacentes en las experiencias religiosas del
pueblo. Su propósito básico es descubrir las creencias fundamentales de los escritores bíblicos, según los diversos períodos, para
descubrir las relaciones teológicas e históricas entre el Antiguo y
el Nuevo Testamento. De acuerdo con esta metodología, el principio teológico rector de las Escrituras es el pacto o alianza que
Dios estableció con su pueblo. Lamentablemente, esta metodología no explica algunas secciones importantes de la Biblia hebrea,
por ejemplo, como la literatura sapiencial.

De acuerdo con el «método diacrónico», los estudiosos deben
de antemano reconocer la complejidad inherente de las Escrituras y afirmar la naturaleza, variedad y extensión de las tradiciones bíblicas. Se analizan las narraciones históricas y proféticas
del pueblo de Israel para descubrir sus comprensiones de Dios,
del mundo, la historia, la naturaleza, el futuro, la esperanza. Y de
esta forma, el estudio toma en seria consideración la naturaleza
kerigmática de la Biblia, pues identifica las confesiones más importantes y los credos hebreos antiguos fundamentales.

Esta metodología, que es muy importante en los estudios bíblicos, ha sido muy criticada, pues es incapaz de identificar un
núcleo básico y fundamental que revele el tema prioritario en
las tradiciones bíblicas. Y esa ambigüedad hace que la aplicación de este método sea complicada e inefectiva. Aunque algunas de sus contribuciones a la comprensión de la Biblia han
sido extraordinarias.

El «método canónico» tiene como objetivo básico hacer una reflexión teológica del Antiguo Testamento en su contexto canónico. Fundamenta su análisis en los libros bíblicos que realmente tenemos a nuestra disposición, pues no contamos con las tradiciones orales previas ni con los documentos precanónicos antiguos. Su afirmación prioritaria es que no podemos fundamentar la teología bíblica en las especulaciones académicas abstractas, sino en los documentos que realmente poseemos.

Este método toma seriamente en consideración los temas del Antiguo que se citan en el Nuevo Testamento, analiza la totalidad del mensaje escritural y reconoce la importancia que la gente de fe le ha dado a los documentos bíblicos. El mayor desafío de esta metodología, sin embargo, es que el movimiento entre los testamentos no es siempre claro, suave y continuo, pues las diferencias teológicas, históricas, culturales, políticas, sociales y espirituales no pueden ignorarse.

El método que nosotros utilizamos para estudiar la teología bíblica del Pentateuco en este libro le da prioridad al concepto de Dios y discute cómo esas convicciones antiguas en torno a la divinidad de Israel se van manifestando en las diversas percepciones del pueblo. Esa comprensión nos permitirá actualizar los mensajes que se desprenden de sus enseñanzas.

Esta metodología nos permite acercarnos al texto bíblico desde una perspectiva canónica, a la vez que respetamos las categorías teológicas de los escritores originales. Además, identifica las categorías teológicas y temáticas que tienen virtudes pastorales, educativas y homiléticas para la comprensión, el disfrute y la aplicación del mensaje de la Biblia.

Conceptos de Dios

La lectura cuidadosa del Pentateuco revela una serie de vectores teológicos que pueden darnos algunas pistas para comprender mejor la divinidad que se revela en la Biblia. Esos vectores, o ejes, tendencias o teologías, se manifiestan tanto en el resto de la Biblia hebrea, como en el Nuevo Testamento.

Entre esas ideas fundamentales en torno al Dios bíblico, se puede afirmar que es creador, liberador y santificador; además, establece pactos con la humanidad. Esas tendencias teológicas importantes presuponen que el Dios que revela sus virtudes y poder en las Sagradas Escrituras es soberano, eterno y vivo. Ese tipo de divinidad, que interviene de forma decidida en medio de la historia humana, tiene nombre propio, y que en el análisis de su nombre se pueden descubrir aspectos básicos y fundamentales de su naturaleza.

1. EL DIOS SOBERANO

La afirmación teológica fundamental en la Biblia es que Dios es soberano. Y esa gran declaración le brinda a las Escrituras un claro sentido de dirección, coherencia y unidad. Una lectura inicial de los testimonios sagrados pone claramente en evidencia que todo lo que existe es una manifestación extraordinaria y una expresión formidable de su voluntad. Y ese descubrimiento y aceptación teológica son los que incentivan la adoración y el reconocimiento divino.

La Biblia no trata de explicar la naturaleza divina ni intenta probar su existencia, aunque se pueden encontrar algunos pasajes y mensajes que podrían utilizarse para responder a esas importantes inquietudes filosóficas: por ejemplo, en torno a las pruebas cosmológicas (Sal 19:1; Is 40:21), las pruebas teológicas (Sal 8:5-7; 104:25; Jer 14:22), y las pruebas morales (Gn 31:42; Sal 94:10).

El Dios soberano crea los cielos y la tierra (Gn 1-2), libera a los hijos e hijas de Israel de las tierras de Egipto (Ex 1-15) y también los lleva a la tierra prometida (Dt y Jos). Ese Dios acompaña el pueblo por el desierto y la historia y llega hasta el exilio en Babilonia para poner de manifiesto su poder liberador. Y mediante sus emisarios, los profetas, revela su palabra desafiante y sus amonestaciones al pueblo y a sus líderes para que entiendan las implicaciones éticas de la revelación divina en el Sinaí.

En efecto, el Dios que se revela con soberanía, autoridad y virtud en las Escrituras, pone de manifiesto su poder extraordinario en medio de las vivencias cotidianas del pueblo y apoya especial y decididamente a la gente en dolor, necesidad y angustia. Si el pueblo de Israel es particularmente escogido y seleccionado por Dios, es principalmente por su naturaleza frágil, por su condición de esclavo en Egipto y por su experiencia de cautiverio y opresión bajo las políticas esclavistas y discriminatorias del faraón.

2. EL DIOS ETERNO Y VIVO

Ese Dios soberano, que pone de manifiesto su poder sobre la historia, la naturaleza, el cosmos, las naciones y los individuos, también es eterno. Y ese sentido y característica de eternidad se pone de relieve en la siguiente afirmación: «Antes que nacieran los montes y se formaran la tierra y el mundo. Desde el siglo hasta el siglo, tu eres Dios» (Sal 90:2). Este texto pone claramente de manifiesto la unidad entre la soberanía divina y su eternidad.

De acuerdo con el salmista, el Dios soberano existe desde antes de la creación. Y ese singular sentido de eternidad se relaciona íntimamente con la vida, que es una característica fundamental e indispensable en la teología bíblica. En efecto, el Dios soberano y eterno está vivo, afirmación teológica que no pueden hacer los ídolos antiguos ni las divinidades locales en el Oriente Medio antiguo. La eternidad divina se fundamenta en la vida, que es una manifestación clara de su deseo de intervenir en medio de la historia humana.

Lo que distingue particularmente al Dios bíblico de los panteones regionales antiguos, por ejemplo, es su vida. Y esas convicciones profundas se ponen en evidencia clara en las reflexiones teológicas de varios profetas. Jeremías, por ejemplo, critica a las divinidades extranjeras por su impotencia y falta de vida (Jer 10:9-10); y en el libro de Isaías esa crítica llega a niveles literarios y teológicos extraordinarios, pues esas divinidades no tienen la capacidad ni el deseo de comunicarse con la humanidad ni mucho menos tienen la capacidad de intervenir en la historia (Is 45:2122).

Como el tema de la vida de Dios manifiesta gran importancia espiritual en la Biblia, se articula en un lenguaje simbólico, poético, descriptivo y antropomórfico. Estas formas figuradas de hablar en torno a Dios no son expresiones teológicas primitivas, ni mucho menos poco sofisticadas, sino una extraordinaria expresión polivalente y metafórica para poner de manifiesto la relación íntima entre la vida humana y la existencia divina.

Dios es soberano

La afirmación teológica fundamental en la Biblia es que Dios es soberano. Y esa gran declaración le brinda a las Escrituras un claro sentido de dirección, coherencia y unidad. Una lectura inicial de los testimonios sagrados pone claramente en evidencia que todo lo que existe es una manifestación extraordinaria y expresión formidable de su voluntad. Y ese descubrimiento y aceptación teológica, es la que incentiva la adoración y el reconocimiento divino.

Una de esas afirmaciones teológicas de importancia capital en las Escrituras se incluye en el Salterio: el salmista exclama asombrado «Como el ciervo brama por las corrientes de las aguas, así clama por ti, oh Dios, el alma mía. Mi alma tiene sed de Dios, del Dios vivo...» (Sal 42:1-2a).

En este poema se pone de relieve el clamor humano por un tipo de divinidad que supera las expectativas religiosas de la época. El Dios aludido no puede limitarse a las dinámicas tradicionales del panteón antiguo, sino que debía poseer una característica teológica y existencial única: la vida. ¡Y esa vida supone interacción, la capacidad de comunicación, el deseo de intervenir!

La «vida divina» se expresa en un lenguaje poético que representa al Dios soberano y eterno. Esa vida es la característica teológica indispensable y fundamental en la presentación del Dios bíblico. Por esa razón, el poeta exclamaba: «¡Mi alma tiene sed del Dios vivo!»

En esa tradición literaria y poética, Dios «habla» (Gn 1:3), «escucha» (Ex 16:12), «ve» (Gn 6:12), «siente» (1 S 26:19), «ríe» (Sal 2:4) y «silba» (Is 7:18). Además, ese Dios viviente cuenta con los órganos adecuados y los sentidos necesarios para implantar su voluntad; por ejemplo, tiene «ojos» (Am 9:4), «manos» (Sal 139:5), «brazos» (Is 51:9), «orejas» (Is 22:14) y «pies» (Neh 1:13). Y en la descripción de sus acciones, también se utiliza ese mismo idioma figurado; por ejemplo, «cabalga sobre las nubes» (Dt 33:26), «cierra la puerta del arca de Noé» (Gn 7:16), desciende del cielo (Gn 11:7) y es «varón de guerra» (Ex 15:3).

Las manifestaciones de la vida de Dios que utilizan ese tipo de lenguaje poético y antropomórfico sirven también para revelar los sentimientos más profundos de Dios; por ejemplo, «alegría» (Sof 3:17), «náusea» (Lev 20:23), «arrepentimiento» (Gn 6:6) y «celo» (Ex 20:5). Ese singular idioma humano para referirse al Dios soberano, eterno y vivo tuvo sus límites en la ortodoxia, pues los escritores bíblicos no imaginan ni presentan la esposa o compañera de Dios, ni se sienten en libertad para producir sus imágenes.

3. LOS NOMBRES DE DIOS

El Dios bíblico necesitaba un nombre propio que representara su esencia soberana, eterna y viva. Y el estudio cuidadoso de los diversos nombres relacionados con el Señor, puede ayudarnos a comprender mejor la naturaleza y el poder de divinidad que los representa.

La vida divina

La «vida divina» se expresa en un lenguaje poético que representa al Dios soberano y eterno. Esa vida es la característica teológica indispensable y fundamental en la presentación Dios bíblico. Por esa razón, el poeta exclamaba: ¡Mi alma tiene sed del Dios vivo!

En la cultura hebrea antigua, los nombres representaban la esencia misma de las personas que los llevaban (véase el caso de Nabal, que significa «insensato», 1 S 25:25). Carecer de un nombre era estar desprovisto de significado en la vida, pues el nombre poseía una especie de mística que se relacionaba íntimamente con la persona. Conocer el nombre era equivalente a poseer y controlar a esa persona, era sinónimo de tener poder sobre ella. ¡Quien nombraba ejercía poder y autoridad sobre lo nombrado!

Respecto a las divinidades, conocer sus nombres era importante y necesario en la Antigüedad, pues no se podía invocar efectivamente a ninguna divinidad desconocida, pues no había proceso de comunicación y conocimiento. Por esa razón, Moisés le preguntó directamente a Dios por su nombre, de acuerdo con el relato de la revelación divina en la zarza, en el monte Horeb (Ex 3). En ese contexto extraordinario de teofanía inefable y especial, Dios revela su nombre a Moisés: «Yo soy el que soy» y «Yo soy» y, además, relacionó el nombre personal divino, Yahvé o Jehová –en las versiones de ReinaValera–, con el Dios de los antepasados: Dios de Abraham, Isaac y Jacob (Ex 3:14-15).

Yahvé es siempre el nombre propio del Dios bíblico. Y la evaluación de su significado, se descubre de tres formas: el nombre puede proceder de la expresión antigua Yah (Sal 147:1), que es una exclamación de adoración que manifiesta reconocimiento, aprecio, temor, reverencia, aceptación. La segunda teoría lingüística respecto al nombre divino relaciona a «Yah» con el pronombre personal para obtener la expresión «Yahu», que significaría, en tono de exclamación, «Oh, es él». Además, esa es una expresión onomatopéyica del trueno, que se asociaba a la idea antigua de Dios (2 R 2:14; Jer 5:12).

El uso de las cuatro vocales divinas, el llamado tetragrama, YHWH, es una forma imperfecta de la raíz verbal «hwh», que en árabe se relaciona con la idea de soplar. De esa forma se transmite la idea del Dios que sopla o el «Dios de las tormentas, truenos y relámpagos», que es una idea importante en las culturas del desierto.

Inclusive la raíz hebrea «hwh» se puede asociar con las ideas de «ser», «existir» o «acontecer». Posiblemente esa es una interpretación importante del significado del nombre personal divino. Yahvé, desde esta perspectiva, significa el que es, el que existe, el que hace acontecer las cosas, el eterno, el que interviene, el que se manifiesta, el que actúa, el que estará presente siempre. Y una posible traducción adecuada del nombre divino, puede ser «el Eterno».

Sin embargo, la comprensión de las complejidades y extensión del nombre divino no puede estar fundamentada únicamente en el análisis lingüístico. Se requiere la ponderación teológica para penetrar en el significado amplio y profundo del nombre del Señor. Por esa razón, es importante evaluar algunas de las diversas formas literarias compuestas del uso del nombre divino, pues nos permitirá comprender su amplitud teológica.

Entre esos nombres divinos se encuentran los siguientes: Yahvé, Dios de los patriarcas y las matriarcas (Ex 3:14-15); Yahvé Tsebaot, o Señor de los ejércitos (¡aparece en más de 279 ocasiones en el AT!); y Yahvé rey (Is 6:5). En la presentación compuesta de esos nombres se revelan las tendencias teológicas de quienes los utilizaban: en el primero se destaca la revelación a los antepasados del pueblo y las promesas divinas; en el segundo se afirman las victorias extraordinarias del Señor en los procesos de liberación de Egipto y en la conquista de Canaán; y en el tercero se pone en evidencia la soberanía divina.

Algunas implicaciones contextuales

Como este libro se escribe desde una perspectiva pastoral y latinoamericana, la contextualización de los temas teológicos cobra dimensión nueva, pues no constituye un extra optativo en la intención del autor. La Biblia hebrea, y específicamente la Torá, son vitales para las tareas ministeriales, pues entre sus páginas y enseñanzas se encuentran mensajes de gran importancia teológica, ética, moral, espiritual y pastoral. Temas, por ejemplo, como la teología de la creación, que permite a las pastoras y los pastores exponer el importante tema de la ecología, la integridad de la creación, la salud ambiental y el respeto a la naturaleza. Y las narraciones como la de la liberación de Egipto facilitan los procesos educativos que incentivan y promueven la existencia digna, renovada y transformada, y la vida sin cadenas que amarren los sentimientos, las voluntades, los anhelos y las decisiones individuales y colectivas, personales y familiares, nacionales e internacionales.

Los estudios sobrios y serios de los nombres de Dios no solo ponen de manifiesto la naturaleza divina, sino que afirman las experiencias, los sentimientos y las expectativas de los adoradores. La gente de fe llama a Dios de acuerdo con sus necesidades inmediatas. Cuando las personas recurren al Dios liberador, es que se sienten cautivas; cuando llaman al Dios sanador, es que enfrentan alguna enfermedad; y cuando reclaman la intervención del Dios eterno, es que sienten su pequeñez y fragilidad. En efecto, el uso de los nombres divinos es un magnífico indicador de las vivencias y las teologías del pueblo de Israel, y también puede ser un buen puente para la contextualización del mensaje bíblico.

Esta obra introductoria al Pentateuco también toma muy en serio las lecturas y comprensiones bíblicas de los diversos pueblos en la Tierra Santa. Desde las ciudades milenarias y de gran significación histórica y espiritual, como Jerusalén, Nazaret y Belén, la lectura de la Biblia hebrea cobra dimensiones noveles, inusitadas y extraordinarias. Los creyentes de estas ciudades y regiones del mundo pueden contribuir positivamente a los procesos educativos que ayuden a las iglesias del resto del mundo a comprender las implicaciones políticas y sociales de las interpretaciones bíblicas.

Por el conflicto palestino-israelí, algunos creyentes del Oriente Medio han relegado la lectura del Pentateuco a un segundo plano. Piensan que esas narraciones hebreas antiguas solo tienen que ver con el pueblo de Israel, como han sido interpretadas por la mayoría de los religiosos judíos.

La verdad teológica fundamental e impostergable es que las interpretaciones de las Sagradas Escrituras y del Pentateuco que tienen la intención de cautivar, oprimir, desmerecer y ofender a cualquier sector de la sociedad no hacen justicia al corazón del mensaje divino, que se pone de manifiesto con claridad en todo el AT. Los oráculos de los profetas tenían el propósito claro y definido de afirmar la paz y promover la justicia, y llamaban al pueblo a la fidelidad y al arrepentimiento. Las recomendaciones y enseñanzas de la literatura sapiencial incentivaban la vida responsable, digna, noble, grata y justa. Y las narraciones del éxodo ponen claramente de relieve algunas características fundamentales de Dios: el Señor no se alegra de la cautividad de las personas y no ve con buenos ojos las acciones discriminatorias y opresoras de los faraones de todas las épocas, los pueblos, las culturas y las religiones.

Uno de los criterios más importantes al estudiar el Pentateuco es identificar los valores que le brindan sentido de cohesión y que sobresalen como temas recurrentes y fundamentales en sus narraciones. Y uno de esos conceptos es la justicia, principio rector que se desprende de la lectura de las Escrituras. Desde los primeros relatos de la creación en el libro de Génesis hasta los importantes mensajes de los grandes profetas de Israel, la teología bíblica destaca y afirma la importancia de la justicia, pues esa es una de las características básicas del Dios bíblico.

Fundamentado en esos importantes conceptos teológicos –por ejemplo, la justicia–, Jesús de Nazaret comenzó su misión pedagógica en Galilea, lo que lo llevó hasta la ciudad de Jerusalén con un mensaje de renovación espiritual y transformación social. Y aunque le costó la vida, sus enseñanzas, palabras y acciones continuaron vigentes en las tareas apostólicas de los primeros predicadores y predicadoras de la Iglesia y se mantienen efectivas en los ministerios contemporáneos que han decidido ser fieles a la revelación divina.

El ejemplo de Jesús, que estudió con detenimiento las enseñanzas bíblicas en el hogar y en la sinagoga, es de vital significación, tanto para creyentes latinoamericanos como para los del Oriente Medio, particularmente en Israel y Palestina. En medio de una reunión en la sinagoga de Nazaret, se levantó a leer el texto bíblico y explicó el mensaje que se encuentra en el libro del profeta Isaías (Is 61:1-3). En efecto, el Espíritu del Señor lo había ungido para anunciar una nueva época y para proclamar un nuevo año de liberación, paz, restauración, renovación y vida.

4

❊ La Torá o el Pentateuco

Oye, Israel: Jehová, nuestro Dios, Jehová uno es.
Amarás a Jehová, tu Dios, de todo tu corazón, de
toda tu alma, y con todas tus fuerzas. Estas palabras
que yo te mando hoy, estarán sobre tu corazón. Se las
repetirás a tus hijos, y les hablarás de ellas estando
en tu casa y andando por el camino, al acostarte y
cuando te levantes. Las atarás como una señal en tu
mano, y estarán como frontales entre tus ojos; las
escribirás en los postes de tu casa y en tus puertas.

DEUTERENOMIO 6:4-9

La Torá

La palabra *Torá* tiene más de un significado. En su sentido específico, singular y particular, alude a los primeros cinco libros de la Biblia, que tradicionalmente se asocian con Moisés y que en círculos cristianos se conocen como el Pentateuco. En un contexto más amplio, sin embargo, y fundamentado en su etimología, *torá* significa «enseñar», «instruir», «dirigir», «guiar», e, inclusive, «poner los fundamentos». En efecto, Torá alude a la doctrina fundamental que sostiene toda la religión que se revela en la Biblia hebrea o el AT y es el título más antiguo y específico de la primera sección de la Biblia.

En la misma Biblia aparecen algunas expresiones compuestas que usan el término *torá*; por ejemplo, *sefer ha-torah*, que es «el libro de la Ley» (Neh 8:3); *torah Moshe*, o la Ley de Moisés (2 Cr 23:18; 30:16); o *sefer torah Moshe*, el libro de la Ley de Moisés (2 R 14:6; Neh 8:1). Posteriormente, en la historia, tanto los judíos de la diáspora en sus sinagogas como los cristianos en las iglesias comenzaron a identificar a los libros de la Torá con su nombre griego: Pentateuco. Este nuevo término se refiere a los «rollos contenidos en cinco estuches», pues cada libro en la Antigüedad se disponía en rollos.

Los padres de la Iglesia no utilizan con regularidad la palabra Pentateuco, pues prefirieron mantener el uso neotestamentario del término Torá o Ley (p. ej., Mt 5:17; 11:13; Lc 16:16; 24:44; Hch 13:15; Ro 3:21). El Talmud, sin embargo, regularmente se

refiere a la Torá, aunque en algunas ocasiones, alude al Pentateuco como «las cinco quintas partes de la Ley», posiblemente
influenciado por la terminología griega.

En su uso corriente, Torá puede designar tanto a los primeros
libros bíblicos (Génesis, Éxodo, Levítico, Números y Deuteronomio), la Biblia en general (conocida también como *Tanaj* o
Mikrá), el conjunto de mandamientos divinos revelados en la Ley
(p. ej., Lev 17-24), o, inclusive, la revelación específica dada por
Dios a Moisés en el Sinaí (Ex 20). Es decir, que la comprensión
adecuada del término lo refiere directamente a la figura venerada
de Moisés, o a algún nivel general o particular de la revelación
divina en el desierto del Sinaí.

La tradición rabínica, por su parte, expande el significado de
Torá para incluir sus interpretaciones orales, que en el NT se conocen como «las tradiciones de los ancianos» (Mc 7:3, 5, 8, 9, 13).
Esos diversos comentarios teológicos y prácticos hechos por los
rabinos a la Torá escrita, finalmente, se redactaron y formaron el
Talmud, tanto el babilónico como el jerosolimitano. Para la comunidad judía, ambas piezas literarias, la Torá bíblica y la talmúdica,
constituyen la revelación divina dada a Moisés. El verdadero significado de esa singular revelación se manifiesta, de acuerdo con el
judaísmo rabínico, al estudiar ambas tradiciones religiosas.

Los nombres de los libros de la Torá o Pentateuco varían de
acuerdo con la tradición canónica que se utilice. En la Biblia
hebrea, se identifican con la primera palabra que aparece en el
libro; mientras que en las versiones griegas (p. ej., LXX) y latinas
(Vulgata) se alude al contenido general de la obra.

Texto Masorético	LXX y Vg
Bereshit: En el principio	Génesis: Los orígenes
We elleh semot: Y estos son los nombres	Éxodo: Salida
Wayyira: Y llamó	Levítico: Relacionado con Leví
Bemidbar: En el desierto o también *wayedabber*: Y habló	Números: Censo de los hebreos
Elleh haddabarim: Estas son las palabras	Deuteronomio: Segunda Ley

Características temáticas y literarias

Aunque el Pentateuco dispone sus libros en cinco partes, el estudio detallado y riguroso de la obra pone claramente de manifiesto su unidad temática fundamental. La Torá fue redactada para que presentara la historia del pueblo de Israel, desde la creación de la humanidad, el cosmos, la naturaleza y el mundo, hasta la llegada del pueblo a la tierra prometida, tema de fundamental importancia teológica en sus narraciones. Posiblemente, la división en cinco libros se relaciona con la dificultad de manejar el texto completo del Pentateuco en un solo rollo.

De singular pertinencia en el análisis del Pentateuco es notar las alternancias entre las secciones narrativas, y en ocasiones poéticas, con las regulaciones y estipulaciones legales. Se desprende de este estilo literario un interés educativo fundamental e intencional: de un lado, hay que recordar los orígenes nacionales, que se remontan al momento mismo de la creación; y, del otro, hay que presentar los códigos de conducta que van a regular la vida familiar, social y religiosa, tanto para las personas como para la nación. En ese contexto educativo, las regulaciones religiosas ocupan un lugar protagónico.

El género narrativo ocupa la primera gran sección del Pentateuco. Junto a varios poemas (Gn 1:1-2:4a) y narraciones épicas (Gn 6-9), desde los inicios del libro de Génesis hasta la mitad del Éxodo (Ex 19), se describe la vida de varios personajes importantes en la historia nacional (p. ej., Abraham (Gn 12:1-25:32), Isaac (Gn 26:135), Jacob (Gn 27:1-36:32), José (Gn 37:1-50:26) y Moisés (Ex 1:1-19:25). Esta sección enfatiza la relación de estos líderes antiguos del pueblo con Dios y revela los aciertos y desaciertos de estos personajes.

Posteriormente, el Pentateuco incluye las regulaciones y los estatutos que deben regir la vida del pueblo, no solo durante el peregrinar por el desierto, sino a la llegada a la tierra prometida en Canaán. Estas leyes revelan la voluntad de Dios en forma de mandatos, enseñanzas y regulaciones, que contribuían significativamente al establecimiento de una comunidad santa, que es una de las características básicas del Dios que se manifiesta en estas narraciones. Y esa santidad se relacionaba íntimamente con la capacidad y el deseo de ser un pueblo representante y portavoz de esa revelación divina al resto de la humanidad.

La revelación divina en la Torá constituye la extraordinaria oferta de salvación y redención a toda la humanidad. En efecto, desde muy temprano en las páginas del Pentateuco se revela el deseo divino de presentar el mensaje de salvación a todo el género humano. Y ese mensaje de salvación se articula de forma concreta e histórica con la intervención de Dios para sacar a los israelitas de las manos opresoras, inmisericordes e ingratas del faraón de Egipto.

Esa singular unidad teológica, temática y literaria que se revela en el Pentateuco se puede discernir también hasta en los libros históricos. En primer lugar, el libro de Josué prosigue la saga de Moisés, pues Josué entra triunfante con el pueblo de Israel a la tierra prometida. En las narraciones del libro de los Jueces se describen los conflictos y las dificultades del pueblo en el tradicionalmente llamado «proceso de conquista» de las tierras de Canaán. Finalmente, en los libros de Samuel y Reyes, se presentan las dinámicas sociales y políticas internas en el pueblo que desembocaron en la selección de un rey, además de presentar un juicio valorativo de las hazañas de los reyes de los dos reinos: el de Judá, en el sur, y, en el norte, el de Israel.

La importancia que tiene la figura de Moisés en estas narraciones es fundamental y determinante. En el mismo Pentateuco se afirma claramente que no ha vuelto a surgir en Israel un profeta de la altura y magnitud de Moisés (Dt 34:10-12). Desde muy temprano en la historia del desarrollo de las tradiciones que posteriormente formaron la Torá, Moisés es considerado como la figura estelar y protagónica, y su «profecía» (es decir, la Ley) constituye el mensaje básico, insuperable e insustituible para el bienestar del pueblo. De esta forma, la literatura relacionada con Moisés se convierte en el fundamento del resto de la Biblia. Y por esa razón los mensajes de los Profetas y los Escritos aluden en repetidas ocasiones a la Ley de Moisés y, específicamente, hacen referencia al pacto o alianza de Dios con su pueblo.

Grandes temas del Pentateuco
*Los grandes temas que le brindan al Pentateuco unidad y
sentido de orientación y dirección histórica y teológica,
son los siguientes:*

- *La narración de los orígenes del cosmos, el mundo, la
  naturaleza y el género humano, o «historia primigenia»:
  Génesis 1-11*
- *La historia de los antepasados, o de los patriarcas y las
  matriarcas de Israel: Génesis 12-50*
- *Las narraciones de la liberación de Egipto: Éxodo 1-15*
- *El peregrinar del pueblo desde Egipto al Monte Sinaí:
  Éxodo 16-18*
- *La revelación de Dios a Moisés en el Monte Sinaí: Éxodo
  19-Números 10*
- *La llegada de Moisés y el pueblo de Israel a las tierras de
  Moab: Números 10-36*
  *El libro del Deuteronomio, que presenta una vez más la
  revelación divina en el Monte Sinaí en formas de discur-
  sos mosaicos o en maneras homiléticas: Deuteronomio
  1-34e.*

Ambiente histórico y teológico del Pentateuco

Aunque el Pentateuco se debe de haber redactado finalmente
luego del exilio en Babilonia, cuando se fijaron las tradiciones
en la forma que conocemos el día de hoy, sus tradiciones orales y
literarias pueden provenir de épocas muy tempranas en la historia de Israel. Las narraciones de los antepasados del pueblo presuponen que vivían por los s. XIX-XIII a. C. Durante esa época, ya
se había constituido el imperio babilónico antiguo (1900-1550
a. C.) y en Egipto gobernaba la dinastía imperial media (2100-
1785 a. C.). Posteriormente, la época de Moisés debe ubicarse
por el s. XIII a. C., aunque algunos estudiosos la relacionan con
un período anterior, en el s. XV a. C.

La identificación precisa de los antepasados de los israelitas es una tarea compleja. Posiblemente, debemos ubicar a los

patriarcas y las matriarcas de Israel entre los grupos semitas antiguos, nómadas y seminómadas, que recorrían, por el segundo milenio a. C., las regiones desérticas y semidesérticas del Creciente Fértil. Tres grupos específicos, por lo menos, que tienen relevancia para los estudios bíblicos, han sido identificados en la región por los historiadores durante esos períodos.

Los amorreos constituyen el primer grupo. Se trata, eminentemente, de un grupo de la etnia semita que se ubicó en diversas regiones de Mesopotamia, Siria y Palestina por los años 2000 a. C. El segundo se compone de arameos, también de origen semita, que se asentaron en diversas regiones sirias por el s. XIII a. C. Y el tercero lo constituyen los cananeos, de quienes se tiene evidencia literaria desde la antigua ciudad de Mari *c.* 1800 a. C. De estos grupos hay tanto referencias bíblicas como evidencias históricas en documentos que provienen de Siria, Babilonia y Egipto.

Es muy probable que los antepasados de Israel se puedan relacionar con los antiguos grupos amorreos que llegaron a Canaán por el s. XVIII a. C., cuando dejaron diversas regiones mesopotámicas. Es importante recordar que, según el testimonio bíblico, Abraham procedía de la ciudad de Ur, que originalmente pertenecía a Sumer, en Mesopotamia. Con el tiempo, sin embargo, la ciudad pasó a ser parte del imperio caldeo, y por esa razón en la Biblia se le conoce como «Ur de los caldeos» (Gn 11:31).

Esa conexión histórica muy antigua, con los amorreos, arameos y cananeos, que se mantuvo viva en la memoria colectiva del pueblo, es quizá la que se encuentra en la base misma de uno de los importantes credos de la Torá:

> «Un arameo a punto de perecer fue mi padre, el cual descendió a Egipto y habitó allí con pocos hombres, y allí creció y llegó a ser una nación grande, fuerte y numerosa...» (Dt 26:6).

El Pentateuco se organiza y dispone como una serie de relatos y leyes que se entrelazan para transmitir un singular mensaje teológico. Las narraciones van llevando la promesa de Dios de generación en generación, y se trata, efectivamente, de la comunicación de la historia de la salvación del pueblo, que muestra cómo un Dios misericordioso y justo se manifiesta en la creación, la liberación de Egipto, en el reclamo de santidad y en el establecimiento de un pacto con el pueblo. Es un Dios que interviene de forma extraordinaria en medio de las realidades históricas del pueblo.

Las leyes, por su parte, presentan cómo el pueblo debía vivir y actuar, según la voluntad divina manifestada en el monte Sinaí. Están incluidas en cuatro grandes bloques literarios, que revelan la importancia que manifiesta este sector teológico en el Pentateuco:

- El Código de la Alianza: Éxodo 20:24-23:19.
- El Código de Santidad: Levítico 17-26.
- El Código deuteronómico: Deuteronomio 12-26.
- El Código sacerdotal: Éxodo 25-31; 35-40; Levítico 1-16; Números 5-6; 15; 18-19; 28-30.

En medio de todas estas estructuras literarias, se destaca de forma indiscutible la figura de Dios, que no necesita ser presentado en el Pentateuco. Desde las primeras páginas de la Biblia, Dios es la figura central. Inclusive, solo en los primeros once capítulos, Dios crea y bendice, revela leyes y mandamientos, juzga y salva, selecciona y promete, establece pactos y brinda consejos, se entristece y arrepiente, y protege y le brinda responsabilidades a las personas. Todas esas actividades divinas lo que hacen es establecer la pauta con que posteriormente Dios se revelará a Israel y, por conducto de ese pueblo, a toda la humanidad.

De acuerdo con el Pentateuco, Dios está intensamente activo en el mundo, y su esfera de acción no está cautiva en el espacio sideral ni lejana en el cosmos, sino que ha decidido hacerse real en medio de las vivencias humanas. Sus actos concretos en medio de la historia lo ubican en un plano teológico extraordinario. Al Dios bíblico no le es ajeno el dolor de la gente, ni ignora el cautiverio de los pueblos, ni se olvida de las angustias familiares, ni rechaza el clamor de las personas en necesidad. En efecto, el Dios creador, que usa la palabra para que se cumpla su voluntad, es sensible a las necesidades humanas y responde a los clamores, de acuerdo con su naturaleza justa y santa.

Composición y autoría del Pentateuco

El largo y complejo proceso de composición del Pentateuco y su paternidad literaria están íntimamente relacionados. De un lado, intentamos comprender las dinámicas literarias y sociales que produjeron estos textos tan importantes y significativos para la comunidad hebrea y, a la vez, deseamos identificar las figuras históricas con las cuales se relacionan estos documentos inspirados. Las complicaciones en este extenso viaje literario se deben, en gran medida, a varios factores, entre los que se encuentran los siguientes: la naturaleza religiosa, cultural y moral del material; la lentitud histórica de los procesos de transmisión oral que finalmente llegaron a su fijación literaria, y las percepciones antiguas en torno a la naturaleza misma de los documentos escritos.

En el mundo de la Biblia, la redacción y fijación de las tradiciones orales y literarias no eran vistas como proyectos individuales o privados, sino como trabajos de la comunidad que tenía la responsabilidad de transmitirlos de generación en generación, revisándolos y adaptándolos a las nuevas situaciones sociales y a las realidades históricas noveles. Era una época sin leyes de protección de propiedad intelectual –tan importantes y características en las sociedades contemporáneas– y en donde imperaba, a la vez, el respeto a las tradiciones junto a la elasticidad en la redacción y adaptación de esas tradiciones antiguas a nuevos contextos sociales, históricos, políticos y religiosos.

De la lectura del Pentateuco se desprende que el proceso redactor tomó en consideración algunas obras antiguas que ya existían de forma escrita y que estaban disponibles para ser consultadas. Ese es el particular caso del *Libro de las batallas de Jehová* (Nm 21:14), que consistía, posiblemente, en una serie de poemas de guerra. Esas batallas eran alusiones a los combates que libraba el antiguo pueblo de Israel en el nombre del Señor. Otra obra antigua, en esa misma tradición literaria, y digna de identificación, es *El libro de Jeser o del Justo*, que contenía fragmentos de poemas atribuidos a algunos héroes nacionales, como Josué y David (Jos 10:13; 2 S 1:18).

Una obra literaria tan extensa y complicada como la Torá, llena de detalles históricos y litúrgicos, referencias culturales y religiosas, alusiones a problemas y dinámicas sociales y políticas y recuentos de narraciones antiquísimas, revela, en el análisis minucioso de sus diversos componentes, el paso del tiempo y refleja algunas etapas en los procesos de redacción. Se perciben, al estudiar el Pentateuco, algunas narraciones que repiten los temas y duplican el material, y, aunque algunas contienen variantes y cambios significativos, no dejan de manifestar su cercanía y dependencia literaria.

Ejemplos de esas narraciones duplicadas son las siguientes: se identifican dos narraciones que presentan los Diez Mandamientos o el Decálogo (Ex 20:1-17; Dt 5:621); y se incluyen cuatro presentaciones alternativas de las grandes fiestas de los israelitas (Ex 23; 34; Lv 23; Dt 16). Y aunque cada una de estas versiones cumple un particular propósito teológico en el lugar literario en que están ubicadas, estas duplicidades revelan que la Torá no se escribió en un momento histórico determinado. La lectura minuciosa y el análisis detenido de las narraciones aludidas manifiesta un largo y complejo proceso donde se fueron incorporando, a la narración básica, diversas versiones y variantes de estas leyes, regulaciones y relatos.

Además, la presentación de ciertos asuntos o temas manifiesta elementos en común claramente repetitivos. Esa es la situación del despido de Agar e Ismael (Gn 16; 21:8-21), o el deseo de ocultar la condición de esposa, tanto en relatos relacionados con Sara como en los de Rebeca, para indicar que eran hermanas de los patriarcas (Gn 12:10-20; 20:118; 26:6-14). En este particular caso, las repeticiones se disimulan y se intenta presentar una situación nueva. Sin embargo, la cercanía temática y la duplicación del contexto de crisis revelan que, por lo menos, hubo algún nivel de dependencia literaria e influencia mutua.

Es importante notar, en la identificación y el estudio de las pistas que nos ayudan a comprender mejor el proceso de redacción del Pentateuco, ciertas sutilezas lingüísticas y narrativas que en algunos momentos tienen importantes repercusiones teológicas. El análisis sosegado de los primeros tres capítulos del Génesis pone de manifiesto que en esa primera sección bíblica se encuentran dos relatos diferentes de la creación. Y cada uno de ellos tiene su propio estilo literario y revela sus particulares prioridades teológicas.

El primero (Gn 1:1-2:4a), redactado como un poema, muestra un interés teológico sacerdotal, bien estructurado en días, y cada día con su propia estructura interna; además, manifiesta un concepto de Dios magno, inmanente, espectacular, grandioso... ¡El Señor llena el universo con su potente voz creadora! El nombre divino usado en este poema es *Elohim*, que corresponde al nombre común en hebreo para referirse a la divinidad de Israel.

Y el segundo relato de creación (Gn 2:4b-3:24), escrito en prosa, presenta a Dios más íntimo, inminente, cercano... Es el Dios que camina por el jardín y dialoga con Adán y Eva; y el nombre divino que usa el autor es *Yhwh Elohim*, que pone de manifiesto el nombre personal del Dios bíblico: Yahvé Dios o Jehová Dios, dependiendo de la versión de las escrituras que se consulte. El uso sistemático y diferenciado de los nombres divinos, en algunos relatos, puede ser un indicador de las diferentes fuentes orales y literarias que se utilizaron en el proceso de redacción final de la Torá.

Algunos pasajes del Pentateuco muestran un estilo literario fluido, desarrollado, bien articulado, como algunas de las narraciones de la vida de Abraham (Gn 18:1-15); otros, sin embargo, consisten en listas de leyes en las que se destacan no tanto la belleza literaria o las virtudes estéticas de las porciones bíblicas, sino la rigidez de la legislación y la necesidad de cumplir los estatutos revelados, al pie de la letra (Lv 17-26). Inclusive, hay secciones donde también se presentan las mismas leyes en formas discursivas, casi homiléticas, como es el particular caso del libro del Deuteronomio y las leyes de Moisés.

Esas razones estilísticas, temáticas y teológicas apuntan a que el Pentateuco es mucho más que el producto literario de una persona o, inclusive, de una generación. En efecto, es el resultado gradual de la inspiración y revelación divina que se concreta en los procesos de recopilación y redacción de las tradiciones orales y literarias que se fueron asentando y reconociendo como importantes por el pueblo a través de las generaciones.

En el corazón mismo de ese importante proceso redactor, que ciertamente fue largo y complejo, está la figura extraordinaria y cimera de Moisés, que no solo es el protagonista indiscutible de varias secciones mayores de la obra (Éxodo-Deuteronomio), sino que es la figura central que le brinda al Pentateuco sentido de coherencia y, más aún, la autoridad religiosa y moral que manifiesta la Torá. Es importante señalar que la Torá misma indica que Moisés redactó parte de su contenido (p. ej., Ex 17:14; Nm 33:1-2; Ex 24:4-8; 34:27; Dt 31:9, 22, 24-26). Y la sección que narra su muerte, tradicionalmente, se relaciona con Josué (Dt 34:5-12).

Interpretación del Pentateuco

Cada comunidad, en diferentes períodos, se ha dado a la tarea de estudiar, comprender, interpretar y explicar el mensaje de las Sagradas Escrituras. Y las interpretaciones se asocian íntimamente con las tendencias y corrientes intelectuales de la época. Cabe notar que las interpretaciones apostólicas de la Biblia hebrea reflejan el mundo conceptual del Oriente Medio en el primer siglo de la Iglesia; las explicaciones que se pusieron de moda durante la Reforma protestante beben de las aguas del saber de la Europa medieval; y las exegesis contemporáneas de los académicos latinoamericanos se informan del mundo ideológico y teológico que se vive en América Latina.

En efecto, los estudios filosóficos, literarios, antropológicos, sicológicos, sociológicos y teológicos que se han hecho en la historia universal han influenciado las lecturas y las interpretaciones del Pentateuco. Y explicar las diversas formas en que la Torá ha sido comprendida e interpretada a través de la historia debe tomar en consideración esos importantes factores intelectuales.

Las lecturas judías y cristianas del Pentateuco, por siglos, afirmaron a Moisés como el autor de la obra. Esa comprensión precrítica de la Torá indica que Moisés escribió, inclusive, hasta los relatos en torno a su muerte (Dt 34). El fundamento de esta comprensión se encuentra directamente en los relatos bíblicos: Dios le ordenó a Moisés que escribiera en un libro el episodio de la victoria de los israelitas sobre los amalecitas (Ex 17:14); se indica, además, que escribió el Código de la alianza (Ex 24:4), registró en un libro el viaje por el desierto (Nm 33:2) y, finalmente, se declara directamente que escribió la Ley (Dt 31:9,24).

Esa opinión casi monolítica en torno al autor del Pentateuco fue con el tiempo revisándose para tomar en consideración otras posibilidades. Desde la época medieval, algunos estudiosos, tanto judíos como cristianos, comenzaron a identificar textos bíblicos que ponían en duda la autoría de Moisés, por lo menos de algunas secciones, como la de su muerte. Se percataron, inclusive, que en algunos pasajes bíblicos se alude a Moisés en tercera persona (p. ej., en Dt 31:9, se indica que «Moisés escribió...»), cuando el estilo normal de un autor es que escribiera en primera persona singular, como generalmente se hace en el Deuteronomio. De acuerdo con el Talmud babilónico, Josué fue quien escribió los relatos de la muerte de Moisés.

Las teorías de la composición del Pentateuco, provenientes de la Europa del s. xix, y que proliferaron en el resto del mundo académico en el s. xx, intentaban, con análisis literarios y semánticos complejos, identificar las diversas fuentes literarias de la Torá provenientes de períodos preexílicos y postexílicos. Esas teorías, con el desarrollo de nuevas metodologías literarias, han cedido el paso a comprensiones más inclusivas, integradas y canónicas de los documentos.

De singular importancia en la historia de la investigación e interpretación del Pentateuco es el análisis tradicionalmente conocido como la «teoría de las fuentes». Este tipo de estudios, que hacía uso del resultado de las investigaciones históricas y literarias críticas, identificó en la Torá, por lo menos, cuatro fuentes o documentos primarios en su composición. Y esas fuentes, que manifestaban características teológicas y literarias definidas, provenían de diversos períodos y contextos.

La primera fuente literaria del Pentateuco es la *yahvista*, que se caracterizaba, principalmente, por el uso de Yahvé como el nombre propio de Dios. Además, esta fuente utilizaba con frecuencia antropomorfismos para afirmar la cercanía de Dios con la humanidad (véase, p. ej., Gn 2:7; 3:8; 6:5-6; 7:16), y su teología se fundamentaba en la comprensión de una divinidad soberana y libre. Tradicionalmente se asocia esta tradición literaria con las tribus del sur, específicamente con la monarquía en tiempos de David y Salomón, en el siglo x a. C. Y, posiblemente, es uno de los primeros esfuerzos para transformar las tradiciones orales en documentos literarios, con alguna coherencia temática e histórica.

La gran segunda fuente literaria del Pentateuco se conoce como la *eloísta*, pues gusta en referirse a Dios con el término hebreo general de Elohim. Generalmente, se relacionan estos importantes esfuerzos literarios con grupos proféticos durante los siglos IX-VIII a. C., y es un tipo de versión de la historia nacional vista desde la perspectiva de las tribus del norte. Aunque tiene elementos teológicos en común con la fuente yahvista, destaca la importancia de los profetas en la historia nacional (Gn 20:7; Ex 1:15-21; Nm 11:24-30; 12:1-15).

Quizá un elemento distintivo de la segunda fuente literaria es que, en contraposición a la yahvista, que entiende a Dios como cercano e íntimo, la fuente eloísta destaca la trascendencia de Dios. De acuerdo con esta fuente literaria, Dios le habla al pueblo desde una nube (Ex 20:21; 33:7-11), o mediante profetas y mediadores (Ex 20:22; Nm 12:7-8). En la fuente yahvista, Dios se pasea por el huerto y habla directamente con las personas (Gn 2).

La tercera fuente o documento en esta teoría literaria de composición y comprensión del Pentateuco se conoce como la *deuteronomista*, que alude al estilo literario y la teología que se manifiesta en el libro del Deuteronomio (Dt 12-26). Tradicionalmente, se ha asociado esta fuente literaria con las tribus del norte, específicamente con los esfuerzos de reconstrucción nacional y con las reformas religiosas, sociales y políticas luego de la caída de Samaria (2 R 22:2-10). Consiste principalmente en un discurso de despedida de Moisés, cuando en las llanuras de Moab se despide del pueblo y repasa las leyes que se revelaron en el Sinaí. De singular importancia en esta fuente del Pentateuco es la centralización del culto en el santuario de Jerusalén.

La cuarta y última de las fuentes literarias del Pentateuco se conoce como los *documentos sacerdotales*, que proviene mucho más tarde en la historia nacional, en los períodos exílicos o postexílicos, como en el siglo VI-V a. C. Estos documentos, que se asocian a los grupos sacerdotales cercanos a las dinámicas religiosas y políticas del Templo, desean incorporar en la historia nacional las leyes y las ceremonias que le daban al pueblo sentido de pertenencia e identidad nacional, como respuesta a las crisis espirituales y políticas relacionadas con el exilio en Babilonia. Destaca, entre otros temas, la importancia del pacto o alianza, el papel que la Torá debía desempeñar en la comunidad, las genealogías y la santidad (Lv 17–26).

El estado actual de la investigación entiende que el Pentateuco, como lo conocemos el día de hoy, se redactó y editó finalmente en tiempos postexílicos, pero que se utilizaron grandes bloques de materiales que provenían de las épocas previas al exilio. Esos materiales orales y literarios llegaron tanto del reino del norte como del sur, y tenían como finalidad preservar la memoria histórica del pueblo en relación con el resto de las naciones del Oriente Medio.

Durante el exilio, cuando el antiguo pueblo de Israel estaba en contacto directo con culturas politeístas, y políticamente sometido al poder babilónico, grupos de sacerdotes judíos se dieron a la tarea de revisar y reeditar la historia nacional, a la luz de la experiencia adversa del destierro. Y en ese entorno histórico complejo y desafiante, surge el Pentateuco como el documento que le brindaba al pueblo identidad, al proveer una narración coherente de sus vivencias, desde el momento mismo de la creación hasta la llegada a la tierra prometida. Solo una figura de autoridad podía relacionarse con ese testimonio fundamental de pueblo, y era Moisés, el legislador por excelencia y el libertador nacional.

5

❀ El libro de Génesis

*Bendito sea Abram del Dios Altísimo, creador de los
cielos y de la tierra; y bendito sea el Dios Altísimo,
que entregó a tus enemigos en tus manos.*

GÉNESIS 14:19-20

El libro

La Biblia comienza de una forma lógica: con un libro que habla de la creación del mundo; es decir, de los orígenes del cosmos, la tierra, los cielos, la flora, la fauna, los animales y las personas. La primera gran afirmación teológica de las Sagradas Escrituras pone de relieve y subraya el poder creador de Dios, que no necesitó ningún interlocutor para manifestar su capacidad extraordinaria como creador. Todo se llevó a efecto mediante la palabra divina, que se traducía en acciones concretas que ordenaban el caos primitivo. En efecto, el primer gran enunciado bíblico es categórico y firme, poético y significativo, descriptivo y solemne, imaginativo y grato: ¡Dios es el creador de todo!

El nombre 'Génesis', que significa «orígenes», proviene de la versión griega de la Biblia, o la Septuaginta (LXX). En hebreo, el nombre de *Bereshit*, o «en el principio», que transmite las ideas que se asocian a los procesos que se producen al comienzo de la creación divina. Los dos textos canónicos presuponen la existencia de un Dios poderoso que está muy interesado en intervenir en los asuntos humanos desde el comienzo de la historia.

Estructura literaria de la obra

Tradicionalmente, la estructura literaria de Génesis se ha propuesto como dividida en dos secciones básicas y fundamentales.

La primera atiende los orígenes de todo lo creado (Gn 1-11); es la llamada «historia primigenia», o «historia de los orígenes». La segunda división mayor, por su parte, presenta la narración de los peregrinares de los más antiguos antepasados de Israel, conocidos como los patriarcas y las matriarcas del pueblo (Gn 12-50). Esta estructura bipartita entiende que la obra está orientada hacia dos objetivos básicos: describir los orígenes del mundo, la historia, la humanidad y la desobediencia y presentar, además, los antepasados más antiguos, identificables y fundamentales del pueblo de Israel, particularmente a Abraham, Isaac y Jacob, que, de acuerdo con las narraciones bíblicas, formaban una familia de padre, hijo y nieto. En las dos secciones la familia juega un papel de gran importancia.

Sin embargo, el análisis del libro no necesariamente debe seguir esa particular estructura. El estudio literario de los géneros y la evaluación temática de la obra revelan la posibilidad de otra estructura interna que no debe ignorarse, subestimarse ni pasarse por alto. Esta estructura alterna se relaciona con la aparición, en secciones de importancia, de la antigua palabra hebrea *toledot*, que se ha traducido al castellano generalmente como «las generaciones de», pero que quizá deba entenderse mejor como una especie de marcador lingüístico que identifica e indica que comienza una nueva sección en la narración. En el hebreo moderno, *toledot* significa «historia».

El estudio de estas secciones, identificadas con la palabra *toledot*, identifica diez de estas secciones, que, ya de plano, el número nos mueve a pensar que no se trata de un accidente lingüístico o temático, sino que puede revelar un propósito literario y teológico definido. Y las secciones son las siguientes:

- Las generaciones de los cielos y la tierra (Gn 2:4a), que alude a todo lo creado por Dios.
- Las generaciones de Adán (Gn 5:1), que presenta las narraciones de la historia desde Adán hasta Noé, es decir, los patriarcas antes del diluvio.
- Las generaciones de Noé (Gn 6:9), que narra la historia del Noé y su familia y el diluvio.

- Las generaciones de los hijos de Noé (Gn 10:1), que prosigue las narraciones relacionadas con Sem, Cam y Jafet.
- Las generaciones de Sem (Gn 11:10), que introduce la genealogía desde Sem hasta Taré, que es el padre de Abraham.
- Las generaciones de Taré (Gn 11:27), en la que se pone de manifiesto claramente la importancia de Abraham en toda la obra.
- Las generaciones de Ismael (Gn 25:12), donde se presenta la narración de la vida del hijo de Abraham con su esclava Agar.
- Las generaciones de Isaac (Gn 25:19), donde se relatan las hazañas de sus hijos Esaú y Jacob.
- Las generaciones de Esaú (Gn 36:19), en la que se identifican sus hijos.
- Las generaciones de Jacob (Gn 37:2), cuya narración incluye la historia de sus hijos, José y sus hermanos.

El esquema literario que se revela en Génesis de los *toledot* o generaciones presenta las secciones con diferencias de extensión. Hay algunas más cortas y otras de extensión considerable. Las más amplias aluden al diluvio, Abraham y Jacob (Israel), y las más cortas son esencialmente genealogías. El caso de Génesis 2:4a es singular, pues el *toledot* puede relacionarse con el final del primer relato de creación (Gn 1:1-2:4a), o con el inicio del segundo relato (Gn 2:4b-3:24). Esa conveniente ambigüedad le brinda a este marcador significación particular: presenta la creación de todo el universo desde una perspectiva general, o articula el origen del género humano, más específicamente.

De importancia capital es comprender la naturaleza del género literario de las llamadas «genealogías» o historias. Provenientes de ambientes sacerdotales, estas narraciones intentan destacar la importancia de la salvación y subrayan la elección divina de Israel como mensajero divino a las naciones del mundo. Tienen un claro propósito teológico al enfatizar la historia de la salvación del pueblo de Israel y destacar la transmisión de generación a generación de las promesas de Dios. Israel es puesto por Dios en el contexto general de las naciones del mundo como agente de salvación, pues su elección es el resultado de la misericordia divina, no de la iniciativa humana.

La estructura general de estas historias manifiesta otros detalles teológicos. Las diez secciones se pueden subdividir en dos grandes bloques de cinco secciones cada una, y el centro de cada sección destaca algún elemento teológico fundamental. En el primer bloque, el centro corresponde a las narraciones del diluvio, que revelan las actitudes impropias y rebeldes de la humanidad, que son la base del juicio divino. El diluvio es la respuesta de Dios a una generación desobediente y pecaminosa.

El segundo bloque, por su parte, incluye en su centro las narraciones de Jacob e Israel. Y en esta sección se pone en evidencia clara el propósito restaurador de Dios hacia la humanidad. Israel es llamado a ser agente divino para la bendición de las naciones, tema que ya se había comenzado desde los relatos del llamado de Abraham.

Todo el libro de Génesis, como se desprende del análisis estructural de la obra, manifiesta el deseo salvador de Dios. Ese propósito fundamental de Dios no se detiene, aunque la gente actúe con rebeldía y desobediencia, o aunque las naciones rechacen la voluntad divina. De generación en generación avanzan, según las narraciones del Génesis, las promesas de Dios, que van a tener su cumplimiento pleno en el resto del Pentateuco. A pesar de las reiteradas oposiciones personales o nacionales, el plan divino continúa hasta llegar a su realización final y cumplimiento pleno.

Ese particular plan de salvación incluye algunos temas de gran importancia teológica, no solo para el Génesis y el Pentateuco, sino para toda la Biblia, incluyendo la literatura cristiana. Entre esos grandes temas, podemos mencionar, como ejemplo, los siguientes: la importancia de la bendición divina que se brinda a las personas y al sábado; la relevancia y necesidad de las promesas divinas, que no se detienen ni acortan por las actitudes humanas; lo fundamental de los pactos o alianzas divinas y humanas para la constitución del pueblo, y la elección del pueblo de Israel como agente divino para llevar la redención al resto de las naciones.

Estas peculiaridades teológicas hicieron del libro de Génesis uno muy popular entre los autores del NT y también entre los padres de la Iglesia. De un lado, se manifiesta el poder de Dios en acción, tanto en la esfera cósmica como en la personal y nacional. Y del otro, se ponen de manifiesto algunas características humanas de gran importancia teológica. Las personas han sido creadas por Dios de material terrestre para indicar su fragilidad; tienen un aliento o hálito divino que les permite la existencia; poseen la capacidad de decidir entre el bien y el mal, o libre albedrío que le brindó el Señor en la creación, y actúan de forma pecaminosa, que es la razón fundamental para que se pusiera en práctica el plan de redención y salvación de parte de Dios.

Entre los personajes y las imágenes del libro de Génesis que son mencionados con alguna regularidad en el NT están, entre otros, los siguientes:

- La figura de Adán como primer hombre se contrapone a la de Cristo, que es el nuevo modelo de humanidad (Rom 5:12-21; 1 Co 15:45-49).
- La serpiente tentadora es relacionada directamente con Satanás (Jn 8:44; 2 Co 11:3; Ap 12).
- Se aprecia la vida de Abel y los hombres de fe que agradaron a Dios por sus actos de justicia (Mt 23:35; Heb 11).
- Abraham es identificado como el padre de la fe y como el modelo que deben emular los creyentes (Rom 4; Gl 3; Heb 11).
- El rey y sacerdote Melquisedec es interpretado como un particular tipo de Cristo (Heb 7:1-12).
- Isaac y Rebeca son signos indiscutibles de las promesas de Dios a la Iglesia de Cristo (Gl 4:21-31).
- Y la imagen del diluvio es vista como signo de juicio final (Mt 24:37-41; 2 P 3:5-7), y también como símbolo del bautismo (1 P 3:20-21).

La historia primigenia o de los orígenes

La primera lectura de Génesis revela que la obra incluye datos que van desde la creación del mundo hasta *c*. 1500 a. C. Desde la perspectiva geológica, la tierra debe de tener como unos cuatro billones de años, y las ciencias antropológicas indican que los seres humanos han estado desde hace unos dos millones de años. Esos datos, que se fundamentan en teorías científicas contemporáneas, no son el tipo de información que se transmite en el Génesis. El propósito del libro inicial de las Escrituras es poner de manifiesto, sin lugar a dudas, desde un ángulo teológico firme y claro, que quien creó todo lo que existe y se ve fue Dios. Y esa gran declaración espiritual es la que fundamenta el mensaje bíblico y la que presuponen todas sus páginas.

En el libro de Génesis se incluye una serie de relatos que deben ser entendidos como la prehistoria del pueblo de Israel. La historia, como se entiende en la actualidad, comienza posiblemente con la salida del pueblo de la nación de Egipto y de las opresiones del faraón, bajo el liderato de Moisés. En Génesis se habla de los grandes orígenes del universo, la tierra, la humanidad, las relaciones sociales, las costumbres. Sus relatos constituyen un trasfondo teológico necesario y pertinente para comprender adecuadamente el Pentateuco, y también el resto de la Biblia. Y en el recuento de estas importantes narraciones, la figura del Dios creador juega un papel indiscutiblemente protagónico.

Aunque la llamada «historia primigenia» o de los orígenes es la primera sección en las Escrituras, no fue la primera en ser redactada. Estos capítulos iniciales revelan un proceso de maduración espiritual y teológica que vino con los años. Las imágenes que incluye, junto al lenguaje que expone, revelan un desarrollo teológico sofisticado que solo es posible con la revelación e inspiración divinas y las reflexiones sobrias y ponderadas de generaciones de creyentes. Los textos no solo ponen de manifiesto características fundamentales de Dios, sino que exploran con sabiduría y maestría la naturaleza humana, sus aciertos y desaciertos, sus triunfos y fracasos, sus aspiraciones y frustraciones, sus gozos y tribulaciones. Además, estos importantes relatos discuten temas de eterna validez: la naturaleza extraordinaria de la creación, la alegría de vivir, las consecuencias del pecado, la necesidad de la justicia divina.

Y entre los temas básicos que se incluyen en esta misma primera sección de la Biblia, están los siguientes:

- Los relatos de creación (Gen 1-2).
  - La narración de la creación desde el cosmos hasta las personas (Gn 1:1-2:4a).
  - La narración de la creación de Adán y Eva en el jardín del edén (Gn 2:4b-25).
- El pecado humano y el castigo divino (Gn 3-4).
- Lista de los primeros héroes bíblicos, desde Adán hasta Noé (Gn 4:17-5:32).
- Narración en torno al nacimiento de gigantes como fruto del pecado humano (Gn 6:1-4).
- El diluvio como castigo por el pecado (Gn 6:5-9:29).
- Lista de las naciones en el mundo (Gn 10).
- La torre de Babel (Gn 11:1-9).
- Lista de los patriarcas, desde Noé hasta Abraham (Gn 11:10-32).

Estos temas ponen claramente de relieve una progresión temática elaborada y bien diseñada donde se nota, en efecto, el comienzo de la historia de la salvación del pueblo. El Dios bíblico no solo crea y establece el orden, sino que se mantiene atento a las actividades humanas para revelar su voluntad y requerir actitudes y respuestas que pongan de manifiesto los valores éticos y los principios morales que se desprenden de esa revelación divina. Dios no crea y se aleja, se mantiene cercano y atento al comportamiento de las personas y las naciones.

Los dos relatos de la creación

La primera declaración teológica en la Biblia se articula en dos narraciones de gran valor literario y de extraordinario poder espiritual. Toda la creación, desde el cosmos hasta los animales, pasando por la naturaleza y las personas, es producto de las acciones divinas. Detrás de todo lo que existe, según Génesis 1-2, se encuentra la voz creadora de Dios o su acción grata al pasearse por el jardín del edén y formar la primera pareja. Ambos relatos apuntan hacia la misma realidad: desde los tiempos inmemoriales, cuando comenzó la historia, ya Dios existía y estaba activo, y el resultado de esa actividad divina es el mundo, como lo conocemos.

Estos relatos presentan ideas e imágenes que también se encuentran en la literatura antigua proveniente de Mesopotamia y Egipto. Sin embargo, los escritores bíblicos las han transformado para producir narraciones monoteístas que ponen de manifiesto las singulares perspectivas teológicas y culturales del pueblo de Israel. En la Biblia, esos antiguos relatos de creación se renuevan y se modifican sustancialmente para que puedan cumplir una nueva finalidad teológica.

1. PRIMER RELATO DE CREACIÓN

El primer relato es una especie de combinación maravillosa de lo mejor de la narrativa hebrea con el ritmo poético característico de los himnos. Cada palabra tiene significación especial en el relato... Cada frase destaca un componente fundamental de la narración... Cada día enfatiza un particular acto creador... No sobran las palabras... No escasean las ideas... No se omiten detalles... Y las repeticiones, lejos de aburrir al lector o lectora, lo orientan, lo guían, lo mueven por el proceso de creación con sentido de dirección e interés.

De la estructura misma del pasaje se desprenden varios detalles importantes. La redacción revela paralelismos temáticos y de contenido: en los primeros tres días se establecen los contextos para la vida y en los próximos tres se llenan esos espacios con lo necesario para la subsistencia. El proceso es ordenado y sistemático. No se notan improvisaciones, pues la creación va manifestando el plan divino de manera gradual. La cúspide de la creación son las personas, hombre y mujer, que reciben la bendición de Dios. Posteriormente el *shabat* es también bendecido.

La lectura profunda del formato de siete días revela otro patrón literario que no debemos pasar por alto. La construcción del pasaje manifiesta una serie de fórmulas estereotipadas que ponen de relieve de manera específica la voluntad de Dios:

- *Dijo Dios* (vv. 3, 6, 9, 11, 14, 20, 24, 26, 28, 29...)
- *Y fue así* (vv. 3,7, 11, 15, 24, 30...).
- *Y fue la tarde y la mañana* (vv. 5, 8, 13, 19, 23, 31...).
- Verbos de acción divina: *sea* (v. 3), *haya* (vv. 6, 14), *reúnanse* (v. 9), *produzca* (vv. 11, 20, 24), *hagamos* (v. 26), *mirad* (v. 29), *bendijo* (vv. 28; 2:3...).
- *Y vio Dios que era bueno* (vv. 4, 10, 12, 18, 21, 25, 31...
- *Del día* (vv. 5, 8, 13, 19, 23, 31...).

Del análisis de estas expresiones y declaraciones se descubre que Dios está en control absoluto del proceso de creación y, como respuesta a todas esas afirmaciones divinas, el cosmos, la tierra y la humanidad fueron tomando forma. Dios actúa solo, no en conflicto con otras divinidades ni en batalla con monstruos mitológicos.

Este tipo de declaración teológica no – es primitiva, ni superficial, ni politeísta; por el contrario, revela la maduración sobria y sabia que llega solamente con la reflexión de los años y la experiencia en la vida. Este particular tipo de teología de la creación es la que también se pone en clara evidencia en el Salmo 8, cuando el poeta afirma: «Cuando veo los cielos, la obra de tus manos, la luna y las estrellas que tu formaste...». Culmina el proceso con el séptimo día, pues el siete representa, tanto en la Biblia como en el Oriente Medio, lo completo, perfecto y pleno.

La acción divina llega a su punto culminante con la creación del ser humano, que en hebreo es *Adam*. Con la expresión «hagamos», que pone en evidencia lingüística el plural de majestad divina, emprende Dios una nueva obra creativa sin precedentes. De modo absolutamente enfático, Dios dialoga consigo mismo para crear al hombre y la mujer a su «imagen y semejanza», que es la forma teológica de afirmar la dignidad de las personas, desde el comienzo mismo de la creación, y también la manera de poner de manifiesto que los seres humanos recibieron de parte de Dios unas características éticas y morales que le asemejan al creador. Los hombres y las mujeres tienen la capacidad de pensar de forma crítica, lo que les capacita para representar a Dios en la administración de lo creado.

El relato utiliza en este contexto una vez más el verbo hebreo *bara*, que enfatiza la acción creadora que únicamente puede provenir de Dios. Es un verbo que no aparece con frecuencia en las Escrituras hebreas (solo en 47 ocasiones) y siempre tiene a Dios como el sujeto de la acción. Revela la acción divina que produce efectos singulares, genera lo novedoso, inicia algo original, sin mediación humana, solo con la palabra o la voluntad divina.

LA CREACIÓN EN SEIS DÍAS, Y EN EL SÉPTIMO, DIOS DESCANSA

Primer día:
Creación de la luz

Cuarto día:
Creación de los cuerpos celestes

Segundo día:
Creación de los cielos y el agua

Quinto día:
Creación de las criaturas de los cielos y de las aguas

Tercer día:
Creación de la tierra y la vegetación

Sexto día:
Creación de la vida en la tierra, la comida vegetal, y el ser humano

Séptimo día: Dios descansa y establece el *shabat*

La semana de creación finaliza con la bendición y la santificación del shabat, cuya raíz hebrea transmite las ideas de «descansar» o «cesar». En efecto, el shabat es un día especial en el cual Dios mismo descansa y presenta un ejemplo a la humanidad. Y aunque en otras secciones del Pentateuco se especifican los detalles legales del reposo (Ex 16:22-30; 20:811), en este primer relato de creación se articula y subraya su gran significación teológica: al igual que Dios, las personas deben inhibirse de hacer actividades materiales para consagrar ese día y bendecir al Señor. Es una forma de anticipación de lo que posteriormente se le exigiría al pueblo de Israel en las leyes que se le revelaron a Moisés.

2. SEGUNDO RELATO DE CREACIÓN

El segundo relato de Génesis (Gn 2:4b-25; 3:1-24) se acerca a los actos de creación divina desde otra perspectiva. El interés teológico se mueve de lo cósmico, abstracto y grandioso a lo más íntimo, concreto y personal. Esta narración se interesa prioritariamente en la existencia humana y el gran problema del pecado y la maldad en el mundo. Intenta responder, de esta forma, a la serie compleja de preguntas que surgen a raíz de la creación y las complejas dinámicas sociales en las cuales los seres humanos están inmersos. No es un relato simplista o superficial, sino una magnífica composición literaria, ciertamente inspirada, que presenta la creación del hombre y la mujer desde la perspectiva de un Dios familiar y cercano, que dialoga, que visita a las personas, que reflexiona en torno a sus acciones, que analiza las implicaciones de sus actos...

La vida, en este relato, se pone en contraposición con la muerte. Los símbolos usados revelan este particular contraste. De un lado, se alude al jardín, la respiración, el agua, los árboles, la comida, el embarazo, los dolores de parto, la mujer, la madre...; y del otro, en contraposición, se incluye el polvo, la fruta prohibida, la serpiente tentadora, la expulsión del jardín... En efecto, desde muy temprano en el mensaje bíblico, los temas de la vida y la muerte se articulan juntos, pues representan realidades existenciales que no pueden evadirse.

De singular importancia, en torno a este segundo relato de creación, es su particular interés por los temas sapienciales. Ejemplo de ello son las referencias importantes al «árbol de la vida» (Gn 2:9), «el conocimiento del bien y del mal» (Gn 2:9, 17), y las alusiones a los ríos (Gn 2:10-14). Estos detalles temáticos pueden ser una indicación de que toda esta sección inicial del Génesis (Gn 1-11) fue revisado finalmente por sacerdotes interesados en la educación moral y ética del pueblo, que surgieron en círculos sapienciales del exilio y luego del destierro en Babilonia.

La segunda narración de la creación presenta a Dios con una serie interesante de imágenes antropomórficas. El Dios creador, en este contexto bíblico, es artesano, alfarero y jardinero, representaciones que ponen de relieve la naturaleza específica de sus responsabilidades y actividades. ¡Es un artista extraordinario que trabaja con el barro y la tierra! Además, es como un médico que hace dormir a Adán para crear a su compañera y complemento, su ayuda idónea.

Dios está seriamente preocupado por el hombre y la mujer, a tal grado que prepara un particular jardín, con árboles frutales y ríos, para que la primera pareja tenga la infraestructura adecuada para la vida productiva y sustentable. Y en ese contexto paradisíaco de idealidad, el hombre y la mujer tienen la responsabilidad divina de nombrar lo creado, que es una forma literaria y simbólica de poner de manifiesto que tienen dominio sobre los animales y que, además, tienen la capacidad intelectual para ejercer ese mandato con sabiduría y dignidad.

El verbo para describir la acción creativa de Dios en este relato no es el hebreo *bara*, sino otro que se relaciona con las actividades de los artesanos, *yasar*, que significa, «formar» o «plasmar». Dios «crea» o «forma» al hombre del polvo del suelo y revela la relación íntima entre la humanidad y la tierra. Esa cercanía e intimidad revela tanto dependencia (p. ej., el hombre debe cultivar la tierra para sus subsistencia) como fragilidad (p. ej., las figuras de barro, con solo un movimiento brusco o una caída, se rompen; además, el polvo es la sección más frágil del suelo).

Esa fragilidad humana se pone en justa perspectiva, pues el relato también afirma que el hombre recibió el aliento divino de vida, que lo hizo un «ser viviente», que es una singular característica que lo acerca y lo relaciona íntimamente a Dios, que es la fuente indiscutible e indispensable de la vida.

El jardín o huerto del edén –en hebreo *gan*, y en latín, *paradisum*–, en este contexto es símbolo de idealidad, plenitud, paraíso. El terreno es sumamente fértil, con abundantes aguas y gran vegetación. En el mundo del Oriente Medio, donde abundan los desiertos, la imagen es la de un oasis que tiene el poder y la capacidad de mantener la vida. Además, ante él se ubican dos árboles: el de la vida, para su subsistencia, y el del conocimiento del bien y del mal, que tiene el potencial de llevarlo a su destrucción. Su responsabilidad es doble: trabajar y custodiar (Gn 2:15). Y en ese singular contexto del paradisíaco jardín del edén es donde se brinda el primer gran mandamiento divino: ¡no comer del árbol prohibido! (Gn 2:16).

La creación de la mujer enfatiza su dignidad y singularidad en el entorno amplio de la creación. Solo ella es «ayuda idónea» (Gn 2:18), es decir, «adecuada», para el hombre. Y esa idoneidad no es un atributo superficial, sino la extraordinaria capacidad y poder de llenar el vacío que produce la soledad, que en el contexto del relato bíblico puede generar un ambiente de desorientación, vacío, dolor y crisis. Revela, además, esta particular creación de la mujer, un nivel social, íntimo y familiar que no se pone de manifiesto en el resto de la naturaleza o los animales.

Que la mujer haya salido de la «costilla» o costado (Gn 2:21) del hombre alude primordialmente a la naturaleza íntima y cercana del vínculo hombre-mujer. No es un índice de inferioridad ni un criterio de subyugación. Dios formó al hombre y a la mujer con el mismo nivel de dignidad, aunque de sexos diferentes, pues fueron creados «varón y hembra» (Gn 1:27).

Esa comprensión singular de complementariedad y respeto mutuo se pone claramente de manifiesto con la admiración de Adán cuando se encontró con Eva: «¡Esta sí que es hueso de mis huesos y carne de mi carne!» (Gn 2:23). En efecto, comparten la misma esencia divina y las responsabilidades en la vida. Y la referencia a la desnudez (Gn 2:25) es una forma literaria de afirmar que vivían con sencillez, sin sentido de culpa, en armonía con la naturaleza y con ellos mismos, como individuos y en pareja.

Sin embargo, ese ambiente ideal en el jardín, el huerto o paraíso se rompió por la llegada de la desobediencia. El corazón de la tentación de la serpiente, que es descrita como la más astuta de los animales, es ofrecer a Adán y Eva llegar a ser como Dios, que es una manera de tratar de ser lo que realmente no son.

La narración de la caída de Adán y Eva de la gracia divina, cuando fueron echados del jardín del edén, es una pieza literaria extraordinaria. La sicología de los personajes es intensa, la intriga que revela es maravillosa, el desarrollo de la trama es efectivo, la crisis que presenta es desafiante, el desafío moral que incluye supera los niveles del tiempo y el desenlace que presenta hacen de esta narración un ejemplo óptimo de la revelación divina en las Escrituras.

Según el relato bíblico, la serpiente tentó a la pareja, que cedió ante sus palabras seductoras, de forma gradual: primero Eva y, posteriormente, Adán. El relato no presenta a dos personas inocentes que fueron confundidas por insinuaciones complejas o promesas extraordinarias: son dos adultos conscientes de sus responsabilidades éticas y sus compromisos morales que decidieron desobedecer el mandato divino y recibir las consecuencias de sus actos. La vergüenza y la culpa son los resultados inmediatos de sus actos, que culminan con su expulsión del jardín del edén.

Del estudio del pasaje se desprenden varias características de Dios: tiene el deseo y la capacidad de comunicarse y dialogar íntimamente con las personas y hasta de llegar a sus ambientes de vida con sencillez; además, es capaz de dar directrices y responder con autoridad cuando no se cumplen sus designios. El relato también explica varias realidades observables en la vida: por qué las serpientes se arrastran y no caminan como el resto de los animales; por qué las mujeres dan a luz sus criaturas con dolores; y por qué el trabajo necesita el esfuerzo y el sudor humano.

Las consecuencias del pecado en la humanidad

Las implicaciones de la desobediencia de Adán y Eva tienen repercusiones personales, familiares y nacionales. La primera pareja, como respuesta divina a su rebeldía y a sus acciones, fue expulsada del jardín paradisíaco, donde Dios se paseaba y dialogaba con ellos. Además, esas dinámicas de antagonismos y hostilidades contra Dios se manifestaron también en las relaciones de hermanos, que deben ser signos de respeto y cordialidad. Entre los hijos de Adán y Eva, Caín y Abel, irrumpió la violencia (Gn 4:116). En efecto, el pecado engendra agresiones, pero no cualquier tipo de agresión, sino la violencia que hiere el seno familiar, hasta el punto de manifestarse en un fratricidio.

Posiblemente el incidente de Caín y Abel revela las dinámicas y los diferentes modos de vida de las comunidades agrarias y las que se dedican al pastoreo de animales. Esos conflictos son comunes, intensos y extensos, y el relato bíblico brinda un ejemplo extremo de las nefastas implicaciones de esas hostilidades y resentimientos. En efecto, las consecuencias del pecado humano llegaron hasta los hijos de Adán y Eva. La rebelión contra Dios es un fenómeno que genera violencia, anarquía y muerte.

Antes de llegar al colmo de la maldad humana, las narraciones bíblicas presentan los descendientes de Caín (Gn 4:17-24), el tercer hijo de Adán y Eva (Gn 4:25-26), y los descendientes de Adán (Gn 5:1-32). Estas genealogías cumplen un gran propósito teológico en el libro de Génesis, particularmente en su primera sección, pues relacionan los orígenes de la humanidad (Gn 1-11) con la historia de los patriarcas y las matriarcas de Israel (Gn 12-50). Esa continuidad individual, familiar y nacional pone en evidencia clara que la revelación divina llega desde la creación del mundo hasta Abraham y su hijo, y prosigue al resto de las naciones. El pecado, aunque afecta adversamente a la humanidad, no tiene el poder ni la capacidad de detener la manifestación de la voluntad divina en el mundo.

En este particular contexto teológico de las genealogías, el cántico de Lamec (Gn 4:2324) revela hasta dónde puede llegar la arrogancia humana y hasta qué niveles la prepotencia de la gente puede manifestarse en la vida. De acuerdo con el relato escritural, a la más mínima ofensa, el ser humano responde con una violencia desproporcionada, inusitada e irracional a la agresión. El juego de los números siete y setenta veces siete revela la plenitud de la venganza, lo absoluto de la agresión, lo completo del resentimiento. En efecto, las respuestas de hostilidad a las dificultades interpersonales son cabales.

El tercer hijo de Adán y Eva se llama Set, que puede transmitir la idea de que ha sido dado. De ese hijo proviene Enós, que, de acuerdo con el relato, marca el momento cuando en el mundo comienza a invocarse el nombre personal de Dios, Jehová o Yahvé (Gn 4:2526).

De las genealogías, es importante destacar la función de los años que vivían los patriarcas antediluvianos. P. ej., Adán vivió 930 años; Set, 912; Enós, 905; Noé, 950; hasta llegar al legendario y famoso Matusalén que, según el texto bíblico, ¡vivió 969 años! Esas cifras tan elevadas deben ser entendidas en el contexto del Oriente Medio antiguo, donde, para afirmar que una persona era importante, se indicaba que había vivido muchos años. En esa tradición, algunos reyes sumerios destacados vivieron más de 30 000 años; inclusive, el reconocido y apreciado Enmenluana ¡vivió 43 200 años! En este particular contexto internacional de cifras astronómicas, las referencias bíblicas son ciertamente modestas.

El tema de la maldad de los seres humanos se enfatiza con la narración de las acciones impropias de los hijos de Dios que tomaron por mujeres a las hijas de los hombres (Gn 6:1-8). Se explica de esta forma la creencia de que en la Antigüedad había «gigantes» deambulando por la tierra (Gn 6:4): los produjo la unión antinatural de estos seres celestiales con las mujeres. Esos «hijos de Dios», posiblemente aluden, según las creencias antiguas, a seres divinos que violaron las fronteras establecidas por Dios en el proceso de creación al unirse a las mujeres humanas.

La finalidad teológica del relato es afirmar que la maldad había llegado a tal nivel que había afectado adversamente la relación entre las esferas divinas y las humanas. En efecto, el problema había alcanzado tal magnitud que hasta Dios se arrepiente de haber creado al hombre y decide destruirlo... Sin embargo, el relato culmina con una nota de esperanza y fututo: en medio de la maldad rampante y descontrolada, Noé halló gracia ante los ojos de Dios.

El diluvio

Los relatos del gran diluvio prosiguen con el tema del pecado de la humanidad. El propósito fundamental es poner de manifiesto las consecuencias nefastas y adversas de la desobediencia humana y sus repercusiones en la naturaleza y el mundo. Inclusive, ¡a Dios «le dolió en su corazón» (Gn 6:6) haber hecho los hombres y hasta lo creado! Esa importante declaración divina brinda el contexto adecuado a la narración bíblica de Noé, la barca extraordinaria y el llamado «diluvio universal».

Entre los vecinos de Israel, el tema de una gran devastación producida por las aguas de un diluvio es común. Especialmente en Mesopotamia se han descubierto narraciones que aluden a un diluvio antiguo, como es el caso específico de la muy famosa e importante *Epopeya de Gilgamesh*. Aunque se revelan algunas similitudes temáticas y estructurales, las diferencias son de fundamental importancia.

En estos antiguos relatos babilónicos, por ejemplo, el diluvio comienza como una especie de capricho irracional de las divinidades, no se presenta como la respuesta sobria de Dios al pecado creciente y rampante de la humanidad. Además, y de gran importancia teológica, es notar que, al final del evento, la epopeya antigua no incluye ningún pacto redentor de los dioses con la humanidad.

En el caso de las narraciones de Génesis, sin embargo, el diluvio finaliza con una gran afirmación divina o pacto con la humanidad (p. ej., con Noé y sus descendientes; Gn 9:718) de no volver a destruir el mundo y la naturaleza mediante otro diluvio. Esa extraordinaria declaración de Dios continúa la tradición que ya se había revelado con la bendición de Adán (Gn 1:28). Junto al desarrollo de la maldad humana se manifiesta la bondad divina.

La lectura cuidadosa de la narración del diluvio bíblico revela algunas posibles fuentes literarias u orales previas a su fijación literaria. Por ejemplo, en dos ocasiones Dios anuncia el diluvio (Gn 6:13; 7:4), y también en dos ocasiones el Señor promete no destruir nuevamente al mundo mediante las aguas de un diluvio (Gn 8:21; 9:15). También las instrucciones que se brindan a Noé pueden revelar algunas duplicidades. Hay lugares donde Noé debe llevar al arca un par de animales, mientras que en otros textos se le indica que lleve siete pares de animales puros y un par de animales impuros (Gn 6:19-21; 7:2). Además, en ocasiones se destacan los números y los períodos de siete y cuarenta días; en otros lugares del relato, el período de crisis es mayor (Gn 7:10, 17, 24; 8:6, 10, 14).

El gran mensaje del diluvio es directo, sencillo y claro: toda la creación recibirá el juicio divino por causa del pecado desenfrenado de la humanidad. Solo una persona y su familia serán perdonados: Noé y su familia inmediata. Y esa extraordinaria salvación se produce con la construcción de un gran bote salvavidas, identificado en la Biblia como el arca, que permitirá a Noé, su familia y los animales seleccionados, superar la crisis mortal del juicio divino. Es importante notar en la narración que junto a la manifestación de la justicia divina se pone de relieve también la misericordia del Señor.

Los detalles físicos que se relacionan con la embarcación redentora, el arca, son difíciles de precisar y comprender a cabalidad. En primer lugar, los términos que se utilizan para explicar algunos detalles del barco son muy antiguos y extremadamente técnicos, y no son especialmente claros en la actualidad. La imagen es la de un tipo grande de barco de madera, con techo, ventana y cuartos, y que, además, estaba impermeabilizado con brea (Gn 6:14-16). El propósito era salvar no solo a una familia, sino a toda una serie de animales.

La referencia a los animales que debía llevar en el arca revela particularmente el lenguaje tradicional y también la teología de los sacerdotes, pues manifiesta una clara preocupación en torno a los animales puros e impuros (Gn 7:2) que presupone el mundo de los cultos y de los sacrificios. Es importante recordar que los animales limpios pueden servir para los holocaustos, cosa que no era posible con los impuros.

Las imágenes del agua que provienen de «las fuentes del abismo» y «las cataratas de los cielos» (Gn 7:11) evocan la cosmovisión antigua que ya se había revelado en el relato de la creación. Y el número cuarenta evoca en la Biblia un período importante de tiempo (p. ej., Gn 50:3; Ex 16:35; 24:18; Nm 13:25).

Algunos temas y subtemas adicionales deben identificarse por su importancia teológica o temática. La referencia a que Dios «se acordó» de Noé (Gn 8:1) es una manera teológica de manifestar el cuidado divino tanto hacia el antiguo patriarca y su familia como a los animales que garantizaban la subsistencia de las especies. Y los montes de Ararat (Gn 8:2), que corresponden al día de hoy a Armenia, aluden a algún lugar ideal, alto y seguro, donde terminaría el juicio divino y comenzaría una nueva etapa en la historia humana.

La narración del diluvio finaliza con dos secciones importantes: la primera pone de manifiesto la voluntad divina para la humanidad. Dios establece un nuevo pacto con Noé y su familia y, a través de ellos, con la humanidad. Se pone de relieve una vez más con claridad meridiana la misericordia del Señor y se afirma nuevamente el propósito divino hacia lo creado. ¡Dios está muy pendiente de su creación! Dios los bendijo y les repitió el mandato a Adán: «Fructificad, multiplicaos y llenad la tierra» (Gn 9:1; 1:28).

De singular significación es notar que en esa bendición divina a Noé no incluye los términos «sojuzgad y señoread». Posiblemente esa importante omisión se debe al segundo tema final que se incluye al concluir el relato del diluvio: la rebelión humana no se detiene, el pecado continúa, la desobediencia aumenta, la maldad se multiplica... En esta ocasión, hasta los hijos de Noé están involucrados en esas actitudes... Y ese es el contexto en el que se produce la maldición de Canaán, su hijo más joven (Gn 9:25), y la bendición de Sem (Gn 9:26).

Al finalizar las narraciones del diluvio, el libro de Génesis incluye una lista importante de las naciones antiguas conocidas por los antiguos israelitas. Esos pueblos se relacionan directamente con los hijos de Noé (Gn 10:1): Jafet (vv. 2-5), Cam (vv. 6-20) y Sem (vv. 2131), que es una manera de relacionar las naciones con dinámicas familiares. La expresión hebrea «hijos de» no solo alude a la descendencia directa de alguna persona, sino que revela la pertenencia a algún grupo familiar mayor, la asociación con una comunidad extendida.

Los hijos de Jafet son los pueblos que estaban ubicados al norte y al nordeste, por la región egea, de los grupos semitas. La referencia alude a los pueblos paganos, por ejemplo, griegos e hititas. Los hijos de Cam son una referencia a los pueblos semitas del oeste, al sur de Palestina, como los cananeos, filisteos y los del norte del África, egipcios, libios y sudaneses. Y los hijos de Sem son los arameos, asirios, árabes y los semitas del este.

Estas listas son importantes por varias razones: en primer lugar, presentan el mundo antiguo internacional desde la perspectiva israelita antigua y se identifican las naciones con alguno de los hijos de Noé luego del diluvio. Desde la perspectiva del Génesis, todas las naciones del mundo están relacionadas con Noé, que, a su vez, se relaciona con Adán. Y para destacar su importancia entre las naciones, se presenta a los hijos de Sem al final, a pesar de ser el primogénito de Noé. De esa familia es de donde provendrán, primeramente, Heber, antepasado de los hebreos (Gn 10:24), y, posteriormente, Taré, el padre de Abraham (Gn 11:26), que continuó la recepción y transmisión de las promesas divinas.

La torre de Babel

La rebeldía humana contra Dios no se detiene. Y en esta ocasión se manifiesta en forma de un proyecto de construcción que desea, en última instancia, llegar directamente ante Dios. Es, en efecto, un esfuerzo fundamentado en el orgullo y la arrogancia; en efecto, es una empresa humana motivada principalmente por las ansias de poder, el orgullo y la autoridad.

Mientras que en el capítulo anterior (Gn 10) las naciones se identifican y disponen en relación a los hijos de Noé, en este caso se introduce el tema de las diferencias lingüísticas de los pueblos asociadas al pecado de la prepotencia humana. En sus deseos desenfrenados de poder querían «llegar al cielo» (Gn 11:4). La respuesta divina a esos gestos de irracionalidad y rebeldía humanas fue la confusión de las lenguas, que hizo imposible que el proyecto continuara con efectividad. La imagen es la de un programa desmesurado e irracional que intenta sobrepasar los límites conocidos, que desea superar los esfuerzos humanos previos, que anhela llegar a lo insondable e inaudito.

La referencia a la construcción es importante. El relato se ubica en Babilonia, que era la ciudad de más renombre y prestigio en la región (Gn 10:10; 14:1), y el ladrillo y el asfalto eran los materiales de construcción típicos de la época y el lugar. Las ciudades mesopotámicas tradicionalmente construían sus templos en las cimas de pirámides escalonadas bastante altas. Esas estructuras, conocidas como *zigurats,* eran vistas como una especie de contacto entre el cielo y la tierra. En Babilonia había una de estas estructuras religiosas que medía como noventa metros de alto y noventa metros más de ancho y tenía siete pisos o niveles.

El relato de Génesis no presenta el esfuerzo humano en Babel como un templo ni como un proceso positivo de adoración a las divinidades. Por el contrario, la narración bíblica destaca la soberbia y arrogancia humana de querer llegar hasta el cielo sin contar con la bendición divina. De acuerdo con el texto de Génesis, esa es una clara manifestación adicional de la rebeldía humana.

El nombre 'Babel' significa «puerta de los dioses»; sin embargo, por la iniciativa divina, se produce una acción que en hebreo se conoce como *balal*, que significa «confusión». Es decir, que por la acción de Dios en Babel se produce un *balal*, una confusión de lenguas que le impide a la gente, por sus actitudes de arrogancia, soberbia y orgullo, llegar a la «puerta de los dioses».

Luego del relato de Babel, las narraciones bíblicas llegan a los descendientes de Sem, en donde se van depurando paulatinamente las genealogías secundarias para destacar la línea semita y arribar finalmente a Abraham, que se convertirá en un personaje protagónico en el resto del libro (Gn 12-50). Los relatos bíblicos de esta forma se van moviendo de las épocas prehistóricas remotas hasta llegar a personajes de épocas históricas concretas y más cercanas. La arqueología ha descubierto referencias a nombres (p. ej., Nacor, Taré y Harán) que se incluyen en la genealogía de Abraham (Gn 11:27-32).

Todos estos relatos antiguos mantienen viva la esperanza en la promesa de Dios en medio de las rebeldías humanas. La promesa divina de llenar la tierra se pondrá nuevamente de manifiesto con el patriarca Abraham, que fue seleccionado y comisionado por el Señor para convertirse en agente de bendición divina para la humanidad (Gn 12:1). Ur es una de las ciudades más antiguas ubicada al sur de Mesopotamia, muy cerca de la desembocadura del río Éufrates al golfo pérsico. Como por el s. VI a. C. fue conquistada por el pueblo caldeo, se le identifica en la Biblia como Ur de los caldeos. La divinidad principal de la ciudad era la Luna.

De la lectura sobria de esta primera sección de la Biblia (Gn 1-11), se pone de relieve con claridad que los redactores finales de la obra tenían en mente una estructura teológica bien definida y muy clara: en el contexto general de las promesas de Dios, se manifiesta la alternancia temática de la bendición divina, seguida por una actitud pecaminosa del pueblo, a la que prosigue el juicio divino, para culminar en la manifestación de la misericordia de Dios. Ese patrón literario y temático llega desde la creación del mundo, el cosmos y la humanidad (Gn 1-3), hasta la bendición y el llamado a Abraham (Gn 12:13).

Comienzan de esta manera, según el testimonio bíblico, no solo los orígenes del mundo y el cosmos, la creación de Adán y Eva y el llamado de los patriarcas y las matriarcas que fueron los antepasados del pueblo de Israel, sino que se inicia la historia de la humanidad desde su perspectiva más amplia. Desde muy temprano, en la narración bíblica se manifiesta una actitud teológica universalista, muy clara y definida, que desea bendecir a toda la humanidad.

La historia de los patriarcas y las matriarcas de Israel

Las narraciones en torno a los descendientes de Taré se interrumpen de forma abrupta, para indicar lo que el Señor le había dicho a Abraham: «Vete de tu tierra, de tu parentela y de la casa de tu padre a la tierra que te mostraré. Haré de ti una nación grande, te bendeciré, engrandeceré tu nombre y serás bendición. Bendeciré a los que te bendigan, y a los que te maldigan maldeciré; y serán benditas en ti todas las familias de la tierra» (Gn 12:1-3).

De pronto, el tema de las genealogías cede el paso a un tema teológico de importancia capital en el libro de Génesis: las bendiciones que trae Abraham al mundo, con su gesto de obediencia al Señor. Una nueva etapa se manifiesta en la humanidad con la llegada del patriarca al escenario temático del libro. El mundo que estaba cautivo en las dinámicas continuas y repetitivas de las rebeliones y las desobediencias contra Dios ahora se reorganiza bajo el liderato espiritual y moral de un patriarca extraordinario: Abraham.

Con esta narración se pone de manifiesto el tema que servirá de hilo conductor de las narraciones patriarcales y matriarcales del

Génesis: la promesa divina a Abraham. Y esa promesa divina se va revisando, actualizando y expandiendo a medida que se presentan los diversos relatos de sus actividades y ejecutorias. Esa promesa contiene dos componentes de gran importancia: en primer lugar, se afirma la descendencia numerosa del patriarca (Gn 13:16; 15:5; 17:6; 22:17; 26:4; 28:14); y, además, se indica con gran seguridad que su descendencia poseerá la tierra en la cual vivieron como extranjeros (Gn 15:18-21; 26:3; 28:15; 50:24).

La palabra clave en esta narración, que carga una gran significación teológica, y que también se manifiesta en los relatos posteriores, es «bendición»: ¡se incluye en cinco ocasiones en solo dos versículos! En efecto, la bendición divina sustituye las expresiones de maldición asociadas con el pecado y las rebeldías humanas. En Abraham, tanto su familia inmediata como su pueblo, e inclusive el resto de la humanidad y hasta las naciones, serán «benditos», que es una manera teológica de afirmar y subrayar el regreso a la bendición original en el relato inicial de la creación (Gn 1:28).

La segunda gran sección del libro de Génesis (Gn 12-50) presenta viajes, hazañas, peregrinares, decisiones, aciertos y desaciertos de los patriarcas y las matriarcas fundamentales del pueblo de Israel. Como si fuera una historia de héroes nacionales, se ponen de incluyen diversas narraciones significativas de Abraham (doce capítulos), Isaac (dos capítulos), Jacob (o Israel; nueve capítulos) y José (diez capítulos). Y en estos capítulos se manifiesta una vez más la misericordia divina y la testarudez humana; se nota el amor de Dios y las rebeldías de las personas; y se revela la gracia del Señor y la arrogancia de los hombres y las mujeres.

Referente a esta sección patriarcal en la Biblia es menester indicar que son narraciones que, aunque se fijaron de forma escrita posteriormente en la historia nacional, contienen las costumbres y las vivencias de los grupos nómadas y seminómadas que se asocian con el período patriarcal. Aunque algunos estudiosos piensan que se trata de narraciones ficticias, con el objetivo de afirmar algún valor nacional, la verdad histórica es que varias de las costumbres y los detalles culturales que se describen en el libro de Génesis también se encuentran registradas en alguna literatura no bíblica de la época. Por ejemplo, las referencias al testamento de Isaac, en el lecho de muerte (Gn 27:2), era una costumbre antigua en la región; y las ventas de las primogenituras (Gn 25:31-33) eran prácticas que se llevaban a efecto en momentos de desesperación.

Hay evidencia histórica de que algunos grupos semitas de Mesopotamia se movieron al oeste por el s. XXII a. C. Es interesante e importante indicar que el mismo nombre «amorita» alude a alguien que proviene del oeste, o que se ha movido al oeste. Alguna evidencia arqueológica, inclusive, parece indicar o sugerir que varios grupos nómadas llegaron y se asentaron en el desierto del Néguev por el s. XXI a. C. y en esa región, que por siglos había estado despoblada, es que se ubican las narraciones de Abraham e Isaac.

De las lecturas de las narraciones del Génesis se desprende que los patriarcas y las matriarcas eran personas con cierto nivel económico que vivían en comunidades seminómadas cerca de centros urbanos de alguna importancia. Se movían de lugar en lugar por temporadas para asegurar la alimentación y el bienestar de sus ganados, que eran mayormente de ovejas y cabras. Los relatos bíblicos relacionan a Abraham con la ciudad de Hebrón en el sur de la Palestina antigua, a Isaac, con la región de Beerseba, también al sur, y, a Jacob, con las ciudades de Siquem y Betel, que están en el centro mismo de toda esa región. Y la muy famosa historia de José y sus hermanos no solo pone de manifiesto el estilo de vida nómada de los patriarcas (Gn 37), sino que revela algunas dinámicas internacionales del comercio de la época.

El contexto general de las narraciones patriarcales comienza en Mesopotamia y en la parte norte de Siria y pone de manifiesto las costumbres de esa región. Un buen ejemplo de la Antigüedad de algunas de esas tradiciones es que tanto Isaac como Jacob regresan a la tierra de sus antepasados, Harán, para conseguir esposas. Estos detalles culturales que se incluyen en los relatos bíblicos han sido mejor comprendidos gracias a los descubrimientos arqueológicos o a través del análisis de alguna literatura antigua.

Las narraciones en torno a Abraham

Los relatos referentes a Abraham en Génesis (Gn 12:1-25:18) presentan una serie interesante de episodios en la vida del patriarca y su familia. Generalmente son independientes e intentan destacar, entre otros temas, cómo la bendición divina estuvo presente en la vida y las acciones del patriarca. Su vida se describe como en un viaje o peregrinar continuo por el Creciente Fértil antiguo, desde donde sale en la ciudad, desde la antigua ciudad de Ur, a través de las tierras de Canaán, hasta llegar a Hebrón y Beerseba, e inclusive el viaje a Egipto a través del desierto del Néguev.

De acuerdo con las Sagradas Escrituras, las caravanas relacionadas con los viajes de Abraham eran numerosas. Incluían familiares, esclavos y animales. Sin embargo, los relatos bíblicos no destacan sus actividades comerciales (Gn 15:2) ni enfatizan las relaciones con los grupos locales que se encontraban en el camino. El propósito fundamental de estos relatos es presentar la vida de Abraham y Sara desde la perspectiva de dos grandes temas teológicos: en primer lugar, desea afirmar la importancia de la promesa divina, que va a ser el factor principal en el desarrollo de la trama no solo del Génesis, sino de toda la Torá o Pentateuco. Además, se indica que Dios lo bendijo y lo seleccionó porque Abraham le fue fiel. En efecto, esos dos factores teológicos se convertirán en la fuerza principal que guiará las narraciones patriarcales.

La promesa divina a Abraham de poseer la tierra y tener un hijo se une de forma gradual a una serie importante de pactos o alianzas divinas-humanas. Y, aunque en ocasiones, esos pactos, convenios, alianzas o acuerdos son manifestaciones libres y espontáneas de la bondad divina (Gn 12; 15), también hay relatos que incluyen responsabilidades específicas y obligaciones concretas entre las partes contratantes (Gn 17).

La importancia del tema de la promesa divina y el pacto se manifiesta con bastante claridad desde los comienzos mismos de los episodios relacionados con Abraham (Gn 12:2-3). Las implicaciones son extensas, pues van desde convertirse en una nación grande hasta ser agentes de bendición para otras naciones. Las revelaciones divinas llegan al patriarca en formas especiales e íntimas, mediante teofanías, que son autorrevelaciones de Dios. Ese factor enfatiza aún más la importancia teológica del tema.

Junto al tema de la promesa está el asunto de la fidelidad del patriarca. Aunque la promesa divina nace en un gesto extraordinario de gracia divina, la fidelidad es un requisito indispensable para que se hagan realidad y se materialicen esas promesas en la vida de Abraham y Sara. El corazón de este tema se encuentra en el relato bíblico que afirma categóricamente que Abraham le creyó a Dios: ese importante gesto de credulidad y confianza le fue contado por fidelidad (Gn 15:6), según el testimonio escritural.

En efecto, la fidelidad del patriarca está íntimamente relacionada en su voluntad de obedecer a Dios, aun desconociendo hacia dónde viajaría con su familia. Ese acto de obediencia, entendido en el libro de Génesis como un gesto serio y definido de fidelidad que se contrapone claramente a las rebeldías continuas de las generaciones anteriores antediluvianas, le hace merecedor del cumplimiento de las promesas de Dios. En ese mismo espíritu de obediencia y fidelidad, el patriarca ofrece sacrificios a Dios en Betel (Gn 12), Hebrón (Gn 13) y en la antigua ciudad de Salem (Gn 14). Además, la fidelidad del patriarca le permite tener una serie de experiencias íntimas con Dios (Gn 15; 17; 18). Esa fidelidad de Abraham llega a niveles extremos al poner en riesgo la vida de su hijo Ismael por el bienestar de Isaac (Gn 21).

La prueba cumbre de la fidelidad de Abraham se relaciona directamente con el tan esperado y anhelado hijo de la promesa: Isaac. En un acto de revelación divina incomprensible, que los autores bíblicos presentan con gran dramatismo e intriga, Dios le indica al patriarca que le sacrifique a su hijo, por el cual ha estado esperando por años y en el cual está la base de la promesa divina. Y ante tal petición, Abraham no se mostró dubitativo y estuvo dispuesto a llegar hasta el sacrificio de su hijo Isaac (Gn 22). El relato pone en clara evidencia la naturaleza de la fidelidad del patriarca y su deseo firme de hacer la voluntad de Dios.

Sin embargo, la fidelidad de Abraham no lo hace una persona sin defectos o conflictos personales. El propósito de las narraciones patriarcales no es enfatizar las virtudes éticas de sus personajes ni subrayar la perfección moral de sus protagonistas. En varias ocasiones, el famoso patriarca trató de evadir sus responsabilidades y salvar su vida, mintiendo en torno a si Sara era su esposa o su hermana (Gn 12; 20); posteriormente, toma a su esclava por mujer para tener un hijo, pues, impaciente, pensaba que la promesa divina no se materializaba (Gn 16); y, en medio de una revelación divina, duda de la veracidad de las palabras del ángel que le anuncia que su anciana esposa daría a luz su esperado y prometido hijo (Gn 17).

Esas características en la personalidad de Abraham han sido reconocidas en el NT, pues Pablo lo presenta a las iglesias como un buen modelo y ejemplo de fe (Ro 4:1-25; Gl 3:69), y en la Epístola a los Hebreos, en la importante lista de los héroes de la fe, nuestro patriarca ocupa un sitial de honor (Hch 11). El Corán siguió esa misma tradición en torno a Abraham al llamarle «amigo de Dios».

Los cambios de nombres en la Antigüedad eran indicaciones de cambios sustanciales y significativos en las personas. En el caso de Abraham y Sara, esos cambios indican que se inicia una nueva era en las narraciones, que, aunque se puede relacionar con el pasado, manifiesta diferencias importantes. La circuncisión de esta forma se convirtió en señal del pacto divino con Abraham (Gn 17:10-14), como el arcoíris era la señal del pacto con Noé (Gn 9:12-17).

ALGUNOS DATOS IMPORTANTES EN LA VIDA DE ABRAHAM

- *Hijo de Taré y oriundo de Ur (Gn 11:26)*
- *Se casa con Sara (Gn 11:29)*
- *Sale de Ur con su familia hacia Harán (Gn 11:31-32)*
- *Dios le llama a salir y proseguir sus peregrinar y le promete que será el líder de una gran nación (Gn 12:1-7)*
- *Emigra a Egipto por el hambre en Canaán (Gn 12:10-20)*
- *Regresa a Canaán y se separa de su sobrino, Lot (Gn 13)*
- *Rescata a Lot y se encuentra con Melquisedec (Gn 14)*
- *Dios hace un pacto con Abraham y le renueva sus promesas (Gn 15)*

- *Nace Ismael, hijo de la esclava Agar (Gn 16)*
- *Dios le cambia los nombres a Abram y a Saraí: Abraham y Sara (Gn 17)*
- *La circuncisión se establece como señal del pacto con Dios (Gn 17)*
- *Dios le promete un hijo de Sara (Gn 18:1-15)*
- *Nace Isaac (Gn 21)*
- *Despide a Agar e Ismael (Gn 21)*
- *Dios prueba la fe de Abraham con el sacrificio de Isaac (Gn 22)*
- *Muerte de Sara y búsqueda de esposa para Isaac (Gn 23-24)*
- *Se casa nuevamente con Cetura y tiene muchos hijos (Gn 25)*
- *Muere el patriarca y es enterrado junto a Sara (Gn 25)*

'Abram' y 'Abraham' (Gn 17:5) parecen ser dos formas dialectales del mismo nombre que esencialmente significa «padre enaltecido»; el relato bíblico destaca el hecho de que será padre de multitudes. El caso de 'Sara' y 'Saraí' (Gn 17:15) es similar, pues son variantes del mismo nombre, y significa «princesa».

Luego de la muerte de Sara, Abraham se casó con Cetura (Gn 25:1), con la cual tuvo varios hijos. Vivió, según la narración, ciento setenta y cinco años (Gn 25:7), y murió «en buena vejez», que es una forma de indicar que vivió de buena manera, y «fue reunido con su pueblo» (Gn 25:8), que es la manera hebraica de aludir a la costumbre de enterrar sus muertos en una sepultura familiar. Los ciento setenta y cinco años son múltiplos del siete y del tres ($3 \times 7 \times 7 + 3 \times 7 + 7 = 175$ años), que simbolizan una vida plena, cabal, completa, adecuada.

Las narraciones de Isaac y Jacob

Luego de la muerte de Abraham comienzan los relatos de Isaac y Jacob. De singular importancia en la transición es la autopercepción de Abraham como extranjero y forastero en Canaán (Gn 23:4). Esa peculiaridad le impedía adquirir propiedades sin el consentimiento expreso de los dueños anteriores. Abraham compró un lote de terreno para sepultar a Sara, que a su vez era manera de moverse de un estado transicional o de forastero en Canaán a una condición de ciudadano estable en el lugar. Comprar el terreno para la tumba de Sara era una forma de indicar que ya los patriarcas se quedarían por esos parajes y comarcas, pues garantizaba el «descanso» con sus antepasados.

Son dos las narraciones más importantes de Isaac, que es básicamente una figura de transición entre Abraham y Jacob. La primera presenta la costumbre de obtener esposas en la tierra de sus antepasados (Gn 25:20), al Isaac casarse con Rebeca, que provenía de Padam-aram, en Mesopotamia. Y la segunda narración importante en torno a Isaac se relaciona con el nacimiento de dos de sus hijos, que fueron gemelos, Jacob y Esaú (Gn 25:24), y que desde el vientre de su madre ya mostraban rivalidades y conflictos (Gn 25:21).

Según la narración bíblica, Jacob y Esaú no solo son los hijos de Isaac y Rebeca, sino que representan los antepasados de dos pueblos importantes: Edom e Israel. El relato explica (Gn 25:23) por qué el mayor de los hermanos (Esaú), que en la Antigüedad le correspondía la primogenitura y los beneficios de esa condición, serviría al menor (Israel). De acuerdo con el relato, ¡Esaú le vendió su primogenitura a Jacob! (Gn 25:2734), que era un forma simbólica y concreta de rechazar públicamente las bendiciones relacionadas con ese singular estatus social y familiar.

La lectura cuidadosa del resto de las narraciones que se relacionan con Isaac revela similitudes, paralelos y repeticiones (Gn 26) con varios eventos ya narrados en torno a la vida de Abraham (Gn 20-21); por ejemplo, los temores de Isaac en Gerar ante el rey Abimelec, que le hizo presentar a Rebeca como su hermana, no como su esposa; y las contiendas en torno a los pozos de agua del Néguev. En efecto, la importancia de Isaac está relacionada con la continuidad histórica que mantiene viva la esperanza en las promesas divinas, que vienen desde la creación del mundo.

La transición entre Abraham y Jacob pasa por Isaac, particularmente por la narración de la venta de la primogenitura (Gn 27). El relato no tiene la finalidad de poner de manifiesto las virtudes éticas de ninguno de sus personajes, ni mucho menos desea afirmar la sabiduría y el juicio crítico de Jacob. El propósito prioritario es teológico: Dios es capaz de llevar a efecto su voluntad inclusive superando los pecados personales y las artimañas humanas. Además, la narración pone en clara evidencia la misericordia de Dios al mantener sus promesas aun en medio de situaciones de ambigüedad ética y conflicto moral.

El análisis de las narraciones relacionadas con el patriarca Jacob revela tres tipos de eventos o relatos. En primer lugar, se incluyen algunos episodios de los continuos conflictos entre Jacob y Esaú. Esas hostilidades, a nivel interpersonal y familiar, representan las dificultades y los problemas que se manifiestan también entre los pueblos de Edom e Israel. De acuerdo con el oráculo bíblico (Gn 25:23), el menor de los hermanos es el escogido por Dios para recibir las promesas divinas y el mayor deberá reconocer esa realidad y aceptar su condición de subordinado. Los continuos conflictos entre los hermanos hicieron que Jacob huyera finalmente de la presencia de su hermano. Aunque obtuvo la primogenitura con engaños, no fue feliz.

El segundo tipo de relatos relacionados con Jacob se asocian a sus matrimonios y sus complejas relaciones con su pariente arameo Labán. De singular importancia son los engaños, las medias verdades y los trucos que se manifiestan en estos singulares episodios. Jacob, que engañó a su hermano Esaú para obtener la primogenitura, ahora era a su vez engañado con Lea cuando realmente deseaba casarse con Raquel (Gn 29). Con el tiempo, estas narraciones patriarcales representaron los conflictos históricos y las guerras entre los arameos y los israelitas (1 R 20-22).

Un tercer tipo de narración en torno a Jacob presenta una serie importante y significativa de teofanías y revelaciones divinas que orientan y reorientan la vida del patriarca. Y en estos relatos, son importantes varios centros cúlticos y altares antiguos. Dios se revela a Jacob en Betel, cuando salió de Beerseba e iba camino a Harán (Gn 27); luego se le aparecen unos ángeles de Dios en Mahanaim, cuando iba al encuentro con su hermano Esaú (Gn 32); luchó con otro ángel en Peniel, pues no lo dejó ir hasta que recibiera la bendición divina (Gn 32:22-32); y, finalmente, Dios se le apareció en Betel para bendecirlo (Gn 35:1-15).

Estas narraciones le brindan al patriarca un contexto teológico singular. Son una especie de confirmación divina de que era poseedor de las promesas de Dios. En estos relatos no se evalúan las implicaciones éticas del comportamiento de Jacob, ni se analizan críticamente las formas en que lograba sus objetivos. La finalidad principal de las narraciones es mantener viva la esperanza del cumplimiento de las promesas de Dios. Esas promesas van a mantenerse de generación en generación hasta José y Moisés, y hasta llegar a la tierra prometida.

Algunos relatos de importancia temática y teológica en torno a Jacob son los siguientes:

- Conflictos entre Jacob y Esaú:
  - Luchas en el vientre (Gn 25:19-28).
  - Luchas por la primogenitura (Gn 25:29-34).
  - Lucha por la bendición de Dios (Gn 27:1-45).
  - Reconciliación (Gn 32:3-21; 33:1-17).
- Conflictos entre Jacob y Labán:
  - Jacob busca esposa en la casa de Labán (Gn 27:46-28:9).
  - Labán engaña a Jacob (Gn 29:1-30:24).
  - Jacob engaña a Labán (Gn 30:25-43).
  - Jacob escapa y se lleva los ídolos de Labán (Gn 31:1-24).
  - Reconciliación (Gn 31:25-32:3).
- Teofanías:
  - Dios se aparece a Jacob en Betel (Gn 28:10-22).
  - Dios se le aparece y le cambia el nombre a Israel (Gn 32:22-32).
  - Dios le renueva su promesa en Betel (Gn 35:1-15).

De las narraciones de Jacob debemos señalar una por sus implicaciones históricas y teológicas. En el recuento de la lucha de Jacob con el ángel en Peniel (Gn 32:11-32), se le cambia el nombre al patriarca a «Israel». Ese cambio es de fundamental importancia en la teología bíblica porque marca un hito importante en las tradiciones nacionales: representa y marca una extraordinaria transición en el carácter y en la vida de Jacob, que era conocido por su gran capacidad para el engaño y por su sagacidad.

El nombre en el Oriente Medio antiguo, y específicamente en Israel, era más que un distintivo de conveniencia. Era una forma de descripción del carácter interno y aludía a la esencia moral de la persona que lo llevaba. Y conocer el nombre equivalía a tener cierto poder sobre lo nombrado. (Gn 2:19-20). 'Israel' significa principalmente «Dios lucha», que puede ser una alusión al conflicto de Jacob con el Señor en Peniel, aunque también el nuevo nombre puede relacionarse con el conflicto interno que llevaba el patriarca por cambiar esa manera de ser que privilegiaba el engaño y la trampa en las relaciones interpersonales.

La saga es el género literario que se puede utilizar para describir adecuadamente estas antiguas narraciones patriarcales. Esos relatos son esencialmente narraciones muy antiguas que enfatizan las hazañas heroicas de los antepasados de alguna nación o grupo étnico. Y en el caso específico de los relatos de los antiguos patriarcas y matriarcas de Israel, estas sagas, en efecto, le brindan lustre, esplendor y virtud a la historia nacional, y contribuyen significativamente al desarrollo de una imagen positiva del pueblo de Israel.

Las narraciones de José

La importancia de las narraciones de José está matizada por el hecho de ser hijo de Jacob (o Israel) y, además, por ser uno de sus doce hijos, que constituyeron con el tiempo las llamadas *doce tribus* de Israel. Estas narraciones (Gn 37-48) están en medio de los relatos iniciales en torno a al patriarca Jacob y su posterior muerte (Gn 49-50).

La sección final del libro de Génesis incluye también un incidente en la vida de uno de los doce hijos de Jacob, Judá (Gn 38), e incorpora un antiguo poema hebreo que describe algunas características de las tribus (Gn 49). En efecto, Génesis finaliza con la preparación del escenario para la llegada de Moisés y los episodios relacionados con el éxodo de los israelitas de Egipto.

Desde la perspectiva literaria, sin embargo, las narraciones de José no son como las sagas del resto de los relatos patriarcales, que eran cortas y no totalmente unidas. Estas nuevas narraciones manifiestan un estilo elaborado, depurado, coherente, sofisticado; la trama se lleva desde las referencias iniciales a José en la casa de su padre, hasta su ascensión al poder en Egipto y sus actos de misericordia y perdón hacia sus hermanos.

La serie de narraciones en torno a José no es la historia breve e improvisada de algún personaje antiguo, sin repercusiones teológicas, es un tipo literario elaborado similar al de las novelas: hay intriga, personajes protagónicos y secundarios, inicio, clímax y conclusión. No es el resultado de alguna improvisación, sino el producto de la reflexión sobria, el análisis ponderado de los temas expuestos, la evaluación sosegada de las enseñanzas. Inclusive, estas narraciones revelan interesantes detalles sicológicos de los personajes... José es sabio, honesto, sencillo, humilde, soñador, sano, ingenuo, respetuoso, fiel, familiar... y poseía el don y la capacidad especial de interpretar sueños.

La trama básica de la narración se desarrolla con gran capacidad e interés. José era un joven que tenía una serie de sueños extraños que lo presentaban con más importancia que el resto de sus hermanos. Y al contar esos sueños, sus hermanos se llenaron de envidia y resentimientos, hasta el grado de venderlo como esclavo a una caravana de mercaderes egipcios...

Con el tiempo, y por sus habilidades de interpretar sueños, llegó a ser el segundo en el reino de Egipto. Sin embargo, ese logro profesional y personal le trajo más dificultades, pues su firme y decidido rechazo a los acercamientos impropios de la esposa del faraón lo llevó nuevamente a la desgracia y a la cárcel.

Sin embargo, aun desde la cárcel, se mantenía interpretando sueños, y con el tiempo interpretó los sueños del faraón que le devolvió el prestigio perdido y el poder. Y una vez en posición de autoridad manifestó misericordia y perdón hacia sus hermanos que lo habían vendido al comenzar la narración.

En efecto, las narraciones en torno a José constituyen una importante historia de amor: el amor a sus hermanos y a su padre hizo que José pudiera superar el resentimiento y el rencor. Inclusive, toda la trama de la narración se interpreta teológicamente.

Dios se hizo cargo de José a través de todo su peregrinar, en medio de sus vicisitudes y dificultades.

Es en boca de José que la narración brinda el clímax teológico: «Dios me envió delante de vosotros para que podáis sobrevivir sobre la tierra para daros vida por medio de una gran liberación. Así, pues, no me enviasteis vosotros acá, sino Dios, que me ha puesto por padre del faraón, por señor de toda su casa y por gobernador en toda la tierra de Egipto» (Gn 45:7-8). El propio José es el que explica teológicamente cómo la voluntad de Dios se hizo realidad aun en medio de las malas actitudes y decisiones de sus hermanos.

Una lectura mesurada de estas narraciones descubre que detrás de estos relatos hay ciertamente tradiciones orales muy antiguas. La capa de muchos colores que utilizaba José (Gn 37:3) es característica de los grupos semitas que vivían en la región alrededor del s. XVIII a. C. Las relaciones de hostilidad entre los hermanos también se han descubierto en otras literaturas antiguas en la misma región también en el s. XVIII a. C. La historia egipcia también documenta que en los s. XVIII-XVII a. C. un grupo semita llegó al poder nacional: los hicsos. Además, los temas de las esposas de faraones con insinuaciones inadecuadas a subalternos de los monarcas y las referencias en los años de escasez y abundancia en Egipto también se encuentran en otras literaturas de la época y la región.

Un tema de gran importancia teológica en las narraciones patriarcales se relaciona con las diversas formas de referirse a Dios. Aunque en las narraciones primigenias se indica que el nombre personal de Dios, Jehová o Yahvé se reveló temprano en la historia (Gn 4:26), en los relatos posteriores, los patriarcas y las matriarcas de Israel aluden a Dios de diferentes maneras.

De acuerdo con Abraham, Dios es el *Elyón*, o el Altísimo (Gn 14:19-20); Jacob, por su parte, se comunica con «El temor de mi padre Isaac» (Gn 31:53). Una revelación divina manifiesta otro nombre de importancia: el *Shadai*, el Omnipotente, Todopoderoso, o Dios de las montañas (Gn 35:11; 49:25). Inclusive, hay una referencia a nombres bien antiguos de Dios: «El Fuerte de Jacob» o «La Roca de Israel» (Gn 49:24). Y en ese contexto de diferentes formas y nombres para referirse a la divinidad relacionada con los antepasados de Israel, quizá el nombre más común y aceptado era «Dios de Abraham, Isaac y Jacob» o «Dios de nuestros padres» (p. ej., Gn 26:24; 31:53; 46:1-3; 49:25).

El Dios de los antepasados de Israel era una divinidad antigua que se relacionaba con algún héroe importante de las diferentes tribus o clanes. Y era, en efecto, un Dios cercano y familiar. Los nombres de Abraham, Isaac, Jacob, Israel y José se asociaban a tribus antiguas que se fueron uniendo con el paso del tiempo para responder a diferentes tipos de desafíos y problemas comunes. Y en ese proceso, de manera paulatina se fueron percatando de que sus conceptos de Dios eran similares, pues se relacionaban directamente con algunos de sus antepasados. De esa forma gradual, la revelación divina se hizo realidad y descubrieron que el Dios de los antepasados era el de Abraham, el de Isaac y el de Jacob, que sirvió de base para la expresión más común y generalizada: Dios de Abraham, Isaac y Jacob.

ALGUNOS DATOS IMPORTANTES EN LA VIDA DE JOSÉ

- *Nace en Mesopotamia y es hijo de Jacob y Raquel (Gn 30:22-24)*
- *Regresa con su familia a Canaán, se convierte en el favorito de Jacob y tiene una serie de sueños que molestan a sus hermanos (Gn 37:1-11)*
- *Sus hermanos lo venden y llega a Egipto como esclavo de Potifar (Gn 37:12-36)*
- *La esposa de Potifar intenta seducirlo y luego lo acusa (Gn 39)*
- *Interpreta desde la cárcel sueños del copero y del panadero el faraón (Gn 40)*
- *Interpreta los sueños del faraón (Gn 41:1-4)*
- *Se casa con una mujer egipcia y tiene dos hijos: Manasés y Efraín (Gn 41:45-52)*
- *Se encuentra con sus hermanos (Gn 42-45)*
- *Se encuentra con su padre, y su familia se establece en Gosén (Gn 46:1-47:12)*
- *Jacob bendice a los hijos de José (Gn 48)*
- *Entierra a su padre en Canaán, vive en Egipto pero pide ser sepultado junto a sus antepasados (Gn 50)*

Las matriarcas

De singular importancia es el papel que juegan las mujeres, particularmente esposas de los patriarcas o las matriarcas de los antepasados de Israel, en el desarrollo de las narraciones. Aunque son mujeres de su época, trascendieron los roles tradicionales de esposas y madres. De particular importancia son sus contribuciones en el proceso de la revelación divina:

- Sara fue instrumental y necesaria para que se cumpliera la promesa a Abraham (Gn 11:26; 18:1-15).
- Agar dialoga libremente con Dios e inclusive le nombra como «El Dios que me ve» (Gn 16:13).
- Rebeca tiene la capacidad de decidir que se iría con el siervo de Abraham para ser esposa de Isaac (Gn 24:58-61); además, toma parte activa en el engaño de Jacob a su padre, Isaac (Gn 25:27-34), y toma la iniciativa de buscarle una sierva a su esposo para que diera a luz en sus rodillas (Gn 30:1-6).
- La muerte de Raquel se recuerda con un monumento (Gn 35:16-22).
- Y la esposa de Potifar tiene iniciativas propias y es decidida (Gn 39:1-16).

En efecto, estas mujeres son dinámicas y contribuyeron al desarrollo de la voluntad de Dios en el libro de Génesis. No son personajes pasivos e insípidos en las narraciones, pues se incorporan con vigor en el proceso de revelación y se hacen parte del plan de Dios para su pueblo.

6

✤ El libro de Éxodo

*Así dirás a los hijos de Israel: Jehová, el Dios
de vuestros padres, el Dios de Abraham, el Dios de
Isaac y el Dios de Jacob, me ha enviado a vosotros.
Este es mi nombre para siempre; con él se me
recordará por todos los siglos.*

ÉXODO 3:15

El nacimiento de Moisés y el contexto egipcio

Desde sus comienzos, el libro de Éxodo continúa la narración y los asuntos de Génesis. Esa continuidad temática y teológica se pone claramente de manifiesto al comparar la primera información que se brinda en Éxodo (Ex 1:1-5) con lo que previamente se había comunicado en Génesis en torno a la vida de los israelitas en Egipto (Gn 46:8-27): los israelitas prosperaron en sus trabajos y se multiplicaron hasta llegar a ser numerosos y, además, se asentaron al noreste del país, elementos que constituían una grave amenaza para la seguridad nacional y para la estabilidad política, económica y social en las tierras del faraón.

La referencia a la multiplicación extraordinaria de los hijos e hijas de Israel en Egipto pone de relieve una vez más que se está cumpliendo la antigua promesa divina hecha a los antepasados, Abraham (Gn 12:2; 12:15-16; 15:5; 17:5-6), Isaac (Gn 26:4,24) y Jacob (Gn 28:3, 13-14; 35:11). Y en el nuevo contexto del libro de Éxodo, esas promesas de Dios cobran dimensión nueva al ser claves para llevar a los descendientes de Abraham desde las tierras del faraón hasta la tierra prometida: Canaán.

La frase «se levantó en Egipto un nuevo rey que no conocía a José» (Ex 1:8), más que una afirmación demográfica o histórica, es una importante declaración teológica, social y política. El nuevo faraón no estaba consciente de los importantes servicios que José y la comunidad israelita habían prestado al país. En este contexto literario, no se revela la identidad precisa del monarca egipcio, pues lo que desea destacar el escritor bíblico es que las políticas oficiales del Estado se oponen a la manifestación de la voluntad divina e intentan detener los procesos para que los planes de Dios se lleven a efecto. Esa actitud del faraón va a convertirse en tema central en la fase inicial de las labores de Moisés con el pueblo. El término 'faraón', que en el idioma egipcio aludía inicialmente a «la casa grande» del monarca (es decir, al palacio y sus moradores), con el tiempo llegó a designar propiamente al incumbente como un significativo título de honor, prestigio y reconocimiento.

Las dinámicas sociales y laborales en Egipto, para los israelitas, cambiaron de forma abrupta con la llegada de este nuevo gobernante, que puso en marcha rápidamente un programa agresivo para disminuir o eliminar la grave amenaza que constituían los israelitas, a su juicio, para la estabilidad nacional y para el progreso del país. El programa contra los israelitas incluía diversos niveles de opresión política, económica y social: tributación desmedida e injusta, aumento en los trabajos forzosos (Ex 1:11-14) y la implantación de una medida extrema, la solución final: la limpieza étnica, la matanza de los varones recién nacidos. Se ordenó, en efecto, a las parteras asesinar a los niños que nacieran en la comunidad israelita (Ex 1:15-22).

Las persecuciones y la opresión de los israelitas, de acuerdo con el Éxodo, no prosperaron. Al contrario, produjeron los efectos contrarios, pues los israelitas aumentaban su población, y las parteras no cumplieron con las órdenes reales. Y en ese contexto de esa grave crisis de persecución y matanzas, la orden de echar al río a los nuevos varones que nacieran (Ex 1:22) se convirtió en el vehículo de salvación de la persona que finalizará con ese sistema cruel e inhumano de cautiverio y asesinatos: Moisés.

Desde este momento en adelante, Moisés se convierte en el protagonista indiscutible de las narraciones del Éxodo y también del resto de la Torá y del Pentateuco. Las antiguas promesas divinas a Adán, Noé, Abraham y a sus hijos ahora se materializarían a través de esta singular figura en la historia del pueblo de Israel. En las primeras secciones del libro de Éxodo, se presenta el nacimiento no solo de una figura religiosa local, sino el inicio de las tareas de un legislador y libertador, del fundador de una nación.

Un nacimiento milagroso
La narración del nacimiento del Moisés debe ser entendida en
el contexto amplio de los nacimientos de figuras heroicas en la
antigüedad. ¡Los héroes manifiestan sus virtudes milagrosas
desde el momento inicial del nacimiento! La Biblia es testigo de
ese tipo de relato en el que el niño nacido debe superar desafíos
formidables como, por ejemplo, la esterilidad de la madre. Ese
es el caso de los nacimientos de Sansón (Jue 13:1-24), Samuel
(1 S 1:1-23) y Juan el Bautista (Lc 1:5-25). El recuento del
nacimiento milagroso de Jesús de Nazaret supera todos estos
relatos escriturales por la magnitud teológica del evento y por
la naturaleza extraordinaria del recién nacido
(Mt 1:18-25; Lc 2:1-20).

El nombre Moisés es, probablemente, de origen egipcio y significa literalmente «nacido de» o «hijo de» (de la misma manera que, p. ej., los nombres egipcios *Tutmosis*, significa «hijo del
dios Tut», o *Ahmosis*, «nacido de Ah»). La interpretación bíblica
del nombre lo relaciona con una palabra hebrea cuyo sonido se
asemeja al verbo «sacar» (Ex 10). Ya desde sus comienzos se
manifiesta sobre él la providencia divina.

Con el libro de Éxodo comienza la historia del pueblo de Israel
de forma oficial. Lo que se encuentra en el Génesis son, básicamente, tradiciones antiguas de grupos de familias o clanes que,
por su antigüedad, y también por sus complicaciones literarias,
nos permiten llegar solo de forma parcial a los orígenes de la
nación. Con estas nuevas narraciones en el libro de Éxodo, se
identifica una comunidad específica que se organiza bajo el liderato de una persona para responder ordenadamente a los desafíos
concretos que le presenta la nueva administración de faraón de
Egipto. Los grupos independientes, en esas narraciones, se van
uniendo alrededor de Moisés hasta formar el núcleo de lo que
con el tiempo llegará a convertirse en el pueblo de Israel. La figura de Moisés en ese proceso histórico, social, político, militar
y religioso juega un papel protagónico.

El libro de Éxodo

El nombre del libro en castellano proviene de la versión griega (LXX) de la Biblia hebrea, que identifica las obras literarias con sus temas centrales. Éxodo significa literalmente «salida» y alude específicamente a la liberación de los israelitas del país de Egipto. El título en hebreo es *Shemot*, que significa «nombres», en referencia a las personas que entraron con el antiguo patriarca Jacob a Egipto (Ex 1:1).

Estructura literaria y temática del libro del Éxodo

- *Israel es liberado de Egipto (Ex 1:1-15:21)*
  - ◊ *Nacimiento y desarrollo del liderato de Moisés (Ex 1:1-4:31)*
  - ◊ *Las plagas (Ex 5:1-11:10)*
  - ◊ *La Pascua (Ex 12:1-13:22)*
  - ◊ *El cruce del Mar (Ex 14:1-15:21)*
- *Peregrinaje de los israelitas hacia el Monte Sinaí (Ex 15:22-18:27)*
- *Revelación de la Ley en el Sinaí (Ex 19:1-24:18)*
- *Instrucciones para la construcción del Tabernáculo (Ex 25:1-31:17)*
- *El becerro de oro y la renovación del pacto (Ex 31:18-34:35)*
- *La construcción del Tabernáculo (Ex 35:1-40:38)*

El tema central del Éxodo se relaciona con las dificultades y los problemas que experimentaron los israelitas en Egipto, luego de la muerte de José y de la llegada de un nuevo faraón. Además, el libro presenta los conflictos políticos, sociales y religiosos relacionados con la salida de Moisés y los israelitas de las tierras del faraón. Las narraciones bíblicas aluden a la figura de Moisés como el particular agente divino que, en primer lugar, organizó y sacó al pueblo de Egipto para, posteriormente, llevarlo por el desierto del Sinaí hasta llegar a la tierra prometida: Canaán.

En ese extraordinario proceso de liberación se narran las interesantes relaciones y los diálogos intensos entre el faraón y Moisés, se incluyen las plagas que llegaron a Egipto, se describen los problemas de ajuste a las nuevas condiciones en el desierto y se presenta la revelación extraordinaria de la Ley de Dios en el monte Sinaí. Posteriormente, se añaden varios episodios importantes de las actitudes del pueblo y sus líderes, ante las grandes dificultades y los desafíos que presentaba la vida en el desierto y los ajustes a la nueva realidad.

De singular importancia es el relato del cruce del mar Rojo, que marca de forma indeleble la memoria del pueblo de Israel a través de su historia. Según el testimonio bíblico, en el mismo lugar donde los israelitas cruzaron el mar a pie, el ejército del faraón se ahogó y pereció. Ese acto extraordinario de redención divina es descrito en la Biblia como una intervención milagrosa y liberadora de parte de Dios (Ex 15).

Los relatos milagrosos de Éxodo no constituyen en sí mismos un fin teológico específico en el libro, sino que forman parte de un proceso amplio y transformador que hará que se cumplan los designios del Señor. El gran valor espiritual del libro de Éxodo se relaciona con los compromisos divinos de responder a los clamores humanos y con la revelación de las características de Dios que rechaza toda suerte de opresión y cautiverio en su pueblo.

La enseñanza fundamental de la obra no es solo la salida de Egipto, pues lo que experimentaron los israelitas de forma inmediata fue la cruda realidad de la vida del desierto. ¡Estar desorientados en un desierto inhóspito como el Sinaí no es materia para celebrar! Sin embargo, si esta experiencia de dolor y angustia transitoria se mira desde la perspectiva educativa más amplia de la llegada del pueblo a Canaán, entonces el relato bíblico adquiere significación positiva, renovadora y novel.

En ese contexto amplio de revelación divina, se puede identificar el siguiente patrón literario y teológico, que se manifestará no solo en las narraciones del Pentateuco sino en otros libros históricos de la Biblia: ante una crisis mayor y significativa del pueblo, Dios interviene de forma liberadora; luego le sigue una relación de pacto o alianza entre el pueblo y el Señor; hasta, finalmente, llegar al cumplimiento de las promesas divinas, que, en el singular caso del éxodo de Egipto, es la conquista y el asentamiento en las tierras de Canaán.

Una posibilidad alterna para comprender mejor la estructura literaria y los énfasis temáticos del libro de Éxodo es descubrir la disposición concéntrica de la obra. Este arreglo nos permite la identificación de sus temas paralelos mayores y nos facilita el análisis y la comprensión de su asunto central y medular, que se relaciona con la revelación divina en el Sinaí.

La estructura es la siguiente:

- A: El pueblo de Israel es esclavo (Ex 1:1-6:30).
- B: El faraón se opone a la salida (Ex 7:1-11:10).
- C: La liberación se lleva a efecto (Ex 12:1-18:27).
- D: Centro literario, temático y teológico del libro: el pacto en el Sinaí (Ex 19:1-24:11).
- C': La promesa de la presencia divina constante en el pueblo (Ex 24:12-31:18).
- B': Infidelidad del pueblo y fidelidad de Dios (Ex 32:1-34:35).
- A': El pueblo de Israel es libre (Ex 35:1-40:38).

Las posibles fechas del éxodo

La determinación precisa de la fecha de salida de los israelitas de Egipto es tarea difícil por varias razones: en primer lugar, las referencias bíblicas no son muchas, ni específicas, ni claras; además, la interpretación de las evidencias históricas, literarias y arqueológicas extrabíblicas es complicada y no nos conduce a conclusiones seguras e incuestionables.

Básicamente, lo que tenemos ante nosotros para evaluar son los relatos bíblicos que interpretan el evento de la liberación del país de Egipto desde una perspectiva teológica, además de algunas indicaciones en torno a la vida y la sociedad egipcia durante los siglos en los cuales los israelitas vivieron la opresión del faraón.

La primera fecha de importancia para la fijación del éxodo de los israelitas del país de Egipto es la derrota y salida de los hicsos del imperio. Este evento histórico se llevó a efecto *c.* 1550 a. C. Y en el contexto general de esa fecha histórica es que podemos evaluar con alguna certeza los eventos que se narran en el libro de Éxodo.

La primera posibilidad para fechar el éxodo de Egipto es el período de los años 14501350 a. C. De acuerdo con esta teoría, ya los grupos *apirus* o hebreos estaban en Palestina sobre el año 1350 a. C. Además, esas fechas coinciden con lo que debió de haber sido la reacción normal de Egipto al derrotar a los hicsos, que eran extranjeros: ¡perseguir al resto de grupos semitas que vivían entre ellos!

Los *apirus*, o *hapirus*, o *habirus*, expresión que se podría asociar a los hebreos, designa a varios grupos sociales en el Oriente Medio antiguo que vivían al margen de las sociedades establecidas. Eran eminentemente mercaderes, con sus caravanas, refugiados, fugitivos y hasta mercenarios, en ocasiones. En sus comienzos, el término no se utilizaba para hacer referencia a grupos nacionales, raciales o étnicos.

Respecto a esta primera fecha posible del éxodo, también es importante notar que hay evidencia de la presencia de esclavos semitas en varias comunidades egipcias por los años 1500 y 1400 a. C., especialmente en las minas del Sinaí, donde se han encontrado inscripciones que aluden a la presencia de esos grupos en esa región específica de Egipto. Y si a esta información le añadimos la referencia bíblica (1 R 6:1) en torno al Templo de Jerusalén, que fue dedicado e inaugurado unos cuatrocientos ochenta (480) años luego de la salida de Egipto (*c.* 950 a. C.), eso nos llevaría a identificar el evento del éxodo alrededor del 1430 a. C.

Otra posibilidad, que en la actualidad goza de mayor popularidad, para identificar con más seguridad las fechas del éxodo, son los años 1300-1250 a. C. En primer lugar, y de acuerdo con las narraciones del libro de Éxodo (Ex 1:11), los israelitas fueron forzados a trabajar en la construcción de dos ciudades egipcias: Ramsés y Pitón. Según las fuentes literarias oficiales antiguas, estos proyectos de construcción fueron autorizados por la dinastía xix de Egipto, y comenzaron los trabajos *c.* 1310-1300 a. C. Además, las referencias a la victoria sobre Israel en Palestina del faraón Merneptah, hijo de Ramsés II, se pueden fechar con alguna precisión por el año 1212 a. C. Y en esta comprensión, la alusión a los cuarenta (40) años en el desierto (Ex 14:33) no solo es simbólica, sino una referencia concreta, y pondría el éxodo antes del 1250 a. C.

En efecto, una fecha posible para el éxodo de Egipto se relaciona con la administración del faraón Ramsés II entre los años 1300 y 1280 a. C., pues toma en seria consideración no solo la evidencia histórica, arqueológica y literaria disponible, sino que afirma la declaración bíblica (Ex 12:40) de que Israel estuvo en Egipto por cuatrocientos ochenta (480) años, lo que nos lleva al 1700 a. C., fecha en la que los hicsos comenzaron a reinar en Egipto.

Sin embargo, es de gran importancia histórica y teológica señalar que lo que le brinda virtud y poder a las narraciones del éxodo de Egipto en la Biblia no es la identificación precisa de sus posibles fechas, sino su significación espiritual y nacional. En las narraciones del éxodo se revela el Dios que se mantiene fiel a sus promesas, que responde al clamor de su pueblo, que interviene con poder liberador, que revela su voluntad y sus leyes, que guía a la comunidad a través de muchas vicisitudes por el desierto, que se preocupa por sus necesidades básicas y que pone de manifiesto con claridad y firmeza la importancia de la dignidad humana. Ese es el Dios que los llamó a ser una comunidad sacerdotal y que los estableció como nación.

La figura de Moisés y su proyecto de liberación

El protagonista indiscutible de las narraciones del éxodo de Egipto es Moisés. Y para comprender la naturaleza y extensión de su extraordinario liderato debemos entender su mundo bicultural y bilingüe. Se crio en la casa del faraón, según el recuento bíblico, con una magnífica educación egipcia, a la vez que provenía de un hogar hebreo, y su nodriza, que también era su madre (Ex 2:1-10), se encargó de iniciarlo en la cultura semita y sus tradiciones ancestrales. Ese ambiente íntimo de hogar le permitió conocer de primera mano la sociedad egipcia y la cananea, desértica y semita. Y ese mismo entorno educativo e íntimo le permitió comprender que el mundo no estaba cautivo en solo una cultura, sino que los seres humanos son capaces de entrar en diálogo, con respeto y dignidad, con otras comunidades.

En torno al nacimiento de Moisés se deben tomar en consideración, inclusive, algunas narraciones extrabíblicas que ubican a sus personajes de importancia ante desafíos magnos. Ese es el caso del gran rey Sargón, según la antigua leyenda de Akad (*c.* 2300 a. C.), que fue salvado de morir ahogado en las aguas cuando apenas era un infante indefenso. Posteriormente, se convirtió en el rey y ejerció su liderato de forma significativa en su pueblo.

En efecto, desde las primeras narraciones del libro de Éxodo, Moisés es identificado y distinguido como una figura de gran calibre histórico dentro del pueblo hebreo. Y a esa primera impresión en torno a nuestro personaje, debemos añadir el tiempo de preparación que pasó Moisés en el desierto, luego asesinar a un egipcio al proteger a un esclavo hebreo oprimido (Ex 2:11-25). Este incidente revela la solidaridad y el compromiso que Moisés tiene con su pueblo, además de poner de manifiesto su afirmación y respeto por la justicia. ¡En tres ocasiones sucesivas se coloca al lado de personas que sufren vejaciones e injusticias! (Ex 2:12, 13, 17).

Como resultado del conflicto con el opresor egipcio, Moisés huye al desierto para proteger su vida. Esta sección bíblica (Ex 2-3) es importante, pues revela la preparación que tuvo Moisés entre las tribus nómadas de Madián. Esos grupos madianitas se desplazaban libremente al sur y al este de Palestina (Nm 22:4; Jue 6:3-4; 1 R 11:18) y se consideraban descendientes del patriarca Abraham (Gn 25:2). Ese período es fundamental en la formación y crecimiento del libertador por excelencia y legislador fundamental de los israelitas: le brindó de primera mano la oportunidad de experimentar la vida del desierto, lo que posteriormente le servirá para guiar al pueblo a través de los parajes complejos y lejanos del Sinaí.

En ese contexto nómada es que Moisés conoce al sacerdote del grupo, y se casa con una de sus hijas, Séfora. El nombre del suegro se presenta con algunas variantes en las narraciones bíblicas. Al principio se le conoce como Reuel (Ex 2:21), luego se identifica como Jetro (Ex 3:1; 18:1), para finalmente presentarlo como Hobab (Jue 4:11). Esas diferencias onomásticas posiblemente se deben a la naturaleza nómada del grupo madianita, que en los diversos lugares donde se asentaban por algún tiempo identificaron al suegro de Moisés con diferentes nombres.

De acuerdo con el discurso de Esteban, que se fundamenta en una tradición judía antigua, la vida de Moisés puede dividirse en tres períodos fundamentales: cuarenta años en Egipto (Hch 7:23), cuarenta años más en Madián (Hch 7:30) y, finalmente, cuarenta años adicionales luego de comenzar el éxodo de Egipto (Hch 7:36). Esos ciento veinte años corresponden a la referencia que se brinda de la vida de Moisés en el libro de Deuteronomio (Dt 34:7). Es importante notar en el recuento que el número cuarenta es simbólico en las Escrituras, pues señala e identifica un período de tiempo de gran importancia educativa.

Con la revelación divina en Horeb, el monte de Dios, también conocido como el monte Sinaí, la preparación de Moisés llega a un nivel óptimo, fundamental y extraordinario. En la narración de la zarza ardiente (Ex 3:1-4:17) se pone de manifiesto de forma expresa la voluntad liberadora de Dios y, además, se le revela al futuro libertador el nombre personal de Dios: Jehová o Yahvé (Ex 3:14-15).

Esta revelación en el desierto es determinante para relacionar las antiguas tradiciones patriarcales de los israelitas con las nuevas manifestaciones divinas a Moisés. Se alude al «Dios de tu padre, el Dios de Abraham, el Dios de Isaac y el Dios de Jacob» (Ex 3:6) para unir las narraciones nuevas del éxodo de Egipto con las antiguas promesas a los patriarcas. De esta forma se incorpora en el relato bíblico un buen sentido de continuidad histórica y teológica. ¡Es el mismo Dios que revela en esta ocasión su nombre personal y específico!

Con la importante frase «Yo soy el que soy» (Ex 3:14) el texto bíblico intenta explicar el significado del nombre divino, que es Yahvé, y que se ha vertido, en las traducciones de la Biblia asociadas a la tradición de Reina-Valera, como Jehová. Este nombre en hebreo se escribe con cuatro consonantes *YHWH* y, como desde el s. IV a. C. los judíos dejaron de pronunciarlo y en su lugar decían *Adonai*, con el tiempo, la palabra «Jehová» se produjo en el Medievo al leer el nombre de Dios con las vocales de *Adonai* y las consonantes de *YHWH*.

Conocer el nombre de Dios era importante para Moisés si quería tener éxito en sus diálogos de salida de Egipto con el pueblo. Ese conocimiento le permitía decirle al pueblo que, en efecto, Dios se le había revelado y lo había comisionado a esa empresa de liberación nacional. Esa singular revelación le permitía a Moisés hablar en nombre de Dios, que era una forma figurada de participar de su autoridad y disfrutar de su poder.

Posiblemente, ese nombre divino debe asociarse al verbo hebreo que puede significar «ser», «existir» o «acontecer», y que con su repetición le brinda mayor énfasis e intensidad a su significado. Quizá el sentido profundo y el significado amplio del nombre divino es el siguiente: «Yo soy el que existe verdaderamente, en contraposición a otras divinidades que no tienen la capacidad, ni el poder, ni mucho menos el deseo de autorrevelarse a la humanidad».

Las narraciones de la liberación

Las narraciones de la salida de Egipto no pueden separarse de los relatos del peregrinar por el desierto; de la llegada y la conquista de la Tierra Prometida. El acto de liberación de Egipto es solo el comienzo de una gesta liberadora que culminará con la llegada a Canaán, y la toma de las tierras cananeas. Desde la perspectiva teológica, el éxodo es un paso adicional para que se cumplan las promesas divinas que, como en casos anteriores, se habían visto amenazadas por la rebeldía y arrogancia humana, que en esta nueva ocasión es la actitud contumaz y déspota del faraón de Egipto.

De singular importancia es que la revelación del nombre divino se produce en el contexto del desierto, cuando Moisés estaba con los madianitas. En medio de todas las dinámicas sociales y las interacciones religiosas del desierto, en el cual su suegro era sacerdote, se produce la revelación del nombre personal de Dios. Quizá el nombre divino ya se conocía entre esos grupos nómadas, y la revelación a Moisés le brinda al libertador un sentido de identidad religiosa y espiritual que le permite organizar políticamente a los israelitas fundamentados en esa singular revelación divina. Se le había revelado a Moisés un Dios que ve la necesidad del pueblo, que escucha el clamor de la comunidad y que desciende a liberar a la gente en necesidad.

Las plagas y la Pascua

La sección que prosigue al llamado y comisión de Moisés presenta los conflictos relacionados con los arreglos y procesos de salida de Egipto. De singular importancia son los encuentros, diálogos, disputas e intercambio de «señales» entre el faraón, y los sabios y magos representantes de su corte, y Moisés, que era el vocero del pueblo oprimido que anhelaba su liberación. Y en ese contexto de conflicto y negociación se incluyen en la obra las narraciones de las llamadas diez «plagas» de Egipto (Ex 5:1-11:10).

LAS «PLAGAS» DE EGIPTO
• Sangre (Ex 7:14-25)
• Ranas (Ex 8:1-15)
• Piojos (Ex 8:16-19)
• Moscas (Ex 8:20-32)
• En el ganado (Ex 9:1-7)
• Úlceras (Ex 9:8-12)
• Granizo (Ex 9:11-35)
• Langostas (Ex 10:1-20)
• Tinieblas (Ex 10:21-29)
• Muerte de los primogénitos (Ex 11:1-10; 12:29-36)

De importancia capital al estudiar esta sección del Éxodo es notar que el texto bíblico no utiliza prioritariamente la expresión 'plagas' para describir lo sucedido. De acuerdo con las narraciones escriturales, las palabras correctas para identificar esos fenómenos en la naturaleza son «señales» (Ex 7:3), «maravillas» (Ex 11:9) y «prodigios» (Ex 11:10), que revelan claramente la intención teológica de los relatos. Solo en la décima calamidad y crisis (Ex 11:1) se utiliza la expresión 'plaga', por la naturaleza extraordinaria del problema: ¡la muerte de los primogénitos egipcios!

Las tradicionalmente llamadas plagas de Egipto son demostraciones extraordinarias del poder y de las virtudes de Dios. ¡Aun la naturaleza obedece al Dios que llama a Moisés! Ese Dios, además, es más poderoso que el faraón y su corte, junto con sus sabios y magos, y hasta sus divinidades (Ex 12:12; Dt 26:7-8). Estas importantes narraciones de las plagas de Egipto, en efecto, son parte de un estilo bíblico, literario y teológico que presenta el juicio divino como las manifestaciones extraordinarias de desastres naturales (p. ej., Am 4).

El contexto de estos relatos no es complejo: Moisés llega ante el faraón para solicitar la salida del pueblo del país de Egipto y el faraón se niega a conceder el salvoconducto necesario; Moisés responde con una señal divina de poder; el faraón responde a esas señales pidiendo a Moisés que detenga el juicio divino y le permite al pueblo salir; posteriormente, sin embargo, el faraón cambia de parecer y le niega otra vez el permiso de salida al pueblo... Y el ciclo se repite... En dos de las plagas, en la de los piojos (Ex 8:16-190 y en la de las úlceras (Ex 9:8-12), el hermano de Moisés, Aarón, juega un papel de importancia como sacerdote del pueblo.

Un detalle en torno a todos estos «prodigios» es menester destacar en estas narraciones. Las primeras nueve «señales» o plagas son fenómenos naturales que ocurren con cierta frecuencia en Egipto, aun en la época actual, y el pueblo estaba consciente de esos cambios ambientales. Hay microorganismos que por temporadas cambian el color del río Nilo al rojo; las plagas de insectos y animales (p. ej., ranas, piojos, moscas y langostas) son fenómenos del norte del África que se manifiestan en

Egipto, aun desde tiempos remotos en la historia; y las tinieblas pueden asociarse a las densas nubes que llegan del desierto del Sahara. Lo extraordinario de todos estos «signos» no son las «señales» en sí, sino el poder divino y la autoridad de Dios que las hacía aparecer y manifestarse en el momento necesario y oportuno. El gran milagro de las plagas no eran las plagas propiamente, sino la autoridad divina sobre esos fenómenos naturales.

La décima plaga (Ex 11:1-10; 12:29-36) es de singular importancia, por la naturaleza de la calamidad y porque está unida a la celebración de la Pascua. Esa es la señal de la muerte de todos los primogénitos de Egipto, e incluía también a los animales (Ex 13:12). En esta ocasión, la narración, que pone en clara evidencia la naturaleza de la crisis y la extensión del *impasse* entre faraón y Moisés, llega a los niveles últimos de la muerte. En efecto, la liberación de los israelitas del país de Egipto era un asunto de vida o muerte.

Las previas nueve manifestaciones del poder divino no cambiaron la actitud ni la decisión del faraón, que se mantenía inflexible, firme y obstinado en torno a la salida de los israelitas y Moisés. Sin embargo, con el anuncio y la manifestación de la décima señal de Dios, o plaga, los egipcios suplicaron a Moisés y al pueblo que salieran lo antes posible de sus tierras (Ex 11:8).

La explicación que brinda la narración en torno a la persistente actitud negativa del faraón es una teológica: «Dios le endureció el corazón» (p. ej., Ex 11:10). Pero detrás, esa comprensión del poder divino se debe de haber manifestado en una serie compleja de preocupaciones económicas, políticas, sociales y militares. La salida abrupta de un sector importante del país tiene implicaciones inmediatas en los trabajos y la economía, pues, al disminuir la fuerza laboral, aumentan los costos de construcción y se dispara el espiral inflacionario. Además, los israelitas se irían al desierto del Sinaí, que representaba una frontera importante para mantener la seguridad nacional de Egipto. Con la salida de los israelitas también se podía producir un ambiente de inestabilidad política y gubernamental que afectaba adversamente a la salud social y a la operación administrativa regular del imperio egipcio.

Antes de la salida de Egipto, y previo a la manifestación de la décima «señal» milagrosa (es decir, la matanza de los primogénitos), la narración bíblica incluye detalles importantes de la institución de la celebración de la Pascua judía (Ex 12:1-13:22). La estructura del pasaje es más bien compleja, pues es el producto de la reflexión en diversas épocas y el resultado de la unión de variadas fuentes orales y literarias que añaden a la narración componentes cúlticos y religiosos de gran importancia espiritual y de extraordinario valor histórico nacional.

Desde la perspectiva cúltica, el relato describe la celebración de la Pascua como un banquete familiar, íntimo, educativo y religioso; además, presenta la importancia del simbolismo de la sangre como agente protector ante las posibilidades de la muerte, en el juicio contra los primogénitos egipcios (Ex 12:2-14, 21-27, 43-49). La Pascua prosigue con la fiesta de los Panes sin levadura (Ex 12:15-20; 13:3-10), que alude a la salida rápida de los israelitas del país de Egipto. Para concluir, el relato incorpora también una serie de normas que aluden a la consagración y protección de los primogénitos judíos (Ex 13:12, 11-16).

Como la fiesta de la Pascua celebra la liberación de los israelitas de la opresión del faraón de Egipto, constituye la celebración anual más importante del pueblo (Lv 23:5; Nm 9:1-5; 28:16; Dt 16:1-2). Es el recuerdo indiscutible de la fundación nacional, es la conmemoración anual de los actos portentosos de Dios lo que permitió a los israelitas organizarse como comunidad para salir de la esclavitud y moverse hacia la tierra prometida. La fiesta de los Panes sin levadura duraba siete días y seguía la celebración de la Pascua (Lv 23:6-8; Nm 28:17-25; Dt 16:1-8). Ambas fiestas tienen antecedentes muy antiguos en comunidades agrarias y pastoriles, pero fueron transformadas para incluir la nueva significación de liberación nacional.

La palabra 'Pascua' se relaciona con el verbo hebreo *pasaj*, que puede traducirse como «pasar de largo» o «saltar» (Ex 12:27). Es una clara alusión a la misericordia divina que «pasará por alto» o «saltará» a los primogénitos de los israelitas para llegar a los egipcios y cumplir su voluntad.

Junto a estos textos que enfatizan los componentes cúlticos de la Pascua, se incorpora una serie importante de narraciones que presentan la descripción de la décima plaga (Ex 12:29-36), y aluden a la salida abrupta de los israelitas del país de Egipto (Ex 12:37-42), hasta llegar al desierto del Sinaí (Ex 13:17-22). Tanto los pasajes cúlticos como los narrativos están íntimamente ligados por una razón fundamental y prioritariamente teológica: las fiestas de la Pascua y los Panes sin levadura se asocian a la manifestación clara de la voluntad divina a favor de los israelitas (Ex 12:14, 26-27; 13:8-10). Conmemoran la intervención divina en medio de la historia del pueblo para cambiar su realidad adversa de cautiverio por una nueva experiencia grata de liberación.

El cruce del mar Rojo

Cuando, finalmente, el faraón dejó salir a los israelitas del país de Egipto, no tomaron el tradicional «camino del mar» hacia Canaán, también conocido como el «camino de la tierra de los filisteos» (Ex 13:17), sino que penetraron por el «camino del desierto» al Sinaí (Ex 13:17-22). La ruta más cercana a la tierra prometida hubiera sido la que pasa junto al mar Mediterráneo, pero el imperio egipcio tenía en esos caminos varias guarniciones militares preparadas para las confrontaciones bélicas. La razón bíblica para seguir esta ruta alterna es la siguiente, según las Escrituras: para que los israelitas no se arrepientan cuando vean la guerra y deseen regresar a Egipto (Ex 17:17).

Algunas traducciones de la Biblia indican que los israelitas salieron de Egipto «armados» (p. ej., en RVR, Ex 17:18). La verdad es que esa es una traducción muy poco probable del texto hebreo. Quizá la idea que desea transmitir del versículo es que el grupo salió organizado en cinco cuerpos, como si fuera un ejército preparado para la batalla: había grupos dispuestos en la vanguardia, la retaguardia, a la derecha, a la izquierda y en el centro. Y, además, llevaron con ellos los huesos de José, como se lo había pedido el patriarca (Gn 50:25-26), que era una forma de mantener al antiguo líder en la memoria del pueblo y también era una manera simbólica de unir el grupo que salía de Egipto con los antiguos patriarcas y matriarcas de Israel.

Los israelitas salieron de Sucot y acamparon en Etam, justo antes de penetrar al desierto de Shur (Ex 15:22). Y en ese contexto de transición del país de Egipto a la península del Sinaí, la narración bíblica incluye otro interesante detalle milagroso: ¡el Señor los acompañaba continuamente! ¡De día, con una columna de nube! Y, de noche, ¡con una columna de fuego! (Ex 13:20-22). La idea fundamental del pasaje es enfatizar el cuidado constante que el Señor les manifestaba, tanto durante los días como en las noches. El lenguaje bíblico continúa la teología de los signos y las señales de Dios, que en esta ocasión se revela en la nube y en el fuego, que representan en las Escrituras las manifestaciones divinas.

Respecto a estas señales, es importante comprender la vida en el desierto: en el Sinaí se producen con cierta regularidad, por los cambios en la temperatura y las variaciones en la dirección de los vientos, remolinos de polvo que cruzan los diversos parajes y caminos, que son vistos como pilares de nubes o humo; y los relámpagos nocturnos posiblemente eran vistos como columnas nocturnas.

La localización precisa de Sucot, Pi-hahirot, Migdol, Baal-zefón y Etam es una tarea extremadamente difícil. En primer lugar, las referencias bíblicas no son geográficamente precisas; además, la construcción del canal de Suez modificó sustancialmente la topografía de toda esa región egipcia, haciendo más compleja aún la ubicación de las ciudades y comunidades antiguas. Estos importantes cambios físicos hacen prácticamente imposible determinar con exactitud y precisión la ruta del éxodo.

Respecto a esa ruta del éxodo de Egipto se han propuesto varias teorías; sin embargo, ninguna cuenta con la suficiente certeza como para eliminar completamente a las otras. Una posibilidad es que los israelitas tomaron la ruta del norte, que va casi directamente desde Sucot a Cades-barnea. Esta teoría no ha tenido mucho apoyo en la tradición, pues no explica el tiempo extenso de los israelitas en el desierto. La ruta que tradicionalmente se piensa tomó Moisés, al menos la que es más apreciada y reconocida por la tradición religiosa desde muy temprano en la historia de la Iglesia, es al sur de la península, que relaciona al monte Sinaí con el llamado *Jebel Mussa,* o monte de Moisés. En sus faldas, se edificó con el tiempo el monasterio griego ortodoxo de Santa Caterina.

La referencia al cruce del mar Rojo es de fundamental importancia en la historia del pueblo de Israel, pues marca una acción milagrosa de parte de Dios, que propicia el cumplimiento de las antiguas promesas a los patriarcas. De este singular acto la Biblia presenta dos versiones básicas: la primera es en prosa, y detalla el proceso milagroso y afirma la intervención extraordinaria de Dios; y la segunda, que quizá sea el poema más antiguo de las Sagradas Escrituras, resume el milagro divino y canta un himno de alabanzas y acción de gracias al Señor por las hazañas formidables.

El mar Rojo es en hebreo *Yam Suf,* que literalmente significa «el mar de los Juncos». Este nombre se aplicaba a una serie de pantanos y pequeños lagos que se encontraban en la actual región del canal de Suez, entre el golfo de Suez y el mar Mediterráneo. Con ese mismo nombre, mar Rojo, la Biblia identifica ambos brazos de los cuerpos de agua que rodean la península del Sinaí, conocidos como el golfo de Suez, al oeste, y al este, el golfo de Áqaba (1 R 9:26). La identificación del mar de los Juncos como el mar Rojo se inició con la traducción griega de las Escrituras, con la Septuaginta o la versión de LXX.

El milagro del cruce del mar Rojo debe entenderse en la misma tradición de las señales milagrosas que acompañan a Moisés y los israelitas en todo el proceso de liberación de Egipto. La función teológica del milagro es afirmar una vez más que ni los poderosos ejércitos del faraón ni aun los mares tienen el poder ni la virtud de detener la implantación de la voluntad divina, lo que en este contexto específico es la liberación de los israelitas de la esclavitud del país de Egipto. Estas narraciones han sido fuente de inspiración para generaciones de israelitas en diversos períodos bíblicos (Dt 6:21-23; 26:8; Jos 24:6-7; 1 S 12:6), e, inclusive, han servido de base para el desarrollo de la creatividad de los mensajes proféticos (Is 43:16-21).

Se han elaborado diversas teorías para explicar cómo el mar retrocedió: por ejemplo, mediante cambios abruptos de los vientos calientes provenientes del desierto; o si el cruce no fue al norte del Sinaí, cerca del canal de Suez, por el lago Sirbonis o Bardowil, sino al sureste de la península, por el brazo del mar Rojo en el golfo de Áqaba, hacia Arabia. La verdad teológica fundamental es, sin embargo, que la narración bíblica presenta una intervención milagrosa de Dios en medio de la historia del pueblo. Esa es la intención básica del relato bíblico, pues la imagen de ese extraordinario cruce se ha mantenido viva no solo a través de la Biblia, sino como modelo de liberación de comunidades cautivas en el mundo a través de la historia. En realidad, el milagro es doble: ¡los israelitas cruzaron el mar en seco y, por el mismo lugar, los ejércitos egipcios se ahogaron!

Ese acto divino es el fundamento del cántico de María (llamada «profetisa» en esta narración; Ex 15:20), Moisés y los hijos de Israel: «Cantaré yo a Jehová, porque se ha cubierto de gloria; ha echado en el mar al caballo y al jinete» (Ex 15:1b, 21). Este poema no desea repetir lo ya dicho en el capítulo y la narración anterior, sino glorificar poéticamente al Dios que venció al mar y alabar al Señor que tiene poder sobre la naturaleza.

Un detalle importante de las narraciones del éxodo se relaciona con el número de israelitas que salieron de Egipto. La cifra de seiscientos mil, sin contar los niños que se incluyen en la Biblia (Ex 12:37), debe ser analizada con relación al deseo del pueblo de afirmar y celebrar el extraordinario milagro divino. El número es un múltiplo de seis, que alude a algo completo (p. ej., como los seis días de creación; Gn 1:1-2:4a) pero que le falta algo para llegar al siete, que representa lo perfecto y absoluto. Quizá lo que le faltaba al pueblo era la experiencia de soledad y crisis del desierto para comprender adecuadamente las implicaciones espirituales, éticas y morales de la voluntad divina.

El relato de la liberación enfatiza lo milagroso y extraordinario del poder divino, no la exactitud de los números. El desierto del Sinaí no está provisto de los recursos necesarios de agua y comida para mantener con salud física y mental a grupos humanos tan grandes, como se revela en las mismas narraciones (Ex 15:22-18:27), además, ¡ningún ejército en la Antigüedad era capaz de detener el paso firme y decidido de cerca de dos millones de personas más sus animales!

Antes de llegar al monte Sinaí, las narraciones bíblicas presentan una serie interesante de episodios en torno a las dinámicas sociales de la vida de los israelitas en el desierto (Ex 15:22-18:27). En esta sección aparecen los relatos de las aguas de Mara (Ex 15:2227), la providencia divina al brindarle maná y agua al pueblo (Ex 16:1-36; 17:1-7), la batalla contra Amelec en Refidim (Ex 17:8-16), y los sabios consejos de Jetro, en torno al nombramiento de jueces (Ex 18:1-27). Son relatos que ponen de manifiesto las crisis, necesidades, quejas, protestas y murmuraciones del pueblo, que es un tema recurrente en las narraciones del éxodo (Ex 14:11-12; 15:24; 17:2-3; 32:1) y también en Números (Nm 11:1-6; 14:1-4; 16:12-14; 20:1-5; 21:4-5).

El desierto de Shur está entre Egipto y Canaán. Mara, que significa «amarga», es una muy pequeña comunidad beduina que está camino al sur en la península del Sinaí. Elim es probablemente un oasis cercano al mar Rojo, como a unos 150 km al sur del canal de Suez (Nm 33:9). Refidim (Ex 17:8) es un lugar posiblemente cerca del monte Sinaí, cuya localización precisa no ha sido posible. Y el desierto de Sin está al suroeste de la península.

La referencia al Dios sanador (Ex 15:26) en esta narración es de vital importancia en toda la teología bíblica, pues revela la preocupación divina por la salud integral de la humanidad (p. ej., Dt 7:15; 32:39; Jer 17:14; 30:17; Sal 41:3-4; 103:3). El maná, que era totalmente desconocido para los israelitas, según el pasaje (Ex 16:15) es una sustancia que segregan ciertos insectos en el desierto en las hojas de los arbustos de tamariscos y que abundan en esas regiones. Los beduinos la llaman *mann*, y la recogen muy temprano en la mañana; la usan para preparar tortas y endulzar sus bebidas (Nm 11:7-9).

En esta sección también se identifica a Josué como colaborador cercano de Moisés y como el comandante en jefe de los ejércitos israelitas (Ex 17:9). Su primera función militar fue vencer a los amalecitas, que cayeron derrotados por los ejércitos de Israel gracias a la intervención divina. Por esa razón, Moisés construyó un altar en ese lugar al que nombró *Jehová nisi*, que significa 'el Señor es mi bandera' (Ex 17:15).

Antes de comenzar con las narraciones del pacto en el monte Sinaí, se pone de manifiesto la capacidad e inteligencia del suegro de Moisés, Jetro (Ex 18:1-12) y la sabiduría y prudencia de Moisés de seguir sus consejos. Ese es el contexto del nombramiento de los primeros jueces en las Escrituras (Ex 18:13-27), que tienen la importante función de juzgar los asuntos diarios del pueblo, y le llevaban a Moisés solo los asuntos más complejos que sobrepasaban su jurisdicción.

La revelación en el monte Sinaí

La llegada de los israelitas al monte Sinaí es de fundamental importancia teológica en la Biblia, pues mueve y renueva las antiguas promesas de Dios a los patriarcas y las lleva y aplica a toda la nación. En efecto, la alianza divina con Abraham ahora la hace extensiva a todo el pueblo de Israel. Además, toda esta sección (Ex 19:1-24:18) revela una gran importancia temática en el Pentateuco, pues el pueblo se mantiene en el Sinaí el resto de las narraciones del libro de Éxodo, por todo el libro de Levítico y hasta comienzos del libro del Números (Nm 10:11-12).

El tema del pacto de Dios con su pueblo continúa en el libro del Deuteronomio, que presupone la obediencia, el compromiso y la fidelidad de los israelitas a la alianza. Inclusive, ese mismo tema de la alianza o pacto se pone en evidencia clara en el libro de Josué (Jos 23-24), en la evaluación de las ejecutorias de los reyes de Israel y de Judá, en las reformas propuestas por el rey Josías (2 R 22-23), en los mensajes proféticos de Jeremías y Ezequiel, y hasta en las reformas postexílicas llevadas a efecto por Esdras.

No es secundario, en efecto, el tema del pacto en las Sagradas Escrituras. Inclusive, hay estudiosos que piensan que la historia bíblica se puede articular como una teología del pacto de Dios con su pueblo, pues es en este contexto legal y pedagógico que se manifiestan y revelan las leyes y las enseñanzas que le permitirán al pueblo llegar a la tierra prometida y vivir en ella de acuerdo con la voluntad divina. La vida toda del pueblo de Israel, junto a la de sus líderes políticos, militares educativos y espirituales, se puede analizar a la luz de la fidelidad al pacto o alianza.

El ambiente extraordinario de revelación divina se dispone rápidamente en la narración, una vez llegaron al Sinaí: Moisés subió al monte a encontrarse con Dios, que le contesta desde el mismo lugar, y le dice: «Así dirás a la casa de Jacob y anunciarás a los hijos de Israel: "Vosotros visteis lo que hice con los egipcios, y cómo os tomé sobre alas de águila y os he traído a mí. Ahora, pues, si dais oído a mi voz y guardáis mi pacto, vosotros seréis mi especial tesoro sobre todos los pueblos, porque mía es toda la tierra. Vosotros me seréis un reino de sacerdotes y gente santa". Estas son las palabras que dirás a los hijos de Israel» (Ex 19:3b-6).

El tema de los pactos ya se ha presentado en narraciones anteriores en el Pentateuco o la Torá. Por ejemplo, la Torá incluye relatos de pactos formales de Dios con Abraham (Gn 15), Isaac (Gn 26) y Jacob (Gn 28); y, además, presenta una serie de bendiciones divinas que tienen alguna dimensión de alianza, como a Adán y Eva (Gn 1:25-26), y a Noé (9:1-7).

La palabra hebrea que tradicionalmente se traduce como «pacto» o «alianza» es *berit*, que transmitía inicialmente la idea de «cadena», «grillete» o «eslabón», expresión que se utilizó con el tiempo para describir las responsabilidades que emanaban de los acuerdos entre dos partes. De esa forma, *berit* llegó a representar el concepto de pacto o alianza, que en las Sagradas Escrituras tiene una importancia capital, pues es Dios quien entabla esos acuerdos con la humanidad, particularmente con Israel.

En las Escrituras, la palabra *berit* describe contratos de igualdad social y política, como el de Jacob y Labán (Gn 31:44), la relación entre David y Jonatán (1 S 18:3), el acuerdo de paz entre Abraham y los amoritas (Gn 14:13), y hasta contratos matrimoniales (Pr 2:17; Mal 2:14). También, la misma palabra hebrea se utiliza para representar los tratados oficiales entre reyes y naciones (1 R 5; 20:34). Sin embargo, el nivel óptimo de las relaciones descritas por *berit* es la alianza o pacto que Dios establece con su pueblo.

El pacto o la alianza por excelencia en la Biblia es el que se establece entre Dios y su pueblo, o con representantes del pueblo. Este el particular caso de los acuerdos o estipulaciones ofrecidas o impuestas entre una parte superior con otra de inferior nivel o categoría. Dios se presenta ante el pueblo y se compromete solemnemente a actuar de forma liberadora para terminar de manera extraordinaria con el cautiverio de los israelitas, que provenían de la administración opresora del faraón de Egipto (Ex 19:4). Por su parte, el pueblo reconoce que el Señor es su Dios y soberano, y se compromete a cumplir fielmente sus mandatos y ordenanzas (Ex 19:8; 24:3).

El ambiente social, sicológico y espiritual del pacto es intenso, grato, extenso, desafiante, profundo, inspirador... Como el Señor es un Dios que se revela a la nación y a los individuos, la alianza adquiere algunos perfiles íntimos, emocionales, espirituales, personales... Y aunque la relación no es entre iguales, Dios está comprometido con honrar su parte del pacto si el pueblo manifiesta lealtad y obediencia a los mandamientos. De acuerdo con la revelación del Sinaí (Ex 19:4), si el pueblo escucha la voz divina y obedece sus estipulaciones, entonces se convertirá en una posesión particular y personal de Dios entre las naciones de la humanidad. Y esa propiedad exclusiva y personal –o «especial tesoro» divino (Ex 19:5)– sugiere la idea de algo magnífico, hermoso, valioso, querido, preciado, precioso que Dios reserva con especial cuidado para sí (Dt 7:6; 14:2; 26:18; Sal 135:4; Mal 3:17; Tit 2:14).

La percepción que el pueblo de Israel tiene de este particular y extraordinario pacto es la de un tipo de acuerdo que no puede disolverse, que se fundamenta en el amor y la gracia divina, que orienta las formas diarias de vida, tanto individual como colectiva, y que requiere obediencia, fidelidad y respeto. En efecto, de acuerdo con la teología del pacto, Dios se compromete a proteger al pueblo no solo de los enemigos externos e internos, sino de las calamidades nacionales y personales, incluyendo las enfermedades, pues se revela como el Dios sanador (Ex 15:26). Además, las características fundamentales de ese Dios de pactos son las siguientes: es misericordioso, fuerte, piadoso, compasivo, fiel, verdadero, perdonador y justo (Ex 34:6-7).

El objetivo del pacto divino es hacer del pueblo de Israel un reino de sacerdotes y una comunidad de gente santa (Ex 19:6). El propósito de Dios en el Sinaí es transformador y formativo. Se pone de manifiesto en las narraciones del éxodo no solo la liberación nacional de la esclavitud del imperio egipcio, sino que se afirma que la revelación divina tiene como finalidad fundamental cambiar las actitudes comunes del pueblo y hacer que los israelitas vivan a la altura de una serie de importantes y significativos valores religiosos, descritos principalmente como funciones sacerdotales, que se asocian, a su vez, con el importante tema de la santidad. Está claramente presente en el relato bíblico no solo la dimensión política y social de la salida del país de Egipto, sino que se revela con fuerza y vigor el importante y necesario componente espiritual y moral, absolutamente requerido en todo proceso de liberación integral en la vida.

La lectura cuidadosa de la narración del Sinaí pone en evidencia clara el carácter litúrgico, los detalles cúlticos, la dimensión religiosa de los procesos (Ex 19:7-25). Se llama a los ancianos, se lleva a efecto una asamblea, el pueblo acepta las instrucciones y afirma el mensaje de Moisés y, posteriormente, el líder israelita regresa ante la presencia divina a informar de lo sucedido.

Y en medio de ese particular contexto religioso es donde se brindan algunos detalles adicionales de gran importancia teológica y ritual en la revelación: el pueblo debe prepararse de forma adecuada para la revelación, que demostraría el poder divino a la vista de la comunidad. La preparación incluía el lavar los vestidos, lo que no solo era un criterio de higiene personal, sino también un símbolo del respeto que se debía tener a la dignidad de Dios (Ex 19:10); tampoco debían acercarse ni tocar el monte Sinaí hasta que se les dieran las instrucciones finales al tocar la trompeta, la bocina o el *shofar*, lo que confirma el extraordinario carácter ceremonial de las instrucciones (Lv 25:9; Jos 6:34; 2 S 6:15; Sal 47:5).

A los tres días, la revelación extraordinaria de Dios incluyó truenos, relámpagos, nubes densas, humo, temblores de tierra y sonidos fuertes de trompetas, lo cual generó en el pueblo gran temor, símbolos escriturales de teofanías maravillosas. Y en medio de toda esta gran revelación, Dios descendió a la cima del monte y llamó a Moisés para brindarle algunas instrucciones adicionales para la salud y seguridad del pueblo: los sacerdotes debían santificarse, el pueblo debía mantenerse en su lugar y Aarón podía acompañar a Moisés a la cima del monte (Ex 19:21-25).

En efecto, el ambiente teológico, social, cultural, litúrgico y espiritual estaba ya adecuadamente preparado para brindarle a la humanidad los «Diez Mandamientos» (Ex 20:1-17), que constituyen un legado extraordinario de virtudes éticas, morales y espirituales. Estos mandamientos contienen el corazón de la Ley divina revelada a Moisés en el monte Sinaí.

Los pactos en la Antigüedad

La comprensión adecuada de la naturaleza y las implicaciones del concepto y la teología del pacto o alianza en la Biblia requiere que se analice el mundo general de los acuerdos en la Antigüedad, particularmente en las sociedades vecinas de Israel. En torno a esos acuerdos antiguos se han descubierto varios ejemplos que revelan bastante información referente a la estructura y contenido de estos contratos y acuerdos. De particular importancia son los tratados hititas (*c.* 1400-1200 a. C.) y los del imperio asirio, que provienen de los s. VIII y VII a. C.

Generalmente, los tratados internacionales son de dos tipos: el primero es entre países y reyes que están en paridad de poder y autoridad, como es el caso del tratado de paz entre el faraón Ramsés II y el rey hitita Hattusili (*c.* 1290 a. C.); el segundo se produce cuando una de las partes tiene poder sobre la otra y el acuerdo pone de manifiesto esas diferencias con declaraciones de honor en torno al más poderoso y regulaciones y responsabilidades para el más débil de los contratantes. Y este segundo tipo de tratado es el que puede relacionarse con los pactos bíblicos entre Dios y su pueblo.

Aunque los propósitos y la esencia de los diversos tratados y acuerdos antiguos varían, por la naturaleza de las responsabilidades, la finalidad del pacto, la época en que se producen y la cultura y nación que los suscribe, de la lectura cuidadosa de esos documentos legales se puede identificar una serie importante de características comunes. Algunas de esas características también se manifiestan en la alianza y pacto de Dios con Moisés y los israelitas en el monte Sinaí.

A continuación se incluyen algunas características de las estructuras de los acuerdos hititas:

- El preámbulo, en el cual el rey o señor presenta su nombre y su título de honor.
- El prólogo histórico, en el cual se presentan los actos heroicos, bondadosos, misericordiosos y extraordinarios del rey hacia la parte inferior del tratado.
- Las responsabilidades, demandas y estipulaciones, en las cuales se identifican las responsabilidades de cada parte contratante, y en las que se exageran las virtudes del rey y se destacan las limitaciones de la parte vasalla del acuerdo.
- Se identifica un lugar para guardar las copias del tratado y se indican las fechas para su lectura pública.
- Se incluye, además, una lista de los testigos del pacto, que sirven de garantía para que se cumplan los acuerdos; generalmente se incorporan en esta sección las divinidades de ambas partes del acuerdo.
- Y, finalmente, se añade una lista, que puede ser bastante extensa, de bendiciones, si se cumplen las estipulaciones, y de maldiciones, si se desobedecen los acuerdos.

En la revelación divina en el monte Sinaí, se pueden identificar algunas de esas características literarias y temáticas. Por ejemplo, el preámbulo y el prólogo, en los cuales Dios mismo presenta los propósitos teológicos fundamentales y el objetivo del pacto, pueden descubrirse, sin mucha dificultad, en Éxodo 19:3-6 y 20:2. En los Diez Mandamientos (Ex 20:1-17), y también en el llamado «Código del pacto» (20:22-23:19), se encuentran los reclamos divinos y las estipulaciones de la alianza. El pacto se escribió en tablas de piedra para poner de manifiesto la permanencia del acuerdo y su uso público. Y, en vez de bendiciones y maldiciones de diferentes divinidades, el pacto de Dios con su pueblo pone de manifiesto una serie de señales y signos divinos que respaldan el acuerdo, como los truenos y los relámpagos (Ex 19:16-19; 20:18-20).

Estas mismas características estilísticas y filosóficas se revelan también en el libro de Deuteronomio, en el cual Moisés presenta el pacto con un estilo predominantemente discursivo y homilético, casi como un sermón; y también en la magna asamblea que organizó Josué con el pueblo en Siquem (Jos 24), en la cual se renueva la alianza o pacto en el Sinaí.

Además de tratados nacionales e internacionales, la arqueología ha recuperado algunos códigos legales de países vecinos de Israel. Uno de esos documentos, quizá el más importante, que se encontró en la antigua ciudad de Susa, es el Código de Hammurabi. Las leyes que se incluyen en ese interesante código se relacionan con el famoso legislador antiguo (*c.* 1732-1680 a. C.), Hammurabi, que catalogó una serie de 282 leyes que tienen algún parecido con las que se incluyen en la Biblia.

El documento de Hammurabi se escribió en una piedra negra, y comienza con una figura del rey orando ante el dios babilónico de la justicia: Shamash. El texto cubre muchos aspectos legales que también se atienden en la Ley mosaica y demuestra las preocupaciones del rey en torno al tema de la justicia en su administración y gobierno. Tanto entre los babilónicos como entre los israelitas, se manifiesta un serio deseo por la implantación de la justicia, que era una de las responsabilidades primordiales del rey.

Los Diez Mandamientos

La revelación de los Diez Mandamientos se produce en ese extraordinario ambiente. De un lado, la naturaleza toda estaba alterada ante la manifestación extraordinaria de Dios; y, del otro, los acuerdos de Dios con su pueblo guardan relación estructural y temática con otros pactos y acuerdos descubiertos en el antiguo Oriente Medio.

En el idioma hebreo, los llamados «Diez Mandamientos» se conocen como «las diez palabras» (Ex 34:28; Dt 4:13; 10:4), y, en esta sección de Éxodo, constituyen las únicas revelaciones divinas pronunciadas directamente por Dios (Ex 20:1), sin la intervención de Moisés u otro interlocutor humano, como en casos posteriores (Ex 21:1; 25:1). Y de la traducción al griego de esa expresión en la Septuaginta (LXX), es que proviene el término «Decálogo», que es tan común en castellano para identificar y referirse a los Diez Mandamientos.

En esta revelación, el Señor se presenta a sí mismo como el único Dios salvador, libertador y celoso, que demanda no solo la credulidad filosófica del pueblo, sino que se aplique en los estilos de vida concretos de la comunidad, la comprensión y la aplicación de estas extraordinarias enseñanzas éticas, morales y espirituales. Otra versión de estos mandamientos, con algunas variantes, se encuentra en el Deuteronomio (Dt 5:6-21).

En el libro de Éxodo, por ejemplo, el Decálogo se incorpora al comienzo de la revelación de las leyes dadas por Dios en el monte Sinaí (Ex 19:1-Nm 10:10); y en el Deuteronomio, sin embargo, esos Diez Mandamientos forman parte del importante discurso de Moisés en Moab, antes de que los israelitas cruzaran el río Jordán para entrar en la tierra prometida (Dt 1:5). Esas estipulaciones y enseñanzas ponen de relieve los deberes básicos de la comunidad ante Dios y también ante el prójimo, y, además, revelan y subrayan una vez más la importancia de relacionar íntimamente el compromiso con Dios con el respeto a la dignidad de las personas. La justicia no es un tema ajeno a esta revelación, sino que se convierte en un eje central de la revelación divina.

Los Diez Mandamientos, que constituyen una pieza fundamental e indispensable de los valores espirituales, la ética religiosa y la moral judeocristiana, son los siguientes:

• No tendrás dioses ajenos delante de mí (Ex 20:3).
• No te harás imagen ni ninguna semejanza de lo que esté arriba en el cielo, ni debajo de la tierra, ni en las aguas debajo de la tierra (Ex 20:4-6).
• No tomarás en nombre de Jehová, tu Dios, en vano (Ex 20:7).
• Acuérdate del sábado, para santificarlo (Ex 20:8-11).
• Honra a tu padre y a tu madre (Ex 20:12).

- No matarás (Ex 20:13).
- No cometerás adulterio (Ex 20:14)
- No hurtarás (Ex 20:15).
- No dirás contra tu prójimo falso testimonio (Ex 20:16).
- No codiciarás (Ex 20:17).

Luego del Decálogo, las narraciones del Éxodo presentan las respuestas de asombro y temor del pueblo ante las manifestaciones extraordinarias de Dios (Ex 20:18-26) y una serie de leyes de carácter social, moral y religioso que se conocen generalmente como el «Código del pacto» (Ex 24:7). Estas regulaciones presuponen una sociedad no compleja en la cual, por ejemplo, cohabitan en armonía las dinámicas de la ganadería (Ex 22:5) con la agricultura (Ex 22:6).

Esta sección incluye un grupo de leyes que intentan identificar los límites de la sociedad; son las siguientes:

- En torno a los esclavos (Ex 21:1-11).
- Sobre los actos violentos (Ex 21:12-25).
- Referente a las responsabilidades de los amos (Ex 21:26-36).
- En torno a las restituciones (Ex 22:1-15).
- Leyes humanitarias (Ex 22:16-23:13).
- Sobre las tres fiestas anuales: de los Panes sin levadura, de la Siega, y de la Cosecha (Ex 23:14-19).

Para culminar la sección del monte Sinaí (Ex 19:1-24:18), la narración incorpora una serie de palabras de esperanza y seguridad para cuando el pueblo reinicie su viaje a la tierra prometida. Se incluye una particular promesa divina de enviar al ángel del Señor para que los guarde en el camino, los proteja de las enfermedades y les evite las dificultades que puedan aparecer cuando se encuentren con otros pueblos (Ex 23:20-33). El signo de Dios con su pueblo ya no será las columnas de humo y de fuego (Ex 12:2122), sino el ángel, que es una manera figurada de aludir a la misma presencia divina. Además, la sección incluye una reseña final de las reacciones del pueblo, Aarón y Moisés ante la revelación divina.

De acuerdo con las Escrituras, Moisés subió al monte Sinaí y permaneció con Dios por cuarenta días y cuarenta noches, lo que es signo de la plenitud en el diálogo y la educación divina al líder de los israelitas (Ex 24:1-18). El pueblo no podía acercarse, pero decidió obedecer los mandatos divinos (Ex 24:3), y, según el texto bíblico, Moisés y Aarón, Nabad y Abiú, y los setenta ancianos, subieron al monte y «vieron al Dios de Israel» (Ex 24:9), sin morir (Ex 24:11), lo que era signo de una manifestación adicional y extraordinaria de la misericordia divina.

Principales pactos de Dios en la Biblia

- Noé (Gn 9:8-17): establecido con Noé y sus descendientes. Es una promesa divina incondicional de no volver a destruir la tierra con otra catástrofe como el diluvio; la señal del pacto fue el arcoíris.

- Abraham (Gn 15:9-21): establecido con el patriarca y sus descendientes. Se le promete una tierra de forma reiterada y su fe le fue contada como justicia.

- Abraham (Gn 17): establecido con el patriarca y sus descendientes. Y fue condicionado a que se reconociera al Señor como único Dios; la circuncisión fe la señal de este pacto.

- En el Sinaí (Ex 19-24): establecido por Dios con el pueblo de Israel, por ser descendientes de Abraham, Isaac y Jacob, y por haber sido liberados de la esclavitud de Egipto.

- Con Finees (Nm 25:10-13): establecido con el sacerdote Finees y su familia para que provean un sacerdocio perpetuo y fiel al pueblo de Israel.

- Con David (2 S 7:5-16): establecido con el rey David para perpetuar su dinastía en el trono de Israel y para establecer un reino de paz y justicia (1 R 4:20-21; 5:3-4).

- En nuevo pacto (Jer 31:31-34): se le promete al pueblo de Israel un nuevo pacto que superara las dificultades del anterior; se escribiría en el corazón del pueblo en vez de en las tablas de piedra de Moisés.

Leyes para la construcción del Tabernáculo

Esta sección del libro del Éxodo incluye una serie de regulaciones y leyes referentes a la construcción del Tabernáculo y las reglamentaciones específicas de los utensilios usados en el culto a Dios, particularmente en torno al Arca del testimonio (Ex 25:1-31:17). Posteriormente, en el libro se indica cómo se llevaron a efecto estos preparativos y se pusieron en práctica las indicaciones (Ex 35:1-40:38). Ambas narraciones identifican los elementos esenciales para la vida del pueblo en el ambiente del desierto. Y las repeticiones entre estas narraciones son las formas antiguas de afirmar la importancia de algún tema.

La primera estipulación divina fue colectar una ofrenda voluntaria para apoyar financieramente el proyecto de construcción. Y esa ofrenda podía ser de piedras preciosas, pieles, aceites, especias e incienso (Ex 25:3-7), que eran materiales de un buen valor fiscal y de una gran virtud cúltica.

Entre las leyes para la construcción del Tabernáculo, se encuentran también una serie importante de regulaciones que tienen que ver con los siguientes asuntos:

- El Arca del testimonio (Ex 25:16, 22), que era el símbolo de la presencia de Dios en medio de su pueblo; era una especie de cofre sagrado, cubierto en oro por dentro y por fuera, que contenía las Tablas de la Ley, según había sido revelada a Moisés en el monte Sinaí (Ex 25:1-22). El Arca incluía el propiciatorio (Ex 25:17), que simbolizaba el perdón, y dos querubines (Ex 25:20), que representaban la protección y cobertura de Dios a sus leyes y mandamientos. Con la destrucción del Templo en el 586 a. C. a manos de los ejércitos babilónicos, el Arca finalmente desapareció.
- La mesa para el pan de la proposición (Ex 25:23-30) debía ser de madera de acacia recubierta de oro y, junto a la mesa, debían estar los utensilios; por ejemplo, platos, cucharas, tazones… también de oro. Esta mesa era signo de la presencia divina.
- El candelabro de oro, que en hebreo es *menorah*, tenía seis brazos y el centro para colocar las siete lámparas de aceite

de oliva (Ex 25:31-40). No solo era útil para la claridad del tabernáculo, sino que, con el numeral siete, es signo y apunta hacia la perfección en la iluminación divina. El aceite para las lámparas debía ser puro (Ex 27:20-21) y era responsabilidad primordial del sacerdocio, específicamente de Aarón y sus hijos, mantener encendidas las llamas del candelabro.

- El Tabernáculo, al cual también se alude como santuario o lugar de reunión, tiene algunas similitudes con el Templo de Jerusalén (Ex 26:1-37). Incluía una cortina interior que dividía el lugar santo del espacio santísimo (Ex 26:33). En el lugar santo se encontraban la mesa del pan de la proposición (Ex 25:23-30; 37:10-16), el candelabro de oro (Ex 25:31-40; 37:17-24) y el altar para quemar el incienso (Ex 31:1-10; 37:25-28). En el espacio santísimo solo estaba el Arca del pacto (Ex 25:10-22; 37:1-9), que constituía el símbolo supremo e indispensable de la misma presencia de Dios en su pueblo. Este santuario era esencialmente portátil, pues debía acompañar a los israelitas en su peregrinar por el desierto hasta llegar a las tierras de Canaán (Nm 4:15, 24-26, 31-32). Era principalmente un lugar de reunión, pues Dios se manifestaba en el Tabernáculo a su pueblo, y también era el entorno donde Moisés podía ser directamente consultado (Ex 40:34-38).

- El altar de bronce era el lugar para ofrecer los holocaustos y las ofrendas que se quemaban ante el Señor (Ex 27:1-8). Constituía el objeto más importante del atrio del Tabernáculo, pues preparaba simbólicamente todo el proceso litúrgico de las celebraciones. Los llamados «cuernos del altar» eran las terminaciones de las esquinas, o elongaciones, que salían hacia arriba asemejando a unos cuernos, lo que en el Oriente Medio era símbolo de fuerza y vitalidad; además, servían como símbolo de protección.

- El atrio del Tabernáculo (Ex 27:9-21) alude al patio o al espacio sagrado alrededor del lugar de reunión donde se encontraban el altar de bronce, para los sacrificios y los holocaustos, y donde estaba ubicada también la fuente de bronce (Ex 30:17-22), que servía fundamentalmente para las purificaciones rituales y la limpieza física antes de comenzar las ceremonias.

- Las vestiduras de los sacerdotes eran signos adecuados de la naturaleza especial de las responsabilidades que llevaban a efecto (Ex 28:1-43). Las vestiduras de Aarón eran dignas de un sumo sacerdote, por la naturaleza particular de sus labores cúlticas: incluía el efod, que era un tipo peculiar de chaleco litúrgico, y el pectoral, que se usaba sobre el efod, y contenía una bolsa para llevar el *Urim* y el *Tumim*, que eran los instrumentos sacerdotales para consultar a Dios y descubrir la voluntad divina en torno a los diversos asuntos sobre los cuales eran consultados por el pueblo (Ex 28:30).
- El altar del incienso estaba en el lugar santo y era de madera de acacia cubierto en oro (Ex 30:1-10). Lo utilizaba Aarón en las mañanas y en las noches para quemar el incienso al encender las lámparas del candelabro de oro.

Las instrucciones relacionadas con la construcción del Tabernáculo también incluyen varias referencias importantes y significativas en torno a los siguientes temas: la consagración de los sacerdotes (Ex 29:1-37), con las ceremonias propias de su purificación; las regulaciones de las ofrendas diarias (Ex 29:38-46); las especificaciones económicas y litúrgicas referentes al censo de Moisés, con la ofrenda que se llevaba para agradar al Señor (Ex 30:11-17); los detalles de las especies aromáticas necesarias para la preparación del aceite de la santa unción, para ungir el Tabernáculo, el Arca, la mesa con los utensilios y la fuente de bronce (Ex 30:22-38), y también para ungir a Aarón y sus hijos; se identifican, además, a las personas Bazaleel y Aholiab, llenas del espíritu de Dios, que, con gran capacidad, sabiduría, inteligencia, ciencia y arte, debían diseñar todo lo relacionado con las instrucciones divinas referentes al Tabernáculo (Ex 31:1-11); y finalmente, en esta sección, se incluyen unas directrices teológicas importantes para la celebración del día de reposo (Ex 31:12-17).

Todas estas regulaciones se presentan en el contexto de la revelación divina a Moisés en el monte Sinaí. Las instrucciones que se imparten y las leyes que se afirman intentan brindarle al pueblo el sentido de comunidad sacerdotal de la cual se habló como parte de las instrucciones iniciales al pueblo de Israel (Ex 19:5). La salida y liberación de Egipto generó las dinámicas pertinentes para desarrollar este importante concepto de pueblo santo, que realmente significa consagrado por Dios para cumplir la voluntad divina.

Y en torno a estos mismos temas, la sección final del libro presenta la narración de cómo fueron ejecutadas las órdenes de construcción del Tabernáculo (Ex 35:1-40:38), que culmina con la gloria divina que llena el lugar de reunión. Las frases finales destacan la grandeza del poder divino, que inclusive le impedía a Moisés entrar al Tabernáculo, porque la nube del Señor estaba en el lugar. El pueblo marchaba a la tierra prometida de acuerdo con el movimiento de esa nube, que representaba la presencia misma de Dios con su pueblo.

El becerro de oro

Luego de la revelación en el monte Sinaí, y de las instrucciones posteriores, la narración bíblica retoma el tema que había dejado previamente en el libro (Ex 24:18). En esta nueva sección (Ex 31:18-34:35) se pone en clara evidencia la ruptura del pacto y su posterior renovación (Ex 34:10). El pueblo demostró una vez más su incapacidad para mantenerse fiel a Dios, mientras el Señor puso de relieve nuevamente el poder de su gran misericordia y su persistente amor, que supera sus deseos de juicio y castigo hacia la humanidad. El propósito teológico de la sección es demostrar que la voluntad divina no se detiene por las inconsistencias y los pecados humanos.

El relato de la construcción del becerro de oro juega un papel de gran importancia en la narración (Ex 31:18-32:35). Aunque el pueblo es el que inicia el proceso de rebeldía e infidelidad, al notar que Moisés se tardaba en regresar del monte Sinaí (Ex 32:1), el relato atribuye a Aarón un nivel importante de responsabilidad. El problema es doble: como Moisés se tardaba, a quien aluden de forma despectiva, los israelitas pensaban que le había podido pasar algo; por otro lado, necesitaban divinidades que fueran frente a ellos (Ex 32:1) símbolos físicos que pudieran ver y tocar si fuera necesario.

Y como respuesta a la petición del pueblo, Aarón ordena la construcción de un becerro de oro, con los aretes y zarcillos de oro del pueblo, particularmente de las mujeres y de sus hijos e hijas. De acuerdo con la narración, fue Aarón mismo quien construyó la imagen y quien la confundió posteriormente con la misma presencia del Dios que los había sacado de Egipto (Ex 32:5). Ese tipo de sincretismo religioso era muy común en las religiones paganas (Ex 32:4), pero inaceptable por los códigos legales de la Torá, particularmente por el Decálogo (Ex 20:1-6).

La imagen del toro en el Oriente Medio antiguo era símbolo de vitalidad, fuerza y poder, y representaba la fecundidad en nivel óptimo. En las narraciones del Éxodo, a esta particular imagen de oro se le denomina becerro, quizá de forma despectiva, para disminuirlo y ridiculizarlo, para subrayar su incapacidad ante el Dios libertador de los israelitas.

Para contrarrestar la naturaleza del becerro de oro con la capacidad divina, el relato indica que las tablas de la revelación divina en el Sinaí que trajo Moisés del monte estaban escritas con «el dedo de Dios» (Ex 31:18); en efecto, se subraya que es la misma escritura divina la que aparece grabada sobre las Tablas de la Ley. Esa es una manera teológica de poner de manifiesto la superioridad de Dios y la incapacidad de acción del becerro creado por Aarón y los israelitas.

En el relato se contraponen las actitudes y responsabilidades de Aarón y Moisés, quien puso de manifiesto una vez más su poder de intercesión ante Dios (Ex 32:9-14). Aarón se muestra esquivo, no quiere asumir su responsabilidad en el proceso idolátrico (Ex 32:2224). La intervención de Moisés, sin embargo, logró que el Señor no destruyera al pueblo, fundamentado en su compromiso y promesas a los antiguos patriarcas de Israel y para reafirmar sus actos de liberación de las tierras del faraón.

Cuando Moisés se encontró cara a cara con las actitudes idólatras y profanas del pueblo, rompió las Tablas de la Ley, lo que era una manera de decir que el pacto quedaba invalidado y que terminaba de forma definitiva el compromiso divino con el pueblo (Ex 32:19). Además, destruyó la imagen del becerro de oro, la hizo polvo, la mezcló con agua y se la hizo tomar al pueblo (Ex 32:20-21). Era una forma de hacerlos responsables de sus actos y eliminar todo rastro de la imagen del becerro y de la idolatría en el pueblo.

Luego del incidente de la idolatría, las narraciones bíblicas del libro de Éxodo destacan las buenas relaciones entre Dios y Moisés (Ex 33:1-22). El idioma del relato es eminentemente teológico y figurado: Dios habla con Moisés «cara a cara» (Ex 33:11) y también le permite ver su gloria, aunque sea solo un resplandor de su poder (Ex 33:1823). Esa intimidad es la que le permite a Moisés funcionar efectivamente como un intercesor del pueblo ante Dios.

En efecto, esas buenas relaciones con el Señor fueron las que motivaron a Moisés a no aceptar el ofrecimiento divino del ángel para que les acompañara el resto del viaje. El famoso libertador y legislador hebreo le dijo a Dios, con valentía y determinación: «Si tú no vienes con nosotros, no nos saques de aquí»; es decir, la compañía imprescindible para el éxito del peregrinar a la tierra prometida es directamente la de Dios (Ex 33:15).

Y esa actitud firme y segura de Moisés es la que propició el ambiente adecuado para la renovación del pacto (Ex 34:1-9). En esta ocasión, sin embargo, es Moisés quien debe escribir los mandamientos en las tablas (Ex 34:1), en contraposición con las tablas anteriores que fueron escritas directamente por Dios, según el testimonio bíblico. En el pacto renovado se destacan las advertencias contra la idolatría en Canaán (Ex 34:10-17), se repiten las instrucciones en torno a los festivales anuales (Ex 34:18-26), particularmente las fiestas del Pan sin levadura, de las Semanas, de las Primicias y de las Cosechas, y finalmente se alude a las tablas que escribió Moisés y a su particular «rostro resplandeciente», lo que es ciertamente un reflejo de la gloria divina (Ex 34:27-35).

7

❁ El libro de Levítico

*Habló Jehová a Moisés y le dijo: «Habla a toda la
congregación de los hijos de Israel y diles: "Santos
seréis, porque santo soy yo, Jehová, vuestro Dios"».*

LEVÍTICO 19:1-2

El libro y los levitas

El nombre del libro de Levítico, que es el tercer libro de la Biblia y de la Torá o Pentateuco, proviene de la traducción griega de las Escrituras, la Septuaginta (LXX), que deseaba subrayar, desde sus mismos comienzos, la importancia de los levitas y sus gestiones cúlticas. Estos levitas eran las personas responsables de los diversos asuntos y detalles relacionados con el culto, los sacrificios y las regulaciones litúrgicas en el pueblo. La traducción hebrea del libro es *wayiqrá*, que significa «y llamó» que, además de ser la primera palabra del manuscrito, pone de relieve y destaca que Moisés fue llamado por Dios, desde el Tabernáculo de reunión, para orientar a la comunidad en torno a las ofrendas (Lv 1:1-2).

A los miembros de la antigua tribu de Leví, durante la repartición de las tierras al llegar a Canaán, de acuerdo con estas narraciones escriturales, en vez de recibir territorios específicos que se convertirían con el paso del tiempo en su heredad, se les asignaron cuarenta y ocho ciudades esparcidas entre las otras tribus para que las habitaran (Lv 25:32-34; Nm 35:2-8; Jos 21:1-42; 1 Cr 6:54-81). Y entre esas ciudades levíticas se encuentran las importantes ciudades de refugio (Jos 20:1-9), que eran lugares donde algún homicida involuntario podía refugiarse para evitar los riesgos de las llamadas venganzas de sangre.

El propósito de asignarle ciudades a los levitas se relaciona posiblemente con la naturaleza y dignidad de las responsabilidades que se les había comisionado. Los levitas serían los custodios primordiales de las tradiciones religiosas y se dedicarían al servicio a Dios y a los asuntos cúlticos, con sus respectivas implicaciones administrativas, económicas, familiares, éticas y morales. Esas responsabilidades fueron aún más necesarias e importantes luego de la inauguración del Templo, cuando se centralizaron las ceremonias religiosas y los sacrificios en la ciudad Jerusalén.

El libro de Levítico es un cuerpo de regulaciones sacerdotales minuciosas que manifiesta gran coordinación, orden y prioridades. Es una obra que destaca las estipulaciones legales, las regulaciones del culto y la naturaleza religiosa del pueblo, alrededor de las cuales giraba la vida diaria de la comunidad israelita. Y su lectura no es necesariamente fácil por la naturaleza legal del contenido, por el estilo repetitivo de algunas de sus expresiones técnicas y por las distancias históricas, sociales y culturales que nos separan de este tipo de actividades religiosas.

Importancia de la consagración

El principio teológico básico y rector del libro de Levítico es establecer una comunidad completamente consagrada al servicio del Señor. Por esa razón fundamentalmente religiosa, todo lo relacionado con el culto –p.ej., las vestiduras de los sacerdotes, los instrumentos del culto y los sacrificios, las diversas ofrendas, la celebración de las fiestas, y los diferentes tipos de sacrificios— debía estar plenamente consagrado al Señor.

En efecto, de la lectura cuidadosa de esta importante obra sacerdotal se desprenden y ponen de manifiesto muchas de las prácticas religiosas del pueblo de Israel. Y esas actividades cúlticas superan los tiempos y la época del desierto, pues incluyen regulaciones litúrgicas que presuponen un lugar permanente y centralizado de culto, con sus sistemas de sacrificios y ofrendas organizados que aluden al período monárquico, cuando se erigió el Templo en Jerusalén

El análisis de los requerimientos necesarios para mantener todos estos complejos sistemas de sacrificios en operación, en efecto, presupone un grupo grande personas y demanda una cantidad enorme de animales, que era prácticamente imposible criar en el desierto. Es importante entender, sin embargo, que las festividades anuales, los sacrificios de animales y las ceremonias para expiar pecados y administrar el perdón a la comunidad se remontan a tiempos muy antiguos en la historia del pueblo de Israel. Por estas razones sociológicas, históricas y teológicas, los grupos sacerdotales que revisaron todas estas regulaciones religiosas y leyes cúlticas luego del exilio en Babilonia entendieron que debían relacionarlas directamente con Moisés y la revelación en el monte Sinaí.

Estructura y temas de importancia

El estudio ponderado del libro de Levítico pone de relieve una singular estructura literaria que alterna las narraciones de la vida del pueblo con las regulaciones legales. Y esa combinación literaria y temática muestra claramente el gran propósito teológico y espiritual del libro, pues manifiesta la progresión de los temas y la administración de las diversas ceremonias hasta llegar al corazón de todas sus regulaciones cúlticas y sus presupuestos teológicos: el Señor mismo requiere que el pueblo sea santo para que viva y demuestre la verdadera naturaleza y esencia divina (Lv 19:1-2). Esta es una manera singular de relacionar toda esta obra sacerdotal con el propósito de la revelación de Dios en el monte Sinaí, en donde se indica claramente que el pueblo de Israel debería convertirse en una nación sacerdotal y en un pueblo santo (Ex 19:5-6).

El principio teológico básico y rector del libro de Levítico es establecer una comunidad completamente consagrada al servicio del Señor. Por esa razón fundamentalmente religiosa, todo lo relacionado con el culto –p. ej., las vestiduras de los sacerdotes, los instrumentos del culto y los sacrificios, las diversas ofrendas, la celebración de las fiestas, y los diferentes tipos de sacrificios– debía estar plenamente consagrado al Señor. De esa forma, los creyentes se acercaban a Dios para participar de las ceremonias religiosas –p. ej., de adoración o expiación–, a la vez que entendían la importancia espiritual y social de esas mismas celebraciones. Para los sacerdotes era necesario afirmar que la santidad tiene repercusiones contextuales en la vida diaria de los individuos y las familias, y en las dinámicas sociales de la comunidad y la nación.

La estructura literaria y temática del libro de Levítico puede ser entendida de la siguiente forma:

- Regulaciones legales: diversos tipos de sacrificios (Lv 1:1-7:38).
- Narraciones: consagración de los sacerdotes (Lv 8:1-10:20).
- Regulaciones legales: leyes sobre la pureza e impureza (Lv 11:1-15:33).
- Narraciones: establecimiento día de la expiación (Lv 16:1-34).
- Regulaciones legales: código de santidad (Lv 17:1-26:46).
- Narraciones: regulaciones en torno a los votos y las promesas a Dios (Lv 17:134).

Las regulaciones legales se preocupan principalmente con el comportamiento adecuado del pueblo mientras participa en las diversas ceremonias y actividades religiosas. De singular importancia, en torno a este tema, son las listas de los tabús relacionados con la alimentación y las enfermedades. Las narraciones, por su parte, le brindan a la obra el entorno sicológico y sociológico adecuado, al presentar las diversas razones para llevar a efecto esas particulares ceremonias, además de añadir el elemento indispensable de las vivencias del pueblo. En las secciones narrativas se pone de relieve una vez más la importancia de Moisés en el proceso de revelación divina.

La finalidad teológica de Levítico

En este singular libro se recogen todas esas importantes leyes y regulaciones sacerdotales. La finalidad teológica es que el pueblo de Israel no solo conozca esa importante legislación nacional sino que la ponga en práctica. El propósito educativo del libro es la comunión con Dios, que se manifiesta de forma práctica y concreta en la decisión y actitud del pueblo de guardar, cumplir y afirmar los mandamientos y los preceptos divinos (Lv 18:5). Esas leyes en torno a los sacrificios, el sacerdocio, la pureza e impureza ritual, y particularmente sobre las normas e implicaciones de la santidad a Dios, ponen de manifiesto una vez más la intensión teológica y religiosa del libro: ¡Un Dios santo demanda santidad de su pueblo!

La experiencia religiosa y de identidad nacional del pueblo de Israel, según las Sagradas Escrituras, nace de la revelación divina. En primer lugar, a través de los actos de creación; posteriormente, en las promesas a los patriarcas y las matriarcas de Israel; luego, en el llamado y revelación a Moisés para llegar a través del desierto al monte Sinaí y recibir la Ley. En todo el proceso, las narraciones bíblicas destacan la importancia de la revelación de Dios y enfatizan las dinámicas de las rebeldías humanas y las misericordias divinas.

En el Sinaí, el Señor le dio a Moisés y al pueblo el Decálogo (Ex 20:1-17) y el Código del pacto (Ex 20:22-23:19), y revela la esencia de su voluntad: ¡convertirlos en una comunidad sacerdotal (Ex 19:5-6), lo que tiene una definida y singular finalidad y dimensión ética, moral y espiritual! Y desde el Tabernáculo de reunión, durante el peregrinar por el desierto, se consultaba a Moisés para aclarar algunas de las leyes y regulaciones divinas para su aplicación adecuada y correcta en el pueblo.

En este singular libro se recogen todas esas importantes leyes y regulaciones sacerdotales. La finalidad teológica es que el pueblo de Israel no solo conozca esa importante legislación nacional, sino que la ponga en práctica. El propósito educativo del libro es la comunión con Dios, que se manifiesta de forma práctica y concreta en la decisión y actitud del pueblo de guardar, cumplir y afirmar los mandamientos y los preceptos divinos (Lv 18:5). Esas leyes en torno a los sacrificios, el sacerdocio, la pureza e impureza rituales y, particularmente, sobre las normas e implicaciones de la santidad a Dios ponen de manifiesto una vez más la intención teológica y religiosa del libro: ¡un Dios santo demanda santidad de su pueblo!

Diversos tipos de sacrificios

Como los sacrificios constituían un componente de fundamental importancia en la experiencia religiosa del pueblo de Israel, constituyen el tema inicial del libro (Lv 1:1-7:38). El propósito de esta sección es explicar cómo debían ofrecerse los sacrificios y holocaustos de acuerdo con las diferentes clases y objetivos. Estas ofrendas al Señor eran manifestaciones de la gratitud del pueblo y signos visibles de las actitudes de arrepentimiento para la expiación de los pecados. Se desprende de la lectura cuidadosa de estas regulaciones la seria preocupación espiritual que tenían los sacerdotes y el pueblo referente al importante asunto del perdón de los pecados y las faltas de los individuos y las comunidades.

En esta sección se exponen las regulaciones legales y cúlticas en torno a los siguientes temas:

• Los holocaustos (Lv 1:1-17), que era la ofrenda del sacrificio que se quemaba enteramente en el altar. Solo se excluía en esta ceremonia la piel del animal, que correspondía al sacerdote que oficiaba, y la sangre y las plumas o las entrañas, que eran desechadas. Estas ofrendas, descritas en la Biblia como de «olor grato ante Dios» (Lv 1:17), revelan la adoración y piedad de los creyentes (1 Cr 29:20-21) y se ofrecían como muestras de gratitud a Dios (Sal 66:13-15) para solicitar algún especial favor divino (Sal 20:3-5) o como parte de los ritos de purificación (Lv 12:1-6; 14:19, 21-22; 15:15, 30; 16:24).

La palabra hebrea que se asocia con los holocaustos es *'olah*, que significa «subir», y puede aludir al fuego y al humo del sacrificio que sube hasta la misma presencia de Dios, de acuerdo con las creencias antiguas. Es el sacrificio más mencionado en la Biblia hebrea, y el animal sacrificado (p. ej., ganado mayor o menor, aunque se podía, en casos especiales, sacrificar tórtolas, palomas o pichones) debía ser perfecto o estar en un estado de salud óptimo, pues solo lo mejor se ofrece a Dios.

Como símbolo de la trasmisión de sus pecados, el oferente ponía las manos sobre el animal antes de comenzar los sacrificios: ¡era una forma simbólica del oferente ofrecerse personalmente ante Dios! Cada mañana, y también cada tarde, los sacerdotes ofrecían un cordero en holocausto para el perdón de los pecados del pueblo (Ex 29:38-42).

- Las ofrendas (Lv 2:1-16; 6:7-11) eran una manera de ofrecer sacrificios, ante Dios, de los productos de la tierra, sin derramar la sangre de ningún animal: consistía en cereales y harina. Para evitar la fermentación, considerada inmunda en Israel, se excluían de este tipo de ceremonias la levadura y la miel. La sal en esta ofrenda a Dios es particularmente importante, pues se utilizaba para evitar la descomposición y para afirmar simbólicamente algún pacto o compromiso a largo plazo. Los pactos perpetuos y solemnes se denominaban «pactos de sal» (Nm 18:19).
- En el libro de Levítico se mencionan dos tipos de estas ofrendas, la cruda y la cocida. Una parte se quemaba y pertenecía a Dios; la otra, era para los sacerdotes. Este tipo de ofrenda intentaba mantener los favores divinos.
- Las ofrendas de paz (Lv 3:1-17) también son conocidas como los sacrificios de la reconciliación, propiciaban un ambiente adecuado de comunión y diálogo. Las víctimas, que podían ser ganado vacuno, ovejas o cabras, se presentaban y quemaban en el altar, para agradecer y alabar a Dios o para acompañar algún voto o compromiso del oferente. Las grasas se quemaban y la carne se distribuía entre los sacerdotes y el oferente, con sus familiares y amigos, que debían estar ritualmente puros. El ambiente del sacrificio era de paz y reconciliación (Dt 12:7; 1 S 1:4).
- Las ofrendas por el pecado (Lv 4:1-5:13) y las expiatorias (Lv 5:14-6:7) son difíciles de distinguir con precisión. Algunos estudiosos piensan que se trata del mismo sacrificio identificado con nombres sinónimos, aunque el análisis detallado revela algunas diferencias. Quizá la distinción mayor entre ellos es que en las ofrendas expiatorias el animal sacrificado debe ser un carnero (Lv 6:15-18), además de incluir el elemento de restitución de la deuda.

Este tipo de ofrendas tenía como propósito fundamental restablecer la comunión con Dios, que pudo haberse perdido por algún pecado involuntario, o por algún estado de impureza (Lv 14:19; 15:16; Nm 15:22-29). La transgresión podía ser contra Dios o contra el prójimo (p. ej., Lv 5:21-26). Y el animal del sacrificio dependía del estatus social de oferente (p. ej., sumo sacerdote, todo el pueblo, el líder de un clan o familia, o algún individuo).

Para finalizar esta sección (Lv 1:1-7:38), el libro incluye una serie de detalles, recomendaciones e instrucciones a los sacerdotes, dirigidos específicamente a Aarón y sus hijos, para que lleven a efecto los holocaustos y los sacrificios de forma adecuada (Lv 6:8-7:38). Entre las recomendaciones se incluyen varias instrucciones referentes a los vestidos, el fuego del altar, las formas de disponer de las víctimas y las cenizas, las porciones que corresponden a los sacerdotes y las maneras de presentar las ofrendas. Es una sección de orientación práctica para la administración efectiva de los sacrificios.

Consagración de los sacerdotes

En todo el antiguo Oriente Medio el sacerdocio constituía una institución de vital importancia religiosa, social y política. Inclusive, en algunos lugares (p. ej., Egipto), los sacerdotes servían fundamentados en las responsabilidades delegadas directamente por el faraón. Eran esencialmente oficiales del culto y de lo religioso, que administraban todo lo que estaba relacionado con los santuarios, y servían como representantes del pueblo ante Dios y de Dios ante el pueblo.

En Israel, el sacerdocio es visto como una institución divina. Y sus representantes, los sacerdotes, debían llevar a efecto las responsabilidades religiosas con dignidad, efectividad y decoro. De acuerdo con las Sagradas Escrituras, todo lo ceremonial y cúltico estaba regulado y prescrito para esta importante institución del pueblo que representaba la autoridad divina, que era el foro máximo y supremo de la comunidad. Esa legislación mosaica sustituyó las tradiciones religiosas antiguas y profesionalizó los sistemas de sacrificios y las prácticas religiosas diarias.

La palabra hebrea que identifica a estos funcionarios religiosos es *kohen*, y se encuentra como en 750 ocasiones en la Biblia.

Fundamentados en su etimología, la palabra revela un significado que apunta hacia «alguien que está ante Dios para servirle». La raíz de la expresión (en heb., *kwn*) transmite la idea de estar firme, estable, seguro...

De acuerdo con la Torá (Nm 3:1-13), fue Dios mismo quien seleccionó a la tribu de Leví para que le sirviera en el Tabernáculo. Sus descendientes, Gerson, Quehat y Merari, tenían funciones específicas asignadas. Y, específicamente, del clan de Quehat proviene la familia de Aarón, que fue designada por Dios para ejercer las responsabilidades cúlticas y sacrificiales al Señor (Ex 28:1; 29:44; Lv 8-9).

Únicamente los miembros de la familia de Aarón estaban autorizados por la legislación mosaica a participar del servicio del altar, cuya importancia cúltica era extraordinaria. Y de esta familia de Aarón, específicamente de la rama de Eleazar, los primogénitos llegaban a ser los sumos sacerdotes del pueblo, que tenían vestiduras especiales (Ex 28) y podían entrar al lugar santísimo una vez al año, durante el día de la expiación (Lv 16).

El resto de los descendientes de Leví constituían el grupo de los levitas. Y entre las responsabilidades primordiales de este sector sacerdotal se incluye la transportación, custodia y administración de los objetos sagrados que se encontraban en el Tabernáculo. Esencialmente, eran oficiales de apoyo y servicio de las dinámicas cúlticas, incluyendo las responsabilidades relacionadas con los sacrificios. Los sacerdotes y los levitas no servían en las guerras (Nm 1:3, 48-49) ni tenían propiedades. Y como no tenían tierra de cultivo, vivían del servicio religioso que le brindaban a la comunidad: ¡recibían el diezmo de todo el pueblo de Israel (Nm 18:21)!

La consagración e investidura de los sacerdotes se narra de forma minuciosa en el libro de Levítico (Lv 8:1-10:20). Y en esta sección del libro se presentan los detalles de las instrucciones y las regulaciones divinas dadas a Moisés que se relacionan con la institución del sacerdocio. De singular importancia están las vestiduras (Ex 28; 39:1-31), que eran signos de dignidad y representaban las diversas categorías y las responsabilidades religiosas.

Como parte de los preparativos para ejercer el sacerdocio, Moisés ungió el Tabernáculo y sus equipos, y particularmente ungió a Aarón, que era una forma simbólica de consagrarlo y santificarlo. El aceite se utilizaba en el Oriente Medio como cosmético (Sal 104:15), perfume (Est 2:12), medicina (Is 1:6; Lc 10:34) y para identificar y celebrar a algún huésped de honor (Sal 23:5; Lc 7:46); además, se usaba en la unción de reyes (Sal 2:2) y sacerdotes. Estas unciones eran símbolo de la gracia divina sobre la persona ungida, y era una experiencia inviolable (1 S 24:6; 26:9; 2 S 1:14).

Con esta unción, Aarón quedó adecuadamente consagrado para el servicio divino en el altar. Y como resultado de esa santificación, cuando Aarón alzó las manos para bendecir al pueblo, después de hacer la expiación, el holocausto y el sacrificio de paz, «la gloria de Dios se manifestó a todo el pueblo» (Lv 9:23).

La narración también presenta un singular incidente relacionado con los hijos de Aarón (Lv 10:1-20). El relato de Nadab y Abiú es una clara advertencia dirigida a los sacerdotes para que no cometieran faltas contra lo estipulado por la Ley, de acuerdo con las enseñanzas de Moisés. Fueron castigados con la muerte al cometer una grave irregularidad en el servicio del altar y en el santuario, lo que pone de manifiesto la importancia de la santidad, la diligencia y la responsabilidad de los líderes sacerdotales y religiosos. Posiblemente, por la naturaleza intercesora de sus funciones, el nivel de santidad que se les exigía era mayor que al resto del pueblo.

La naturaleza concreta de las acciones impropias de Nadab y Abiú es difícil de precisar. Los estudiosos presentan varias posibilidades para la comprensión de la expresión «fuego extraño»: quizá el fuego no fue tomado del altar, como estaba estipulado (Lv 16:12); o el incienso no estaba preparado de la forma prescrita y revelada (Ex 30:9); o, inclusive, es posible que la ofrenda no fuera presentada ante Dios a la hora debida (Ex 30:7-8). En cualquier caso, el rechazo divino pone de manifiesto la responsabilidad que tenían los sacerdotes de cumplir con las estipulaciones divinas, de acuerdo con lo establecido por la Ley. Y en esta ocasión, el instrumento del juicio, es el fuego de Dios (Lv 10:1-2).

Leyes sobre la pureza e impureza

El propósito fundamental de esta sección (Lv 11:1-16:34) es identificar los límites reales de la pureza y la impureza cúltica. Además, se presentan los procesos y las normas para la recuperación de la pureza perdida. En una sociedad definida por esos patrones religiosos y culturales, era extremadamente importante y necesario delimitar las áreas adecuadas de acción, había que establecer con claridad las diferencias entre lo puro y lo impuro.

Los términos puros e impuros no tienen que ver, en esta sección del libro de Levítico, con alguna de las cualidades internas o actitudes de las personas. No se trata de evaluar las intenciones éticas de los individuos ni de analizar las motivaciones morales de sus actos. Más bien, esta legislación intenta distinguir las actividades y condiciones que pueden hacer que una persona no esté calificada para presentarse ante Dios. La finalidad es identificar los posibles impedimentos para allegarse al Señor y ofrecer sus sacrificios, ante un Dios que reclama la santidad como un elemento fundamental e indispensable.

Las razones por las cuales algunas cosas o sustancias eran consideradas impuras no son siempre fáciles de precisar. Quizá la impureza se relaciona con las cualidades dañinas, repugnantes o sucias de algunas sustancias (p. ej., la sangre, los cadáveres, los excrementos); con algunas enfermedades que se pensaba que eran contagiosas (p. ej., la lepra); con los espacios identificados con la muerte (p. ej., tocar un cadáver o entrar a una tienda donde hay un cadáver); o con situaciones de higiene, limpieza o pulcritud. En todo caso, la condición de impuro le impide a la persona cumplir adecuadamente con sus responsabilidades religiosas. El propósito teológico de estas estipulaciones es poner de relieve la importancia de la santidad y la pureza religiosa para mantenerse como comunidad sacerdotal.

El libro de Levítico presenta legislación en torno a los siguientes temas:

- Animales limpios y puros y animales inmundos y abominables (Lv 11:1-16:34; también en Dt 14:3-21). Todos los animales son puros y aptos para la alimentación, excepto los siguientes, que son inmundos: los que rumian pero no tienen la pezuña hendida (p. ej., camello y conejo) y los que no rumian pero tienen la pezuña hendida (p. ej., cerdo); los animales acuáticos que no tienen aletas ni escamas (p. ej. anguilas y crustáceos); las aves rapaces (p. ej., águila, halcón y cuervo), el avestruz, la gaviota, la cigüeña y el murciélago; los insectos con alas; y los animales que se arrastran (p. ej., serpientes, topo, ratón).
- Purificación de las mujeres después de los embarazos (Lv 12:1-8). Los procesos de parto incluyen la pérdida de fluidos y de sangre, y, fundamentadas en esa relación con la sangre, las mujeres quedan temporeramente impuras. Y esa condición social y religiosa varía dependiendo si daba a luz un niño, por lo que estaba siete días impura, o una niña, que conllevaba catorce días de impureza. El proceso de purificación culminaba con una ofrenda en el Templo de un cordero y una paloma (o tórtola); pero si la persona era pobre, podía ofrecer a Dios dos tórtolas o dos pichones (Lc 2:24).
- Las leyes relacionadas con la lepra (Lv 13:1-14:57). La palabra «lepra» en la Biblia no debe ser necesariamente relacionada con la condición que se asocia a la enfermedad de la lepra el día de hoy. En la Antigüedad, la lepra se refería tanto a varias condiciones de la piel, como a las manchas que salen en la ropa (Lv 13:4759) o al moho que se produce en las paredes (Lv 14:33-53).

  La persona enferma era excluida rápidamente de la comunidad, pues consideraban que esa condición de salud era peligrosa y contagiosa. Las estipulaciones legales en esta sección identifican los procesos de diagnosis inicial de la enfermedad (Lv 13:1-46), las normas para la purificación, y destacan las dinámicas para reincorporar a la persona en la comunidad, una vez ha sido declarada sana. Ese proceso de purificación requería la declaración oficial de sanidad de parte de un sacerdote.
- Las impurezas de carácter sexual (Lv 15:1-32) descritas en el libro no se refieren, como en las prescripciones anteriores, a pecados o conductas impropias. Se tratan de actos o

condiciones de naturaleza sexual, particularmente relacionadas con emisiones líquidas, que convierten en impura a una
persona. Entre esas condiciones, se destacan las siguientes:
hombres con flujo de semen y mujeres en estado de menstruación; también lo que toque la persona impura quedará conta-
minado, como la cama, la ropa, la montura y los utensilios. La
misma ley presenta las formas de recuperar la pureza, lo que
pone de manifiesto la importancia de la pureza ceremonial,
además de la higiene: el sacerdote presentará ante Dios dos
tórtolas o palomas, una ofrenda por el pecado y otra como holocausto. El propósito de este tipo de legislación es mantener
la pureza religiosa y biológica en los casos de las emisiones
naturales o patológicas del cuerpo humano (Lv 15:32).

Establecimiento del día de la expiación

Las ceremonias relacionadas con el día de la expiación (Lv
16:1-34), incluyen dos componentes litúrgicos básicos. El primero era un evento anual en el cual el sacerdote presentaba sus
pecados y el pecado del pueblo para obtener el perdón divino. Y
el segundo consistía en cargar simbólicamente los pecados y las
transgresiones del pueblo en un macho cabrío para, posteriormente, soltarlo en un campo inhabitado.

La intención religiosa de estas celebraciones cúlticas y actividades era buscar el perdón, no de algunos pecados específicos y
particulares, sino de obtener la purificación total de la comunidad. De esa forma, se restituían las buenas relaciones entre Dios
y el pueblo. Y por la naturaleza penitencial del evento, el sacerdote debía vestir de forma modesta y sencilla, no con sus ropas
vistosas y simbólicas tradicionales adecuadas para las celebraciones nacionales (Lv 16:4; Ex 28).

La selección del macho cabrío que servirá para el sacrificio de
expiación se hace por suertes. Aarón seleccionará de entre dos
animales: uno lo ofrecía en sacrificio a Dios y el otro era enviado vivo al desierto, en representación de Azazel, que era un
demonio que los antiguos pensaban que vivía en el desierto. Esta

ceremonia pone de manifiesto algunas creencias antiguas que explicaban la peligrosidad de los lugares desérticos.

El punto culminante de la ceremonia es la entrada del sumo sacerdote al lugar santísimo, o «detrás del velo» (Lv 16:12), que se llevaba a efecto solo una vez al año. La significación del acto era de gran importancia, pues constituía el único momento en el cual una persona podía entrar en el recinto donde estaba, de acuerdo con la Biblia, la santidad absoluta de Dios. En efecto, esta parte de la ceremonia hace que el evento sea fundamental y determinante, tanto a la vista del pueblo, como ante los sacerdotes en general y el sumo sacerdote en particular. Detrás de esta ceremonia se presupone una muy importante teología del perdón divino, que es necesario para el buen funcionamiento social, emocional y espiritual de la comunidad. Por esa razón el evento se repetía de forma anual.

Luego de las ceremonias en el altar, que incluían perfumar y rociar la sangre sobre el propiciatorio, Aarón ponía las dos manos sobre la cabeza del macho cabrío vivo y confesaba sobre el animal todas las iniquidades, los pecados y las rebeliones de los hijos de Israel. Posteriormente, se envía el macho cabrío al desierto y el sumo sacerdote regresa al Tabernáculo para su purificación personal. De acuerdo con una tradición rabínica antigua, el macho cabrío era soltado como a seis kilómetros de Jerusalén, en dirección al desierto de Judea, en el lugar conocido como Bethadudú o Bet-hadurún.

La importancia religiosa y social del día de la expiación ha perdurado a través del tiempo, inclusive luego de la destrucción del Templo de Jerusalén, y el día se conoce como *Yom Kipur*.

El día de la expiación

Las ceremonias relacionadas con el día de la expiación (Lv 16:1-34) incluyen dos componentes litúrgicos básicos. El primero era un evento anual en el cual el sacerdote presentaba sus pecados y el pecado del pueblo para obtener el perdón divino. Y el segundo consistía en cargar simbólicamente los pecados y las transgresiones del pueblo en un macho cabrío, para posteriormente soltarlo en un campo inhabitado.

El Código de Santidad

Una sección del libro de Levítico requiere análisis detallado y sobrio (Lv 17:1-25:55), por la naturaleza de los temas que expone y los desafíos morales y éticos que presenta al pueblo. El énfasis temático y el espíritu teológico de todos estos capítulos es la santidad, que se afirma y resume en el estribillo que se repite con frecuencia: «Santos seréis, porque santo soy yo, Jehová, vuestro Dios» (p. ej., Lv 19:2; 20:26; 21:8). Dios requiere, de acuerdo con este código, que el pueblo revele y demuestre su naturaleza más íntima, su esencia más profunda, su valor más intenso, lo que se pone de manifiesto con el término «santidad».

El código de santidad

En este código se destaca la trascendencia de Dios, y se presentan los reclamos divinos al pueblo de vivir a la altura de una serie de principios éticos y de valores morales que se articulan en la sección. El reclamo divino fundamental es que el pueblo de Israel se separe y aleje de todo lo profano, de lo que no representa la voluntad divina para la humanidad. Esa santidad, de acuerdo con las narraciones legales de Levítico, llega a todos los niveles de la vida, particularmente a las dinámicas relacionadas con el culto, los sacrificios y los sacerdotes.

Toda esta sección se conoce con el título de «Código de Santidad» y constituye uno de los documentos legales más antiguos e importantes del pueblo de Israel. En este código se destaca la trascendencia de Dios y se presentan los reclamos divinos al pueblo de vivir a la altura de una serie de principios éticos y de valores morales que se articulan en la sección. El reclamo divino fundamental es que el pueblo de Israel se separe y aleje de todo lo profano, de lo que no representa la voluntad divina para la humanidad. Esa santidad, de acuerdo con las narraciones legales de Levítico, llega a todos los niveles de la vida, particularmente a las dinámicas relacionadas con el culto, los sacrificios y los sacerdotes.

234 *Pentateuco. Interpretación eficaz hoy*

Al igual que otros códigos bíblicos (p. ej., Ex 20:23-23:19; Dt 12:1-27:26) y extrabíblicos (p. ej., Código de Hammurabi), el Código de Santidad finaliza con una serie importante de bendiciones para las personas que cumplen con los reclamos divinos que se exponen (Lv 26:1-46) y con maldiciones para quienes no cumplen con la voluntad divina, de acuerdo con las disposiciones expuestas. La palabra final de la sección revela la bondad divina aún en medio del castigo y el juicio.

El Código se presenta en cinco secciones básicas:

- Regulaciones referentes al sacrificio de animales (Lv 17:1-16), que revela el carácter sagrado de los sacrificios. En esta sección, además de incorporar el tabú de comer sangre (Lv 17:10-16), que era símbolo de la vida, se indica que los sacrificios deben llevarse a efecto en un solo lugar, en el Tabernáculo de reunión, que es una manera de afirmar que adoraban a un solo Dios. Esa decisión disminuía la posibilidad de la contaminación con las prácticas politeístas, al evitar las actividades religiosas en los antiguos santuarios cananeos. Esta sección del Código prohíbe también comer animales que se han encontrado muertos, al declararlos impuros.

- Las leyes en torno a la moral sexual (Lv 18:1-30) mueven el tema de la santidad de las dinámicas y esferas cúlticas a las relaciones íntimas, las actividades sexuales. Posiblemente esta sección pone de manifiesto las grandes diferencias entre la moral sexual bíblica y la que se vive en los cultos cananeos y extranjeros, que incluían orgías sexuales como parte de las celebraciones. En efecto, el texto bíblico identifica y rechaza claramente lo que se hacía en Egipto y Canaán (Lv 18:3).

La expresión «descubrir la desnudez» (p. ej., Lv 18:6) es un eufemismo para aludir a las relaciones sexuales. Estas leyes están dirigidas a los hombres y revelan la prohibición categórica de tener relaciones sexuales con parientas cercanas, padres y madres, suegras, hermanas, nietas, hijastras, tías, tíos, nueras, cuñadas, madres e hijas, hermanas, mujeres en estado de menstruación, esposa del prójimo, varones y animales. Estos tipos de relaciones constituyen actos impuros y las personas culpables deben ser, de acuerdo con el Código, eliminadas (Lv 18:29). Y la referencia a Moloc (Lv 18:21) alude a los sacrificios de niños recién nacidos o de corderos en sustitución de los niños.

• Las leyes que se exponen en esta sección (Lv 19:1-20:27), que se asemejan a las del Decálogo (Ex 20:8-12; Dt 5:12-15), aplican el tema teológico de la santidad a diversas situaciones concretas de la vida diaria (p. ej., dinámicas familiares, entornos laborales y procesos administrativos) en los cuales la honestidad y la justicia son valores necesarios y significativos. El propósito de estas regulaciones es poner claramente de manifiesto la importancia de la santidad, el amor, la solidaridad y el respeto en las relaciones interpersonales, familiares, laborales y comerciales. La santidad no es un valor exclusivo para el culto o la experiencia religiosa, sino que debe manifestarse libremente en todas las esferas de la existencia humana. La santidad divina debe estar íntimamente relacionada con el carácter de las personas.

   La sección de las reprobaciones y castigos (Lv 20:1-27) incluyen las consecuencias de la desobediencia humana a los mandamientos divinos.

• Las leyes en torno a la santidad de los sacerdotes (Lv 21:1-22:32) revelan una vez más que todo lo que se relaciona con Dios, incluyendo los oficiales del culto, debe manifestar su naturaleza. En esta sección se indican las características éticas que debían tener los sacerdotes y se señalan, además, algunos defectos físicos que impedían a los sacerdotes cumplir adecuadamente con sus responsabilidades en el culto. Los sacerdotes, por ejemplo, no podían tocar cadáveres, rasurarse la cabeza o casarse con una mujer deshonrada. Al sumo sacerdote se le imponían criterios éticos mayores por la dignidad del cargo que llevaba (Lv 21:10-15). Y esa santidad en la esfera sacerdotal se manifiesta también en los lugares y los utensilios del culto, hasta en las ofrendas, que también debían manifestar la santidad de Dios.

• La sección final del Código de Santidad (Lv 23:1-25:54) presenta las fiestas anuales y las celebraciones del pueblo de Israel

236 <Pentateuco. Interpretación eficaz hoy

que constituyen el calendario religioso, litúrgico y cúltico. En estas narraciones y regulaciones se asocia cada festividad con la historia nacional y con la vida diaria de la comunidad.

El antiguo calendario anual israelita estaba constituido por doce meses lunares, de veintinueve días y medio, para un total de trescientos cincuenta y cuatro días, a diferencia de los trescientos sesenta y cinco de los años solares. El año comenzaba en otoño y los meses comenzaban con la luna nueva. Para adecuar el calendario a las estaciones del año, se añadía periódicamente un mes adicional que se conocía como adar. Y las referencias a estas fiestas anuales, que se distribuían a través del año, aparecen en diversas secciones del Pentateuco (p. ej., Ex 23:14-17; 34:18-23; Lv 23-25; Nm 28-29; Dt 16:1-17; Lv 23-25).

En esta sección también se incluye una narración que pone de manifiesto las instrucciones para castigar la blasfemia, que en la Antigüedad era considerada una gran ofensa contra Dios: era una demostración pública de rechazo absoluto a la santidad divina (Lv 24:10-23).

Las fiestas judías y los días sagrados

El calendario religioso del antiguo pueblo de Israel se puede dividir en las siguientes celebraciones: el sábado (y sus años derivados: año sabático y de jubileo), las fiestas de los peregrinares anuales (Pascua, Pentecostés y Tabernáculos) y las festividades en los días especiales (Fiesta de las Trompetas, Día de Expiación, de Purín y de la Dedicación). Cada una de estas fiestas destaca elementos educativos y nacionales que se afirman y recuerdan durante las celebraciones. Eran eventos de gran importancia para la identidad nacional y para la educación familiar y pública.

• El sábado o *shabat* es una celebración regular y periódica de orígenes muy remotos en la historia del pueblo. Desde la perspectiva canónica y escritural, se bendice el día como parte del proceso de creación (Gn 2:2-4a), y posteriormente se asocia con la alianza o pacto de Dios con el pueblo en el monte Sinaí, como uno de los mandamientos del Decálogo (Ex 20:8-11).

Es un día santo y consagrado al Señor porque Dios mismo lo utilizó para descansar, al cesar sus labores de creación.

Luego de la destrucción del Templo en Jerusalén, durante el período exílico, y con el paso del tiempo, el sábado se convirtió, tanto en la diáspora como en Judá, en un distintivo significativo de la comunidad judía y se transformó en un signo de identidad nacional (Ez 20:12). Y en la época de Jesús de Nazaret, las extremas regulaciones en torno al día habían hecho de esta institución, que fue establecida como signo de liberación para las personas, una carga muy difícil de llevar (p. ej., Mt 12:1-14).

El año sabático (Lv 25:1-7), que se celebraba cada siete años, afirmaba un período de descanso y liberación aún mayor, pues incluía la liberación de los esclavos y el descanso de las tierras cultivables. Era esencialmente un período de descanso intenso y de redención nacional, que tenía como objetivo evitar la pobreza y terminar con la esclavitud que se asocian con las deudas.

El año del jubileo (Lv 25:8-55) se observaba cada «siete semanas de años», que equivale al año luego de los cuarenta y nueve, o el año cincuenta, que debía ser santificado. Y la finalidad del descanso llegaba hasta las propiedades, que debían ser devueltas a los dueños originales, si se habían vendido y dado en algún pago, y los esclavos también debían ser liberados durante este año de celebración. De estas formas se eliminaban las posibilidades del latifundio y la distribución injusta de las tierras.

- Las fiestas de los peregrinares anuales revelan orígenes muy antiguos y ponen de manifiesto los diversos ciclos en las estaciones anuales y sus relaciones con las diversas actividades agrarias durante el año. Esas prácticas y celebraciones se interpretan desde la perspectiva teológica en la legislación del libro de Levítico.

○ La fiesta de la Pascua y de los Panes sin levadura (Lv 23:5-14; Ex 12:1-14, 21-28; 13:3-10) se relacionan con la liberación del antiguo pueblo hebreo de la esclavitud que vivió en las tierras de Egipto bajo el liderato del faraón. Se celebraban en la primavera (p. ej., en el mes de abib o nisán, en marzo o abril). Las fiestas de la Pascua duraban ocho días, y eran seguidas por la de los Panes sin levadura, que comenzaba el día quince del mes y proseguía por siete días adicionales. Estas celebraciones también estaban asociadas con una actividad agrícola conocida como la fiesta de las Primicias, al comenzar la siega (Lv 23:9-12).

○ La fiesta de las Semanas o de Pentecostés (Lv 23:15-23) se celebraba al día siguiente, luego de las siete semanas, es decir, cincuenta días después de la Pascua. Se celebraba en el verano, el día seis del mes diván (mayo-junio). Esta celebración agrícola, en la que se expresaba la gratitud a Dios por las cosechas del trigo y la cebada, se unió con el tiempo con la revelación de la Ley en el monte Sinaí. Duraba solo un día para propiciar los trabajos relacionados con la trilla, que en ocasiones se extendía hasta la vendimia.

○ La fiesta de los Tabernáculos, también conocida como de la Recolección, o de las Tiendas (Lv 23:33-43), era otra festividad con fundamento agrícola, y duraba una semana, del quince al veintiuno del mes tisrí (septiembre-octubre). Se llevaba a efecto cuando se recogían los últimos frutos, y era como una especie de cierre del año agrícola y preparaba el camino para las nuevas siembras. En esos días, el pueblo vivía en tiendas para recordar los cuarenta años de peregrinación por el desierto del Sinaí, a la salida de las tierras de Egipto.

• Una serie de días festivos adicionales completan el calendario del año religioso del pueblo, entre los que se encuentran los siguientes:

○ La fiesta de las Trompetas (Nm 28:11-15) era una manera solemne, y de reposo absoluto, de iniciar cada mes con ofrendas especiales y sacrificios, que aumentaba de intensidad cuando el mes era el séptimo. Se tocaban las trompetas de los cuernos de carnero para recordar el pacto y llamar al pueblo a la oración. La celebración tenía un carácter penitencial que incentivaba la reflexión y evaluación personal y que finalizaba a los diez días con el Día de la Expiación.

o El Día de la Expiación (Lv 16; 23:23-32), o *Yom Kippur*, era la cúspide de las celebraciones religiosas del pueblo, pues tenía una fuerte dimensión penitencial y un claro propósito de purificación espiritual. Se celebraba el día diez del mes séptimo, conocido como tisrí.

o La fiesta de Purín se celebraba los días trece al quince del mes de adar (febrero-marzo), y se instituyó con el tiempo en el pueblo para celebrar la redención y liberación nacional por la intervención de Ester y Mardoqueo. Las celebraciones comienzan con un ayuno, al cual le siguen dos días de celebraciones intensas.

o La fiesta de la Dedicación o *Hanukkah*, que se extiende por ocho días, se relaciona con la purificación del Templo de Jerusalén en los tiempos de las luchas de los macabeos (1 M 4:36-59) luego de su profanación por los gobiernos helenistas de los seléucidas. Recuerda el triunfo definitivo de Judas Macabeo y se celebra el 25 del mes kisleu (noviembre-diciembre). Las celebraciones se asocian con las luces para recordar que el aceite del candelabro de oro del Templo mantuvo milagrosamente encendidas las lámparas por ocho días, cuando había combustible solo para uno.

Las bendiciones y las maldiciones

El libro de Levítico finaliza con dos secciones que relacionan la santidad divina con las acciones humanas (Lv 26:1-46; 27:1-34). La primera destaca el tema de la obediencia a las regulaciones y revelaciones divinas; la segunda, extiende el mismo tema a las pertenencias de las personas que ofrecen votos, sacrificios y ofrendas a Dios. El propósito no solo es reiterar la importancia de la santidad en los procesos mecánicos de las prácticas religiosas, sino que también tratan de afianzar los valores y las enseñanzas en el corazón de las personas que se allegan ante Dios para adorarle.

El propósito de la Ley divina es revelar la voluntad de Dios al pueblo para que sirviera de norma y estilo de vida. La finalidad teológica y práctica de la Ley mosaica es la bendición de la comunidad; sin embargo, si el pueblo desoye, ignora o rechaza esa importante revelación, esos actos conllevan una serie de maldiciones a las que debe atenerse.

La bendición divina se relaciona con la obediencia (Lv 26:1-13); y la maldición, con la desobediencia (Lv 26:14-43). Las bendiciones se traducen en signos concretos de bienestar: por ejemplo, alimento abundante, buena salud, longevidad y descendencia numerosa. Y las maldiciones se asocian a los siguientes signos concretos de juicio divino: por ejemplo, muerte, enfermedad, esterilidad, sequía, hambrunas, guerras y exilios. Se exponen de esta forma las repercusiones concretas de las decisiones humanas en torno a la ley divina. La identificación de los juicios divinos se articula de forma ascendente y culmina con la pérdida de la tierra y el exilio o deportación a un país extranjero, lo que era visto en la Antigüedad como el juicio total y definitivo.

El tema de la santidad en Levítico culmina con la presentación de los votos al Señor. Como expresión de gratitud, se dedicaban a Dios ofrendas de diversos tipos: por ejemplo, personas (Lv 27:2-8), animales (Lv 27:9-13), casas (Lv 27:24-15) y terrenos (Lv 27:1625). Esas ofrendas se utilizaban para apoyar el sostenimiento de los sistemas religiosos, que incluían las ceremonias, los utensilios, las instalaciones y los oficiantes. Esta sección incluye, además, el equivalente monetario que las personas debían pagar en sustitución de los objetos prometidos.

De singular importancia en estas regulaciones es la preocupación que manifiesta hacia las personas pobres. De acuerdo con el texto bíblico, un indigente que no podía pagar sus votos se presentaba ante el sacerdote para que se le asignara una contribución de acuerdo con sus posibilidades económicas reales (Lv 27:8).

Lecturas cristianas del libro

Tradicionalmente, las iglesias han enfatizado las lecturas simbólicas del libro de Levítico por la naturaleza compleja de los sacrificios. Además, la obra, a la luz de la teología de la Encarnación, pone de manifiesto nuevos niveles de revelación divina que son importantes para las iglesias y los creyentes.

Las liturgias cristianas han utilizado el Levítico para elaborar varias de sus celebraciones. De particular importancia están las ceremonias para la consagración de sacerdotes y ministros y los ritos para la santificación de los utensilios de culto. Además, la presentación de los primeros frutos y la afirmación de los diezmos se desprenden de las regulaciones y recomendaciones del libro de Levítico. Y en esta importante tradición hermenéutica referente a la obra, se debe destacar y afirmar que Cristo, para las iglesias, es la culminación y expresión máxima de los sacrificios aceptados por Dios.

Y en el marco de referencia de esta lectura cristológica del Levítico, es fundamental indicar que el itinerario mismo de la vida de Jesús, particularmente su pasión y muerte, se puede comprender mejor de acuerdo con las leyes levíticas, que ciertamente su familia, José y María, debieron de haber cumplido con mucha diligencia y responsabilidad (Lc 2:21-39; 2:41-43; Jn 2:13-16; 5:1; 7:10-14).

Los eventos fundamentales de la fe cristiana, que constituyen la pasión y muerte de Jesús y la resurrección de Cristo, se llevan a efecto en la tradición de la Ley de Moisés. Fue en medio de la celebración de la Pascua judía, que recuerda la liberación de Egipto, cuando se llevan a efecto los sucesos que se describen en la historia de la pasión; y siguiendo ese mismo contexto teológico, Jesús celebró la última cena y, además, se afirma que el día de Pentecostés (Hch 2), luego de su resurrección, los discípulos recibieron el Espíritu Santo. El NT prosigue esa práctica hermenéutica, pues Pablo, en sus enseñanzas a la iglesia en Roma, alude a los ritos de la expiación (Ro 3:25); y la Epístola a los Hebreos presenta la obra de redención y salvación de Jesús como la actividad óptima del sumo sacerdote por excelencia (Heb 9:1-28; 13:10-14).

El libro de Levítico, además, recuerda a los creyentes, tanto judíos como cristianos, la importancia de la santidad para vivir. Y esa santidad no debe ser entendida como meras prácticas cultuales, llenas de simbolismos, sino como desafíos para vivir a la altura de las exigencias divinas. La santidad del libro no está confinada en la liturgia, sino que trasciende los linderos del culto para manifestarse con vigor en medio de las realidades cotidianas del pueblo.

Fiestas y días sagrados		
Días festivos	Día de celebración	Referencia bíblica
Año de jubileo	Cada cincuenta años	Lv 25:8-11; 27:17-24; Nm 36:4
Día del perdón	10 de tishri (septiembre-octubre)	Lv 16; 23:26-32
Dedicación (*Hanuká)*	25 quisieu (noviembre-diciembre)	Jn 10:22
Luna nueva	Primer día del mes lunar	Nm 10:10; 28:11-15
Pascua	14 de nisán (marzo-abril)	Ex 12:1-14; Lv 23:5
Panes sin levadura	15-21 de nisán (marzo-abril)	Ex 12:15-20; 13:3-10; Lv 23:6-8
Primicias	16 de nisán (marzo-abril)	Lv 23:9-14
Purín	14-15 de adar (febrero-marzo)	Est 9:18-32
Sábado	Cada siete días	Gn 2:2-3; Ex 20:8-11; Lv 23:3
Semanas o Pentecostés	6 de siván (mayo-junio)	Ex 23:16; Lv 23:15-21
Santa Convocación	22 tishri (septiembre-octubre)	Lv 23:36b; Nm 29:35-38
Tabernáculos	15-21 de tishri (septiembre-octubre)	Lv 23:33-36a, 39-43
Trompetas o Año nuevo (*Rosh Hashana)*	1 de tishri (septiembre-octubre)	Lv 23:23-25; Nm 29:1-6

8

❋ El libro de Números

*Habló Jehová a Moisés en el desierto de Sinaí, en el
Tabernáculo de reunión, el primer día del segundo
mes, el año segundo de su salida de la tierra
de Egipto, y le dijo: «Haced el censo de toda la
congregación de los hijos de Israel, por sus familias
y por las casas de sus padres, registrando uno por
uno los nombres de todos los hombres».*

NÚMEROS 1:1-2

El título del libro y su naturaleza teológica y literaria

Los traductores griegos del libro escogieron el nombre de *Aritmoi* para identificar esta obra, la cuarta en el Pentateuco, fundamentados posiblemente en los dos censos que se incluyen (Nm 1; 26), en el reparto del botín luego de la victoria sobre los madianitas (Nm 31), y por los detalles y precisiones referentes a las ofrendas y los sacrificios (Nm 7; 15; 28-29). La traducción latina vertió el nombre como *Liber numerorum*, del cual surge el título castellano, Números. Y en hebreo, el nombre de la obra es *Bemidbar*, que literalmente significa «en el desierto», lo que se asocia directamente con el Sinaí, contexto geográfico en el cual se llevan a efecto los acontecimientos que se narran en la obra.

De singular importancia teológica y sociológica es la expresión que se utiliza al comenzar la obra para referirse al pueblo: «La congregación de los hijos de Israel» (Nm 1:2). El presupuesto es que una vez el pueblo recibió el Decálogo y las leyes en el Sinaí, quedó constituido en una comunidad adecuadamente organizada y establecida. La expresión hebrea *'adah*, traducida habitualmente al castellano como «congregación» o «comunidad», presenta a los israelitas como si fuera un grupo instaurado, como un pueblo. Esa organización, según el testimonio bíblico, no se fundamenta en relaciones de sangre paternofiliales, sino en la revelación divina de la ley que establece un pacto entre Dios y los hijos e hijas de Israel y que los invita a ser una nación santa, un pueblo de sacerdotes.

En efecto, una de las consecuencias del pacto del Sinaí es la transformación paulatina de un gran número de personas en una nación, en una colectividad con sentido de dirección y propósito en la vida. Ahora poseían un código legal, un santuario y un sacerdocio; además, tenían las regulaciones para los sacrificios y las festividades anuales. Sobre todo, el pueblo ahora se sentía guiado, dirigido y protegido por el Dios que los había llamado de Egipto y los llevaba por el desierto hasta llegar a la tierra prometida.

La congregación de Israel

La expresión hebrea 'adah, traducida habitualmente al castellano como «congregación» o «comunidad», presenta a los israelitas como si fuera un grupo instaurado, como un pueblo. Esa organización, según el testimonio bíblico, no se fundamenta en relaciones de sangre paterno-filiares, sino en la revelación divina de la ley que establece un pacto entre Dios y los hijos e hijas de Israel, y que les invita a ser una nación santa, un pueblo de sacerdotes.

En ese gran contexto sociológico y teológico, el libro de los Números presenta al pueblo de Israel como si fuera un ejército, marchando por el desierto al futuro, hasta conquistar las tierras de Canaán. Las diversas tribus se presentan dispuestas en formación bélica alrededor del Tabernáculo, que se hace sagrado por la misma presencia divina. Y desde ese centro de mando físico y teológico, Dios pone de relieve su protección al pueblo a través de Moisés, que es el líder supremo y comandante del grupo. Desde el Tabernáculo de reunión, que es, en efecto, el lugar físico e histórico donde radica el poder, el Señor revela su voluntad, protegiendo, enseñando y corrigiendo al pueblo en los instantes adecuados, en los momentos oportunos.

La lectura del libro de Números, a primera vista, puede confundir, pues en su redacción y organización se juntan secciones narrativas y legislativas, no siempre fáciles de leer, comprender y asimilar. Las partes legales, con sus normas, prescripciones y regulaciones, complementan la revelación que se incluye en los libros de Éxodo y Levítico, e incluyen algunos temas que se presentan solo en Números; por ejemplo, la legislación sobre los nazareos, las pruebas de infidelidad, los votos de las mujeres, las herencias, las regulaciones para las ciudades levíticas y de refugio, y las relaciones entre sacerdotes y levitas.

La obra como un todo es una especie de lectura teológica de la historia de la salvación, en la cual Dios mismo llamó a Moisés para liberar a su pueblo de la esclavitud de Egipto, hasta llevarlo a la tierra prometida, que era símbolo de esperanza, paz, abundancia, gracia y liberación. En el corazón mismo del libro de Números, está el claro deseo de descubrir y afirmar el significado espiritual y trascendente de los acontecimientos, particularmente durante el peregrinar por el desierto. Las narraciones describen a Moisés como una figura ideal (Nm 12:2; 14:13-19), en contraposición al pueblo, que es principalmente caracterizado por sus murmuraciones, quejas, rebeliones e infidelidades.

Una primera lectura del libro pone de manifiesto su estructura literaria, que revela, por lo menos, tres secciones básicas y principales. Cada una de estas partes se puede muy bien relacionar con alguna de las etapas del peregrinar del pueblo por el desierto de Sinaí. En primer lugar se presentan los diversos preparativos para el viaje (Nm 1:1-10:10). La segunda sección describe el movimiento del pueblo desde el monte Sinaí hasta Cades (Nm 10:11-20:20). Y la parte final de la obra (Nm 20:21-36:13) lleva al pueblo desde Cades hasta las llanuras de Moab, la frontera con la tierra prometida. En cada una de estas secciones se alternan las narraciones de las experiencias del pueblo con algún material legal que articula varias regulaciones de importancia para la comunidad.

La permanencia en el monte Sinaí

Esta primera fase del peregrinar por el desierto (Nm 10:1-10:10), de acuerdo con la narración del libro de Números, está muy bien elaborada desde la perspectiva cronológica. Se alude claramente al día de la salida de Egipto (Nm 1:1), y comienza el primer día del segundo mes del segundo año del éxodo, hasta el día veinte del segundo mes del segundo año del éxodo (Nm 10:11); es decir, un período de veinte días luego de haber celebrado la Pascua en el desierto.

Las narraciones en esta sección (Nm 1:1-4:49) presentan el importante tema del censo e incluyen las órdenes precisas relacionadas con la ubicación de cada tribu referente al Tabernáculo. El empadronamiento o censo arrojó un resultado de 603 550 hombres listos para la guerra. Los sacerdotes y los levitas, encargados de la custodia del Tabernáculo, se censaron de forma separada (Nm 1:47-49).

Las narraciones de los censos cobran gran importancia bíblica, pues ponen de manifiesto las realidades humanas, particularmente el potencial de su fuerza militar, que posteriormente son comparadas con el poder divino. Los triunfos del pueblo no se deben a su poder bélico, sino a que cuentan con el apoyo divino.

A cada tribu se le fijó de forma específica su ubicación particular en el campamento en relación con el Tabernáculo de reunión y se le indicó, además, cómo debía mantener sus posiciones a medida que peregrinaban y marchaban por el desierto. Cada tribu debía proseguir la marcha con el estandarte o la bandera que le identificaba. La idea era la de organización de un ejército, de manera simétrica, listo para la batalla. Había tres tribus a cada lado del Tabernáculo y los levitas estaban en el centro (Nm 2:2). La posición central representaba la presencia divina en medio de su pueblo (Ex 25:8). Y la lista de las doce tribus que se incluye en estas narraciones revela cómo fueron clasificadas y organizadas a la llegada de los israelitas a las tierras de Canaán (Nm 1:5-15).

Luego de estas narraciones, se incorpora en la obra una serie de leyes de diversa naturaleza; por ejemplo, la expulsión de personas del campamento por alguna contaminación o impureza, como la lepra, el flujo de semen o por tocar algún cadáver (Nm 5:1-4), las leyes de las restituciones en los casos de robos (Nm 5:5-10), la ofrenda por los celos (Nm 5:11-31) y las especificaciones en torno a los nazareos que se dedicaban a Dios. Este singular voto identificaba a una persona que se consagraba ente- ramente a Dios, y, como distintivo exterior físico, no se cortaba el cabello ni bebía vino (p. ej., Jue 13:4-5; 1 S 1:11; Hch 18:18). Posteriormente se incorpora una serie de leyes que identifican las responsabilidades de los jefes de las diversas tribus ante la dedi- cación del Tabernáculo (Nm 7:1-44); incluye varias disposiciones referentes a las lámparas del candelabro (Nm 8:1-4); presenta la consagración de los levitas al Señor (Nm 8:5-26); transmite varias regulaciones en torno a la celebración de la Pascua (Nm 9:1-14); articula una narración en torno a la nube sobre el Tabernáculo que acompañaba al pueblo durante el peregrinar (Lv 9:15-23); para, finalmente, incluir algunas regulaciones de las trompetas de plata que se utilizaban para llamar a la comunidad (Nm 10:1-10). Estas trompetas eran rectas, de unos sesenta cm de largo, similares a las que se utilizaban en Egipto; posteriormente, esos instrumentos se utilizaron en el Templo de Jerusalén (2 Cr 5:12).

Peregrinar desde el monte Sinaí hasta las llanuras de Moab

Esta segunda sección del libro de Números constituye el cora- zón mismo del itinerario y el peregrinar del pueblo de Israel por el desierto de Sinaí (Nm 10:11-20:21). La parte narrativa consta de dos unidades básicas. En primer lugar, se describe la marcha del pueblo desde el monte Sinaí hacia Cades Barnea, que es un oasis no muy lejos de la parte sur de Canaán, ubicado entre los desiertos de Zin y Parán (Nm 10:11-12, 16).

Luego de incluir un corto relato en torno al rechazo de Hobab, suegro de Moisés, de seguir hacia Canaán (Nm 10:29-32), el li- bro de Números presenta una serie interesante de eventos que ponen de relieve el desarrollo y el crecimiento del pueblo. Se tra- ta principalmente del recuento de las rebeliones e infidelidades de los israelitas, en contraposición a las continuas manifestacio- nes de amor, corrección y misericordia del Señor.

Entre los eventos que se presentan en esta sección, se pueden enumerar los siguientes: el fuego divino que consumió parte del campamento por las quejas del pueblo (Nm 11:13), la llegada milagrosa de las codornices (Nm 11:4-35) y la lepra que afectó a María por murmurar contra Aarón y Moisés (Nm 12:1-16). El tema de la murmuración (p. ej., Nm 11:1) se repite con frecuencia en el libro de Números para enfatizar las rebeliones e infidelidades humanas y también para presentar las misericordias divinas. Esas quejas eran una manera solapada de rebelarse contra la voluntad divina o, inclusive, de rechazar las decisiones y el liderato de Moisés.

Una segunda serie de acontecimientos describe la misión de los espías o exploradores que fueron a Canaán de parte de Moisés (Nm 13:1-14:45). Esta sección incluye el momento más importante en el peregrinar por el desierto, pues a causa de sus continuas y reiteradas murmuraciones y rebeldías, el Señor dejó al pueblo de Israel por cuarenta años en el desierto, antes de llegar finalmente a la tierra prometida.

Ante los informes impresionantes de los exploradores, el pueblo se negó a proseguir la marcha hacia Canaán, y Dios anuncia que esa generación de israelitas que había salido de Egipto no llegaría a la tierra prometida, pues moriría en el desierto. De esa declaración divina se salvaron Caleb y Josué, que demostraron fidelidad y confianza en Dios. Una vez más se pone en evidencia la rebeldía humana y la misericordia del Señor.

A estas secciones narrativas le sigue una colección nueva de leyes (Nm 15:1-19:22), que tocan los siguientes temas: las ofrendas y los sacrificios (Nm 15:1-31), la sentencia de lapidación por violar las leyes del sábado (Nm 15:32-36), las reglamentaciones de los flecos de los vestidos (Nm 15:37-41), las regulaciones referentes al sostenimiento de los sacerdotes y los levitas (Nm 18:1-32) y el sacrificio de la vaca roja para la purificación (Nm 19:1-22). En efecto, son leyes que regulan diversos sectores de la vida y la sociedad, tanto a niveles individuales como en sus expresiones colectivas.

Y en medio de estas leyes y regulaciones, se incorporan algunos relatos de importancia teológica, entre los que se incluyen: la rebelión de Coré (Nm 16:1-50), el florecimiento de la vara de Aarón (Nm 17:1-13), que era símbolo de autoridad y poder, y el incidente en el desierto de Zin, en el que Moisés hizo salir agua de las rocas, pero que por su actitud agresiva, impaciente, arrogante y violenta, Dios no le permitió entrar a la tierra prometida: ¡solo la podría ver desde lejos! (Nm 20:1-13).

Viaje desde Cades hasta las llanuras de Moab

La tercera y última sección del libro de Números (Nm 20:22-36:13) presenta la continuación del viaje del pueblo por el desierto en ruta hacia las tierras de Canaán. El movimiento se presenta complicado, pues diversos grupos y tribus que ya vivían en esas zonas presentaban obstáculos y desafíos al pueblo de Israel. No permitían a los israelitas cruzar sus territorios.

En primer lugar, luego de una larga permanencia en Cades, el viaje se hizo hacia el sur para pasar las montañas de Seir, pues los edomitas les impidieron terminantemente el paso (Nm 20:14-21). Aarón entonces muere en el monte Hor, donde es enterrado, y le sucede su hijo, Eleazar, que es comisionado y consagrado directamente por Moisés. Y luego de la narración del triunfo de los israelitas sobre el rey cananeo Arad (Nm 21:1-3), se incluye el relato de la serpiente de bronce (Nm 21:4-9), que es otro interesante episodio en la extensa saga de rebeliones y quejas del pueblo que generó el castigo divino, seguido por el arrepentimiento de la comunidad, para, posteriormente, recibir la manifestación de misericordia de Dios. De la mordida ardiente de las víboras se salvaban solo aquellas personas que miraban a la antigua serpiente de bronce, que era signo de gracia, misericordia, salvación y esperanza.

Cuando los israelitas llegaron finalmente a las llanuras de Moab, al lado este del mar Muerto, derrotaron a Sehón, el rey amoreo (Nm 21:21-30), y a Og, el monarca de Basán (Nm 21:31-35). ¡Esos triunfos son memorables en la historia del pueblo! Permanecieron es esta región hasta el momento de cruzar el río Jordán y entrar a la tierra prometida (Nm 33:48-56; 36:13).

Ante la presencia del pueblo de Israel en sus territorios, el rey de Moab, atemorizado, comisionó al adivino Balaam para que maldijera a los israelitas intrusos, pero el ángel del Señor le impidió pronunciar maldición alguna y los bendijo de forma extraordinaria (Nm 23:1-24:25). Estos oráculos tienen gran importancia teológica, particularmente por la interpretación mesiánica que han recibido, tanto en las sinagogas como en las iglesias.

Cuando llegaron a Sitim, que está ubicado en las llanuras de Moab, frente a Jericó, al oriente del río Jordán, los israelitas se dejaron seducir por las mujeres moabitas, y al casarse con ellas desobedecieron la Ley (Dt 7:1-6) y se contaminación con las prácticas religiosas ofrecidas a Baal-peor, que era el dios de la fertilidad de ese lugar (Nm 25:1-8).

Se pone de manifiesto claramente en todos estos relatos que la infidelidad y la idolatría constituían grandes problemas para el pueblo de Israel. La narración prosigue con un nuevo censo del pueblo que intenta identificar el poder militar del pueblo, además de sentar las bases para la repartición de las tierras de Canaán (Nm 26:1-65). El texto bíblico incluye también la modificación de las leyes para permitir a las mujeres heredar propiedades (Nm 27:1-11) y la designación oficial de Josué como el sucesor de Moisés y líder del pueblo (Nm 27:12-23).

La próxima sección (Nm 28:1-30:17) es esencialmente legislativa e incorpora algunas regulaciones en torno a los sacrificios, las ofrendas de las fiestas solemnes y el voto o juramento. Además, se incluye una narración del triunfo de los israelitas sobre los madianitas (Nm 31:1-32:41), lo que, junto a los triunfos previos de Og y Sihón, le permitió a Moisés dividir y repartir Transjordania entre las tribus de Rubén, Gad y parte de la de Manasés, que era una comunidad numerosa.

Finalmente, se presenta una especie de resumen del itinerario del pueblo desde que salieron de Egipto hasta su llegada a las llanuras de Moab (Nm 33:1-34:29), con la identificación de las ciudades de los levitas (Nm 35:1-8) y de refugio (Nm 35:9-28), y varias leyes sobre los testigos y el rescate (Nm 35:29-34). El libro finaliza con las normas para el casamiento de mujeres herederas (Nm 36:1-13).

Significación teológica del libro

La lectura cuidadosa del libro de Números pone de manifiesto con claridad la imagen de un Dios que es fiel al pacto y a la alianza que estableció con el pueblo de Israel en el monte Sinaí. El Dios de Números se distingue por su fidelidad. Y ese propósito divino es el valor teológico fundamental que servirá de guía al pueblo a través del peregrinar por el desierto hasta llegar a las llanuras de Moab, antes de cruzar a la tierra prometida.

Ese particular valor espiritual de la fidelidad es el que le permite al Señor manifestar su amor, perdón y misericordia al pueblo, a pesar de sus reiteradas rebeliones y actitudes de infidelidad, que se ponen en evidencia en las continuas murmuraciones, rebeliones y quejas, que no solo llegan de los sectores más hostiles y antagónicos del pueblo, sino de María, la hermana de Moisés y Aarón.

Ese Dios fiel es el que se manifiesta y se revela desde el Tabernáculo de reunión, y que también se hace presente en al Arca del pacto y en medio de la nube, que son símbolos extraordinarios de su continua presencia y poder. Esa fidelidad, además, es la que le permite a Dios acompañar continuamente al pueblo y hasta pelear sus batallas para garantizar el triunfo contra los enemigos. Inclusive, las rebeliones de Coré, Datán y Abirón (Nm 16) son buenas oportunidades para poner claramente de manifiesto no solo las virtudes asociadas al perdón de Dios y la misericordia divina, sino que revelan el poder de intercesión que tenía Moisés, que se presenta en la obra como una figura extraordinaria.

En efecto, es Moisés el protagonista humano de estas narraciones, que, de acuerdo con el libro de Números, es guía, libertador, organizador, comandante, administrador e intercesor, a la vez que es un hombre de oración, humilde y fiel a Dios (Nm 12:6-8). Inclusive, a pesar de sus debilidades y problemas (Nm 16:15; 20:10-12), es descrito en la obra como «siervo de Dios» (Nm 12:8), que es una buena manera bíblica de destacar la relación íntima y grata entre Moisés y Dios. Ser «siervo de Dios» era un gran título de dignidad, honor y respeto en la Antigüedad.

La imagen de Dios

La lectura cuidadosa del libro de Números pone de manifiesto con claridad la imagen de un Dios que es fiel al pacto y la alianza que estableció con el pueblo de Israel en el Monte Sinaí. El Dios de

Números se distingue por su fidelidad. Y ese propósito divino es el valor teológico fundamental que servirá de guía al pueblo a través del peregrinar por el desierto hasta llegar a las llanuras de Moab, antes de cruzar a la tierra prometida.

En el NT se mencionan y exponen varios de los temas que se incluyen en el libro de Números con alguna frecuencia. Generalmente, se alude al peregrinar por el desierto como un singular período educativo para el pueblo de Israel, en la tradición teológica de sus antiguos profetas (Miq 6:3-8). Además, se enfatiza el contraste entre la fidelidad divina y la rebelión humana, se afirma el mensaje de fidelidad como el ejemplo que deben seguir las iglesias y los cristianos (Jud 11; 2 Ti 2:19) y se expande el tema de la alianza en el Sinaí para poner de relieve las implicaciones del nuevo pacto de Dios con su pueblo (Heb 3:2, 5 y Nm 12:7; Heb 7:5 y Nm 18:21-24; Heb 9:13 y Nm 19). En el NT también se presenta e interpreta el mensaje de la serpiente de bronce (Nm 21:4-9) y se alude al agua que sale de la roca como signos y símbolos de la obra redentora y liberadora de Cristo (Jn 3:14).

Una figura de singular importancia teológica en el libro de Números es Balaam, un famoso adivino mesopotámico que fue llamado por el temeroso rey Balac, de Moab, para que maldijera al pueblo de Israel. Sin embargo, el adivino, que consultó con Dios si debía responder positivamente a las peticiones del monarca moabita, no pudo maldecir a los israelitas; por el contrario, ante los reiterados requerimientos del rey solo pudo bendecirlos de forma repetitiva.

El incidente con Balaam (Nm 22:1-24:25) pone de relieve la creencia antigua en la eficacia y el poder de las bendiciones y las maldiciones. El rey moabita estaba utilizando no solo sus recursos militares y políticos para responder a la posible amenaza de los israelitas, sino que incorporó, en su estrategia militar, el poder de la religión y las creencias populares del pueblo. Es interesante notar que aunque Balaam no era parte de la religión de Israel, la narración bíblica afirma que se siente particularmente impelido a obedecer a Dios. La finalidad del relato es declarar y subrayar que ningún esfuerzo humano puede detener la manifestación de la voluntad divina.

Balaam provenía de Petor, que es posiblemente un lugar situado al este del río Éufrates, a unos seiscientos cincuenta kilómetros de Moab, conocido también en varios textos asirios como Pitru. Aunque el vidente bendijo a los israelitas, es recordado en las Escrituras como un falso profeta que propició que el pueblo cayera en el grave pecado de la idolatría (2 P 2:15-16; Jud 11; Ap 2:14).

En vez de maldiciones, Balaam presenta cuatro oráculos positivos y de bendición para los israelitas (Nm 23:7-10; 18-24; 24:3-9; 15-24). Y la importancia de estos mensajes radica, para las iglesias y las sinagogas, en la interpretación mesiánica que han recibido. En primer lugar, estos mensajes ponen de relieve en la narración bíblica que los profetas o adivinos de las naciones paganas no tenían autoridad ni poder contra los israelitas, que estaban protegidos por el Dios del pacto. Además, la significación mesiánica de estos oráculos pone de relieve la importancia de estos mensajes para las comunidades judías y cristianas. Ponen de manifiesto la esperanza en la llegada en un rey ideal y ejemplar.

El cuarto y último de estos mensajes (Nm 24:15-24) debe ser analizado con algún detenimiento. Es el oráculo más extenso y tiene un eminente carácter sapiencial. La visión de Balaam y su mensaje aluden a un futuro lejano, «no ahora» y «no de cerca», cuando aparecerá o saldrá una «estrella de la casa de Jacob». Esa referencia a la estrella fue entendida posteriormente como una alusión a una persona, específicamente a un líder, en la traducción de la Septuaginta (LXX). En el mundo oriental, la imagen de las estrellas se relacionaba comúnmente con la realeza y con el poder. Esta imagen se refuerza con la referencia al «cetro de Israel» en el mensaje, que es símbolo de poder y autoridad.

Con esas comprensiones teológicas y mesiánicas del pasaje, las traducciones al arameo de la Biblia, también conocidas como tárgums, incorporan directamente la figura mesiánica en el texto bíblico, al referirse a la estrella directamente como «el rey», y aplican la imagen directamente al Mesías; además, relacionan el símbolo del cetro con el tema de la redención. El Tárgum Neofiti traduce específicamente esta sección del texto bíblico de la siguiente forma:

> Lo veo, pero no ahora,
> lo contemplo, pero no tan cerca.
> Un rey surgirá de la casa de Jacob
> y un Redentor y Jefe de la casa de Israel.

Y en esa misma tradición de hermenéutica y mesiánica, el NT ha visto en el nacimiento de Jesús (Mt 2:2), que fue anunciado con la manifestación de una estrella que guio a los sabios del Oriente, el cumplimiento pleno de este mensaje y oráculo de Balaam. En el Apocalipsis de Juan, se identifica directamente al Mesías como «la estrella resplandeciente de la mañana» (Ap 22:16), al igual que en la Segunda Epístola de Pedro (2 P 1:19), que alude a «la palabra profética más segura» y menciona posteriormente al «lucero de la mañana».

En efecto, el mensaje del antiguo adivino mesopotámico a los israelitas fue visto y aplicado no solo en el contexto de la petición del rey moabita y en los triunfos del famoso rey David sobre Moab (2 S 8:2-28), sino en el NT, en la figura del Mesías cristiano.

9

❊ El libro de Deuteronomio

Oye, Israel: Jehová, nuestro Dios, Jehová uno es.
Amarás a Jehová, tu Dios, de todo tu corazón, de
toda tu alma y con todas tus fuerzas. Estas palabras
que yo te mando hoy, estarán sobre tu corazón. Se las
repetirás a tus hijos, y les hablarás de ellas estando
en tu casa y andando por el camino, al acostarte y
cuando te levantes. Las atarás como una señal en tu
mano, y estarán como frontales entre tus ojos; las
escribirás en los postes de tu casa y en tus puertas.

DEUTERONOMIO 6:4-9

El título del libro y su carácter religioso

El título castellano del quinto libro de Moisés, y último del Pentateuco, es Deuteronomio, que proviene de la forma en que la versión griega de la Biblia, la Septuaginta (LXX), identificó la obra. Es posible que los traductores griegos no hayan comprendido bien una expresión hebrea que significa «una copia de esta ley» (Dt 17:18), y la vertieran como «esta segunda ley», o «Deuteronomio». Sin embargo, ese título describe adecuadamente el contenido del libro, que presenta una vez más las leyes de Moisés; en esta ocasión, sin embargo, en un estilo más homilético y exhortativo. Esas claras características discursivas y pedagógicas de la obra se ponen de manifiesto en el mismo título hebreo,'elleh ha-deberim, que significa «estas son las palabras» (Dt 1:1), en alusión directa a los mensajes de Moisés que se incluyen en el libro.

El Deuteronomio contiene fundamentalmente una serie definida de tres discursos o sermones de Moisés, y algunas secciones de regulaciones legales y narraciones, en las llanuras de Moab, antes de que los israelitas entraran en la tierra prometida. Es una especie de testamento espiritual y despedida del líder del éxodo, antes de que se cumplieran las promesas divinas de llevarles desde las antiguas tierras del faraón de Egipto, que significan cautiverio, desesperanza, angustia y opresión, a las nuevas tierras de Canaán, que son símbolos de esperanza, futuro, abundancia y liberación.

La obra es una especie de lectura teológica de la historia del pueblo de Israel en donde se enfatiza la providencia, la misericordia y la bondad de Dios. Y esas manifestaciones de liberación divinas se fundamentan en tres temas básicos y prioritarios: en las promesas de Dios a los patriarcas y las matriarcas del pueblo, que con la llegada a Canaán ven su cumplimiento; en la elección de Israel entre los pueblos de la tierra, que pone de relieve el amor incondicional de Dios por su pueblo; y en la revelación del pacto o alianza en el monte Sinaí, que manifiesta el deseo divino de hacer de los israelitas una nación sacerdotal.

En efecto, por esas razones teológicas y espirituales, el pueblo de Israel, de acuerdo con el libro de Deuteronomio, debe comprender bien que pertenece y se relaciona de forma única con ese Dios que se le reveló desde temprano en la historia nacional y que, como resultado de esa revelación, debe responder con obediencia y fidelidad a la Ley divina. Esas dos respuestas humanas son fundamento indispensable para el disfrute de la tierra prometida que el pueblo estaba próximo a obtener.

Una característica peculiar del Deuteronomio, a diferencia de los otros libros de la Torá, es que los eventos que se narran, y los discursos y las leyes que se presentan, se ubican exclusivamente en un contexto histórico y geográfico definido y específico: las llanuras de Moab (Dt 1:5; 34:5). Y esa singularidad literaria y temática pone de relieve la importancia teológica y espiritual de los discursos y regulaciones que se incluyen. Esas llanuras representan la etapa final del peregrinar de los israelitas por el desierto; que, a su vez, representa el cumplimiento de las promesas divinas, no solo a Moisés y al pueblo, en el monte Sinaí, sino a los patriarcas y a las matriarcas del pueblo.

El Deuteronomio, que recopila esta serie de discursos de despedida de Moisés, constituye una forma de testamento espiritual. Manifiesta los últimos deseos de un líder experimentado que entiende que ya no tiene mucho tiempo para traducir sus esperanzas sociales, religiosas, morales, éticas, espirituales, históricas y políticas a la realidad concreta de las vivencias del pueblo. El libro, más que una nueva presentación legal de la antigua revelación del Sinaí, es una especie de «ley predicada», como correctamente se ha identificado. En efecto, esta obra mosaica es una presentación homilética de la revelación divina y de la historia de la salvación que intenta identificar y afirmar los temas y asuntos que tienen importancia capital para que el pueblo pudiera vivir a la altura de las exigencias divinas en la tierra prometida. Inclusive, las principales secciones legales de la obra (p. ej., Dt 12:1-26:19) se articulan más en formas pedagógicas que en códigos.

La teología de Deuteronomio
La obra es una especie de lectura teológica de la historia del pueblo de Israel, en donde se enfatiza la providencia, misericordia y bondad de Dios. Y esas manifestaciones de liberación divinas se fundamentan en tres temas básicos y prioritarios: En las promesas de Dios a los patriarcas y matriarcas del pueblo, que con la llegada a Canaán ven su cumplimiento; en la elección de Israel entre los pueblos de la tierra, que pone de relieve el amor incondicional de Dios por su pueblo; y en la revelación del pacto o alianza en el Monte Sinaí, que manifiesta el deseo divino de hacer de los israelitas una nación sacerdotal.

No es una obra jurídica seca y árida el Deuteronomio, sino una serie de mensajes de Moisés que destacan los siguientes temas: el amor a la Ley de Dios como fundamento indispensable para la salud integral del pueblo, la fidelidad a la Ley como criterio necesario para el disfrute de las bendiciones divinas y el agradecimiento profundo por el cumplimiento de las promesas de Dios al recibir las tierras de Canaán, a las que el pueblo de Israel llegaba, como don divino.

Estos discursos de Moisés no solo son el recuento elocuente de la pasada historia nacional, sino que ponen de relieve los nuevos desafíos que debe enfrentar el pueblo cuando se materialicen y se hagan realidad las antiguas promesas divinas.

Estilo, estructura, contenido y redacción

El estilo literario del libro del Deuteronomio es homilético, íntimo, educativo, exhortativo; y el vocabulario usado es sencillo, claro, llano, directo, inmediato. Posiblemente, uno de los objetivos de la obra es hacer que los lectores se sientan parte del mensaje; por esa razón, hay un intercambio continuo entre la segunda persona del singular con la del plural de los pronombres (p. ej., entre el familiar «tú» y el oficial «vosotros», particularmente en Dt 5:1-11:32). Se nota en las narraciones, inclusive, una reiteración que brinda cierto ritmo a los pasajes (p. ej., expresiones como «mira», «observa», «oye»); y, además, hay un sentido de actualización de las leyes expuestas mediante el uso continuo de la referencia al «hoy». Y ese estilo de contextualización de las leyes es una manera literaria de afirmar en el libro que la teología de la salvación y redención nacional supera los linderos del tiempo y los límites del espacio.

El Deuteronomio también presenta una particular serie de rasgos muy definidos y característicos que influenciaron la literatura bíblica posterior. Incluye frases que le brindan a la obra urgencia teológica y pertinencia social. Entre esas expresiones estereotipadas, se encuentran las siguientes: «Oye, Israel» (p. ej., Dt 5:1; 6:4; 9:1; 20:3); «amar al Señor» (p. ej. Dt 6:5; 7:9; 10:12); y «con todo tu corazón y con toda tu alma» (p. ej., Dt 4:29; 6:5; 10:12; 11:13; 13:4). Además, frases relacionadas al importante tema deuteronómico –«el Señor tu Dios»– ¡aparecen en más de trescientas ocasiones en el libro! En efecto, el propósito pedagógico del libro se pone claramente de relieve en el estilo reiterativo y en la repetición de palabras, frases y conceptos que destacan el amor y la fidelidad a Dios.

El estilo literario

El estilo literario del libro del Deuteronomio es homilético, íntimo, educativo, exhortativo; y el vocabulario usado es sencillo, claro, llano, directo, inmediato. Posiblemente, uno de los objetivos de la

obra es hacer que los lectores se sientan parte del mensaje, por
esa razón hay un intercambio continuo entre la segunda persona
singular y la plural de los pronombres (p.ej., entre el familiar «tú»,
y el oficial «vosotros»; particularmente en Dt 5:1—11:32).

Este particular estilo literario del libro del Deuteronomio, junto
a su teología de la retribución, se manifiesta también con fuerza
en los libros históricos de Josué, Jueces, Samuel y Reyes y en la
obra profética de Jeremías. Y a este singular acercamiento a la
teología e historia de Israel se le conoce como «literatura y teología deuteronomística», por sus semejanzas literarias y relaciones
temáticas con el libro de Deuteronomio.

El análisis de la estructura literaria del libro debe tomar en
consideración no solo los temas expuestos y las teologías incluidas, sino sus fundamentales características y peculiaridades estilísticas. La lectura sobria de la obra revela dos grandes
secciones literarias, con varias subdivisiones temáticas: la
primera gran parte del libro (Dt 1:1-30:20), que tiene generalmente un carácter exhortativo, contiene tres discursos fundamentales de Moisés en las llanuras de Moab (Dt 1:1-4:49;
5:1-11:32; 29:1-30:20), presenta el código deuteronómico (Dt
12:1-26:19) en medio del segundo discurso mosaico, e incorpora una sección adicional de bendiciones y maldiciones (Dt
27:1-28:68). La segunda sección de la obra (Dt 31:1-34:12)
tiene un estilo más narrativo y en ella se incluyen las últimas
disposiciones de Moisés, antes de morir en el monte Nebo y
de que el pueblo entrara a la tierra prometida. Generalmente,
cada una de estas secciones tiene una especie de título que la
identifica y presenta los temas que expone («Esta, pues, es la
ley que Moisés puso delante de los hijos de Israel»; Dt 4:44;
véase, también, Dt 1:1; 29:1; 33:1).

El contenido del libro de Deuteronomio tiene como finalidad
básica poner de manifiesto lo que Dios requiere de su pueblo,
particularmente en el momento en que la entrada a la tierra de
Canaán finalmente se hacía realidad, y ya no era una posibilidad lejana. Y esa voluntad divina, que se revela claramente en
el mandamiento que, para Jesús de Nazaret, es el principal,

necesario y más importante, contiene el corazón de la revelación divina: «Amarás a Jehová, tu Dios, de todo tu corazón, de toda tu alma y con todas tus fuerzas» (Dt 6:5; Mc 12:30).

Ese es el mensaje clave de Moisés en el Deuteronomio: ¡Amar a Dios con intensidad! Antes de comenzar una nueva etapa en la vida, se subraya la importancia del amor a Dios como criterio fundamental para la felicidad y el disfrute pleno de las promesas divinas en Canaán. Y esa demostración concreta de amor se traduce de forma plena en fidelidad al pacto, en obediencia a los mandamientos, y en el cumplimiento de las regulaciones reveladas en el Sinaí, que en el Deuteronomio se conoce como monte Horeb (excepto en Dt 33:2).

La historia de la redacción del libro es extensa y compleja. El núcleo central de la obra es el Código deuteronómico (Dt 12:1-26:15), que proviene del reino del norte, por el año 722 a. C., al que se le añadieron algunas secciones del segundo discurso de Moisés que lo enmarcan (Dt 4:44-11:31; 26:16-28:68), durante el reinado de Ezequías. Posiblemente, ese fue el libro de la Ley que encontró Josías en el Templo y que incentivó la importante reforma religiosa del año 622 a. C. (1 R 22). El libro tomó su forma final luego de la deportación a Babilonia, en el período postexílico. Las referencias al libro de la Ley que trajo Esdras a Jerusalén son quizá al libro de Deuteronomio, en una forma muy similar al documento canónico actual (Neh 7:73b-10:39).

Primer discurso: Moisés le recuerda al pueblo las promesas de Dios

El primero de los discursos de Moisés en el Deuteronomio es un recuento del peregrinar del pueblo de Israel desde que salió del monte Sinaí, identificado como Horeb, hasta que llegó a las llanuras de Moab, frente a la antigua ciudad de Jericó. Es una especie de lectura teológica de la historia, pues se enfatizan las repetidas intervenciones divinas a favor de los israelitas. La presentación del viaje de los israelitas por el desierto incluye el tiempo que pasaron en Cades, el paso por el territorio de los edomitas y moabitas, el triunfo sobre los reyes de Hesbón y Basán y, finalmente, la conquista y división de las tierras de Transjordania. Es, en efecto, una especie de repaso histórico que prepara el camino para la afirmación del Decálogo.

En el discurso se alude a la región de Canaán. El Arabá (Dt 1:1) es la depresión que se extiende al sur del mar de Galilea y que se divide en tres partes: la cuenca del río Jordán, la región del mar Muerto y la franja de tierra que llega por el sur hasta el golfo de Áqaba, en el mar Rojo. Las montañas de Seir (Dt 1:2) constituían la zona donde habitaban los edomitas, al sureste de Palestina. Los valles (Dt 1:7), en hebreo *sefala,* son las zonas bajas palestinas entre las montañas centrales y el mar Mediterráneo. El término amorreo es una forma de designar a la población cananea en general (Dt 1:7). En efecto, este discurso presenta las fronteras ideales de la tierra prometida, que incluye, de este a oeste, el territorio que comprende el valle del río Jordán y la costa del mar Mediterráneo, y que se extiende hasta las montañas del Líbano, en el norte, y al río Éufrates, al noreste (Dt 1:7).

Las palabras de Moisés constan de dos secciones o partes principales. En primer lugar, se incluye un resumen del peregrinar del pueblo, con el recuento de las promesas divinas, el nombramiento de los jueces, la misión de los exploradores en Canaán y los castigos y victorias del pueblo. (Dt 1:6-3:29). Y, posteriormente, se incorpora una exhortación a escuchar la voz de Dios y cumplir los mandamientos divinos. En efecto, en esta sección, la obediencia es vista como el criterio fundamental e indispensable para el disfrute pleno de las bendiciones y las promesas hechas a los antiguos patriarcas de Israel (Dt 4:1-40).

El discurso de Moisés termina con una muy importante exhortación al pueblo a que persevere en la fidelidad y la obediencia. Es una magnífica forma de finalizar el primer discurso e introducir el segundo, con una afirmación teológica extraordinaria y una recomendación práctica y efectiva. El mensaje es esencialmente monoteísta, que motiva al pueblo a guardar los preceptos y mandamientos divinos, pues ese acto de obediencia y fidelidad es el fundamento básico para disfrutar la felicidad y la longevidad en la tierra prometida: Canaán (Dt 4:39-40).

Segundo discurso: Los Diez Mandamientos

El segundo gran discurso de Moisés comprende la mayor parte del libro de Deuteronomio. En esencia, consta de una sección exhortativa inicial (Dt 5:1-11:32); una serie muy importante de leyes, conocidas como el «Código deuteronómico» (Dt 12:1-26:15); y una parte final de exhortaciones y prescripciones para la renovación del pacto (Dt 26:16-28:68).

En esta sección se repiten algunos de los temas que ya se presentaron en el primer discurso, aunque se incluyen nuevas regulaciones y asuntos. De particular importancia, entre los nuevos énfasis, es la insistencia del Deuteronomio en afirmar que la liberación de Egipto debe ser una motivación básica para cumplir con el Decálogo y el resto de los mandamientos (Dt 5:15).

La primera de las secciones de este segundo discurso de Moisés (Dt 5:1-11:32) repite, con solo algunas diferencias, el Decálogo (Dt 5:6-21) ya revelado en el monte Sinaí u Horeb; además, en esta presentación, se enfatiza el tema de la fidelidad a Dios. Esas muestras de fidelidad y obediencia deben tener, de acuerdo con el libro de Deuteronomio, demostraciones específicas, claras y concretas en la vida, como el cumplimiento del mandamiento clave del monoteísmo, mejor conocido en hebreo como *Shemá*: «Oye Israel: Jehová, nuestro Dios, Jehová uno es» (Dt 6:4).

Este mandamiento, que a través de la historia del pueblo de Israel ha mantenido su pertinencia, vigencia e importancia, pone de relieve el rechazo pleno de las religiones y costumbres politeístas que se manifestaban en Canaán. La revelación divina, de acuerdo con las directrices del Deuteronomio, es directa, clara y sin ambigüedades: Dios es uno, y las prácticas religiosas de los pueblos que se encuentran en la tierra prometida son totalmente incompatibles con la revelación de la Ley en el Sinaí (Dt 7:1-26).

Los judíos piadosos han observado el *Shemá* con singular interés y piedad a través de la historia: recitan esta oración tres veces al día, orientados hacia la ciudad de Jerusalén, y escriben esta ley en sus documentos con letras más gruesas, para destacar su importancia (Dt 6:4-9; 11:13-21; Nm 15:37-41). La esencia del mandamiento es que Dios no está dividido, ni tiene un panteón, como las antiguas divinidades cananeas: ¡siempre es el mismo en su naturaleza, esencia, poder y acciones! En efecto, el Señor es el único Dios y exige completa lealtad y adoración. Ese tipo de Dios requiere un tipo de amor que supera los sentimientos humanos. Este mandamiento ha servido de fundamento filosófico para los programas educativos de la comunidad judía a través de las edades.

La presentación de estas leyes presupone que el pueblo es propenso a ceder ante las tentaciones de las religiones de los pueblos cananeos. Esas tendencias politeístas, que ya se manifestaron en el Sinaí con el becerro de oro, ahora volvían a ser una posibilidad real en el pueblo, pues vivirían en medio de sociedades con esas prácticas idolátricas. Y es en ese contexto de preocupación teológica y espiritual que Moisés vuelve a traer el tema del politeísmo a colación. A pesar de los muchos favores divinos, los israelitas eran rebeldes y contumaces, y es a esas actitudes específicas del pueblo que va dirigido el segundo discurso de Moisés.

De singular importancia en el discurso, es la seria advertencia que Moisés le trae al pueblo. Esa advertencia incorpora un elemento condicional a la promesa de conquistar y poseer las tierras de Canaán. De acuerdo con las palabras e instrucciones específicas de Moisés, solo si el pueblo era fiel a la revelación divina y guardaba los mandamientos con amor, es que Dios desalojará a los habitantes de esas tierras, que eran más poderosos que los israelitas (Dt 11:22-25).

El triunfo de los israelitas en la conquista de Canaán, según este mensaje de Moisés, estaba condicionado a la observancia adecuada de las leyes y a la fidelidad y el amor que demostraban a Dios. Y en este contexto del discurso, se incluyen las instrucciones que relacionan las bendiciones divinas con la obediencia del pueblo; a la vez que se indica que la desobediencia es la actitud humana que genera las maldiciones de Dios.

El Código deuteronómico

Como parte del segundo discurso de Moisés, se incluye el Código deuteronómico (Dt 12:1-26:15) que consiste en una serie de leyes y prescripciones que manifiestan muchos elementos en común con el Código del pacto en el libro de Éxodo (Ex 20:22-26). Sin embargo, en esta ocasión, la presentación de la legislación manifiesta algunas variaciones de importancia. Entre estos cambios debemos destacar el estilo exhortativo e íntimo de sus formulaciones, en las que incluye, de forma sistemática, llamados reiterados a servir y amar al Señor.

De fundamental importancia en este código es la identificación y prescripción del santuario único, seleccionado por Dios, para ofrecer los sacrificios y llevar a efecto los cultos (Dt 12:1-14:21). Esta ley revela, de forma clara y categórica, el rechazo pleno de los cultos ilícitos y de la idolatría que se percibía en Canaán. Tenía como finalidad básica, mantener la pureza litúrgica y preservar el culto al Señor, de acuerdo con las especificaciones de las leyes reveladas en el monte Sinaí.

La proliferación de los santuarios locales y la multiplicación de los diversos lugares de culto propiciaba la contaminación teológica, social, moral, religiosa y espiritual del pueblo de Israel. Además, la centralización del culto, con la afirmación del santuario único, era una manera simbólica de destacar que el Señor era uno, como ya se había revelado en el *Shemá*. Es importante notar que las importantes reformas y transformaciones religiosas que el rey Josías llevó a efecto (2 R 22:1-23:25), se relacionan directamente con esta legislación.

En esencia, el Código deuteronómico contiene un grupo importante de leyes y regulaciones que tienen que ver directamente con el culto y los objetos sagrados que forman parte de las ceremonias religiosas (Dt 12:2-16:17). Además, presenta algunos requerimientos importantes referentes a las instituciones nacionales del pueblo de Israel (Dt 16:18-18:22). Incluye varios temas relacionados con el derecho penal, familiar y social, como las leyes en torno a la guerra, y lo relacionado con los primogénitos, los matrimonios y la virginidad. También expone las leyes que tiene que ver, entre otros temas, con la fornicación, el adulterio, el divorcio y la ley del levirato (Dt 19:1-25:19). Finalmente incorpora una nueva serie de leyes relacionadas con el culto, específicamente relacionadas con las primicias y los diezmos (Dt 26:1-19).

Entre las instituciones nacionales que se destacan en este código, se encuentran las siguientes: los jueces (Dt 16:18-20), la monarquía (Dt 17:14-20), el sacerdocio levítico (Dt 18:18) y los profetas (Dt 18:9-22). Estas instituciones, que representan a las personas que tenían autoridad legal, política, religiosa y espiritual en el pueblo, eran determinantes para el establecimiento de la justicia y para propiciar una convivencia saludable en la comunidad. Regulan el comportamiento y las dinámicas necesarias para que la sociedad funcione con efectividad.

Este código muestra preocupaciones en torno a la pureza ritual que no debe ser ignorada. Como en el antiguo Israel la vida se veía e interpretaba como una unidad, no como eventos aislados o separados entre lo social, político y religioso, la contaminación espiritual afectaba adversamente a todos los sectores del pueblo. El Código deuteronómico pone en clara evidencia, en este tipo de presentación sistemática y relacionada de los temas, que la vida en el antiguo Israel era vista y comprendida de forma integral. Por eso, un problema litúrgico tenía repercusiones adversas en el resto de los componentes de la vida.

El Código deuteronómico finaliza (Dt 26:16-28:68) con una magnífica exhortación a guardar los mandamientos, que es una forma sistemática en el libro de afirmar la importancia de la fidelidad y lealtad al pacto que Dios estableció con el pueblo de Israel en el monte Sinaí (Dt 26:16). Una vez más se subraya la importancia del cumplimiento de las leyes y regulaciones divinas para disfrutar el cumplimiento de las promesas de Dios, hechas primeramente a los patriarcas y posteriormente reiteradas a Moisés y al pueblo.

Para terminar la sección (Dt 28:1-68), el Deuteronomio incluye uno de los discursos más emotivos e intensos de las Sagradas Escrituras. El tema de la homilía se relaciona con las bendiciones y las maldiciones, si el pueblo obedece o desobedece las leyes divinas. Esa es la forma tradicional de finalizar los pactos, las alianzas y los convenios tanto en el Pentateuco como en el antiguo Oriente Medio (véase también Ex 23:20; Lv 26:3-45).

Tercer discurso: Bendiciones y maldiciones

El tercero de los discursos de Moisés en el Deuteronomio (Dt 29:1-30:20) es una reflexión histórica de las intervenciones divinas en medio de las realidades cotidianas del pueblo de Israel. Es realmente un mensaje teológico fundamentado en la historia nacional (Dt 29:1-8), que tiene como finalidad básica exhortar al pueblo a renovar las obligaciones y responsabilidades contraídas en el pacto del Sinaí.

Esta renovación del pacto o alianza era histórica y teológicamente necesaria, pues la generación que había salido de Egipto, y que había sido testigo de la revelación a Moisés y al pueblo en el monte Sinaí, ya había muerto en el desierto. Los que llegaban a la tierra prometida, y verían el cumplimiento de las antiguas promesas divinas, constituían una nueva generación de israelitas que habían nacido en el desierto, en medio del peregrinar, en pleno disfrute inicial de la libertad. Y esta renovación se conoce como el pacto de Moab (Dt 29:9-20).

Aunque el libro de Deuteronomio afirma de forma continua que Dios está siempre dispuesto y presto a perdonar al pueblo (Dt 28:21-30:10), también indica con claridad que si los israelitas no obedecen los mandamientos divinos y no cumplen fielmente con sus responsabilidades cúlticas, morales y sociales, recibirán las consecuencias de sus actos: la destrucción nacional. Y esa es la razón fundamental por la que el Señor pone ante el pueblo la posibilidad real de la vida y de la muerte; y les presenta las alternativas concretas de la bendición y la maldición (Dt 30:19-20). La decisión de ser fieles y leales al pacto no radica en Dios, sino en el pueblo; la actitud de fidelidad no nace en la iniciativa divina, sino en el compromiso humano.

Como testigos directos de esta renovación del pacto, el Deuteronomio presenta a los cielos y la tierra (Dt 30:19). El establecimiento de pactos en el antiguo Oriente Medio, por lo general, incluía algunos testigos. En este caso, porque una de las partes es el Creador de todo lo que existe, se ha convocado al universo entero para que sirva de testigo, se han llamado a «los cielos y la tierra», para que sean garantes de este compromiso entre el Señor y el pueblo de Israel. Ese particular estilo literario y teológico, en el cual se llama al universo para que sea testigo de las intervenciones divinas, también es utilizado por los profetas (Is 1:2; Os 2:21-22; Miq 6:2).

Los últimos días de Moisés

La sección final del Deuteronomio (Dt 31:1-34:12) no solo culmina el mensaje del libro, sino que sirve de conclusión a todo el Pentateuco. El objetivo es presentar algunos episodios finales de la vida de Moisés, el gran líder del pueblo y protagonista indiscutible de la Torá. La teología que presuponen estas narraciones y cánticos es que Dios escogió a Moisés para que llevara al pueblo del cautiverio a la libertad, y que el final de su vida debería reflejar los valores que sirvieron de fundamento para sus labores legislativas y educativas con el pueblo.

En primer lugar, Josué es instalado como sucesor de Moisés (Dt 31:1-23). Cumplidos ciento veinte años, Moisés reconoce, de acuerdo con la narración del Deuteronomio, que necesita identificar a alguien que lleve al pueblo a la tierra prometida, y selecciona a su lugarteniente, Josué, el hijo de Nun, para que cumpla esa encomienda, que incluía leer la ley al pueblo cada siete años (Dt 31:9-13). La misión del nuevo líder es clara y directa: «¡Esfuérzate y anímate!, pues tú introducirás a los hijos de Israel en la tierra que les juré, y yo estaré contigo» (Dt 31:23).

Posteriormente, el libro incluye un cántico de Moisés (Dt 31:30-32:47), que desde la perspectiva literaria sigue el patrón de los salmos de confianza en Dios que tienen un propósito educativo y sapiencial. El propósito teológico del poema es presentar la gratitud y las alabanzas a Dios por la manifestación de su misericordia y la revelación de su fidelidad. Es importante notar en este cántico las referencias y las imágenes que se emplean para referirse a Dios: roca, justo, recto, Padre, Creador y Altísimo. Es una teología de fortaleza y seguridad, de esperanza y liberación, de confianza y redención, de misericordia y fidelidad.

Importancia de la fidelidad
Aunque el libro de Deuteronomio afirma de forma continua que Dios está siempre dispuesto y presto a perdonar al pueblo (Dt 28:21+30:10), también indica con claridad que si los israelitas no obedecen los mandamientos divinos y no cumplen fielmente con sus responsabilidades cúlticas, morales y sociales, recibirán las consecuencias de sus actos: La destrucción nacional. Y esa es la razón fundamental por la que el Señor pone ante el pueblo la posibilidad real de la vida y de la muerte; y les presenta las alternativas concretas de la bendición y la maldición (Dt 30:19-20). La decisión de ser fieles y leales al pacto no radica en Dios sino en el pueblo; la actitud de fidelidad no nace en la iniciativa divina sino en el compromiso humano.

Como si fuera un padre, Moisés se despide del pueblo, luego de contemplar desde el monte Nebo la tierra prometida (Dt 32:48-52), y bendice a las doce tribus de Israel (Dt 33:1-29). Bendecir a los hijos antes de morir es una tradición antigua que se muestra con cierta regularidad en las Sagradas Escrituras (Gn 27:27-40; 48:15-16; 49:1-28), particularmente entre los patriarcas. En la lista de las tribus se omite a Simeón y se sustituye a José por sus dos hijos, Efraín y Manasés (Gn 48:8-14). Quizá esta omisión se debe a que con el tiempo la tribu de Simeón fue absorbida por Judá. La descripción de Moisés como «varón de Dios» (Jos 14:6; Dt 33:1; Sal 90) es de gran significación, pues esa es una forma de designar a los antiguos profetas de Israel.

Y para concluir el libro de Deuteronomio, se incluye la narración de los momentos finales de vida de Moisés, el gran líder del pueblo. Llegó al monte Nebo, contempló la tierra prometida y murió en Moab. La tradición rabínica se funda en estos versículos (Dt 34:5-7), para indicar que Dios mismo enterró a Moisés, frente de Bet-peor o Baal-peor, a los ciento veinte años, y nadie conoce el lugar de su sepultura. En efecto, una vida tan extraordinaria como la de Moisés no podía morir como cualquier mortal: ¡solo Dios lo despidió y lo enterró!

La teología de la elección

El libro de Deuteronomio se presenta como el acopio de las palabras finales de Moisés antes de morir y de que el pueblo llegara a la tierra prometida. Al comprender que estaba al término de su vida, el gran líder del pueblo presenta esta especie de testamento espiritual y legado moral en las llanuras de Moab frente a Jericó.

¡Moisés llegó a la frontera de Canaán, al umbral del cumplimiento de las promesas divinas! En ese gran contexto teológico, reunió a todo el pueblo, repasó la historia de la liberación de Egipto, aludió al peregrinaje por el desierto, reafirmó la revelación en el Sinaí y les recordó la necesidad de cumplir con las estipulaciones divinas para vivir felices y liberados en las nuevas tierras. De fundamental importancia en estos mensajes de Moisés, y también en el todo el libro de Deuteronomio, es la fidelidad a Dios, que se materializaba de manera real en la observancia decidida de los mandamientos, las leyes, los estatutos, las ordenanzas y los preceptos divinos.

En efecto, el libro de Deuteronomio es una obra eminentemente teológica que desea educar al pueblo de Israel, por boca de Moisés, su gran líder espiritual, moral y legislativo, reconocido también como profeta y «siervo del Señor», en torno a los valores necesarios para evitar el cautiverio del cual habían salido de las tierras del faraón de Egipto. Y de la lectura de ese mensaje se deprenden algunos postulados teológicos de gran importancia temática y espiritual para el resto de las Sagradas Escrituras.

Uno de esos valores teológicos, que se pone de manifiesto en el libro de Deuteronomio, es la afirmación de la unicidad de Dios, que es la gran declaración monoteísta. El Señor es uno, e Israel debe escucharlo de forma continua, y repetirlo de manera sistemática en los entornos más íntimos de la familia por las generaciones. En el *Shemá* (Dt 6:4-9), por ejemplo, se pone en evidencia clara una declaración que ha servido de credo espiritual no solo a los antiguos profetas bíblicos, sino que constituye la base filosofía de la pedagogía del judaísmo histórico.

Ese texto es clave para la teología bíblica, porque une la gran afirmación teológica en torno a Dios con las respuestas humanas de amor. El Dios único requiere una correspondencia de fidelidad que se materializa en el amor. Es por esa particular razón teológica y existencial que, posiblemente, Jesús de Nazaret identificó esta enseñanza como el primer y más grande de los mandamientos (Mc 12:29-30).

En efecto, la afirmación del monoteísmo bíblico no es un postulado abstracto e hipotético sin implicaciones contextuales, sino que tiene repercusiones concretas en el amor que se manifiesta en obediencia, fidelidad y lealtad. Este importante valor teológico, espiritual y ético se reitera con frecuencia en la obra (Dt 4:35, 39; 7:9; 10:14; 32:39), y relaciona ese componente del mensaje del libro de Deuteronomio con el corazón de la literatura profética.

En el Deuteronomio, el Señor es un Dios que ama con intensidad, y ese particular y especial amor divino se ha manifestado de forma extraordinaria en el pueblo de Israel. El fundamento de esas manifestaciones de amor divino a los israelitas no es la grandeza del pueblo, sino el deseo y compromiso divino de ser fiel a las promesas que le hizo con anterioridad a los antiguos patriarcas y matriarcas de Israel (Dt 7:7-8). El Dios del Deuteronomio es fiel sus promesas y al pacto, y manifiesta continuamente su misericordia y ternura (Dt 4:27; 7:8, 13; 10:15; 23:6), aunque el pueblo, de forma obstinada, imprudente y repetida, actúa de manera infiel, rebelde e impropia. Inclusive, para destacar las formas de la protección y los favores divinos, el libro indica que Dios cuida a Israel como a «la niña de sus ojos» y protege al pueblo como el águila le brinda cobertura a sus polluelos (Dt 32:9-11).

En ese contexto de amor divino y fidelidad humana, se pone de manifiesto el importante concepto de elección divina, que alude directamente a la opción que ejerce Dios al identificar, escoger y bendecir a un pueblo específico y particular de toda la tierra y hacerlo su propiedad especial, íntima y privada. Esta elección se presenta en el Deuteronomio como parte de un plan divino para manifestar su compromiso con un pueblo que sufría las penurias del cautiverio y vivía en medio de las opresiones e injusticias, sin libertad, en el país de Egipto.

La teología de la elección, en efecto, está íntimamente relacionada con la sociología del cautiverio, con las dinámicas de los trabajos forzosos, con las políticas de irrespeto a los derechos humanos. Dios seleccionó a Israel no por alguna virtud histórica, moral, religiosa o espiritual, sino por su fragilidad, por su necesidad, por su dolor. Esta teología de la elección se basa en las flaquezas humanas, no en las virtudes históricas del pueblo. Es un don gratuito del Señor, una manifestación especial de la misericordia, el ámor y la benevolencia divina. En la teología de la elección de Israel, de acuerdo con el Deuteronomio, no se identifican ni afirman las virtudes o los méritos del pueblo, solo se pone de manifiesto el especial amor de Dios.

Esa teología de la elección, que es esencialmente un don divino, se puede transformar en una ideología de egoísmo y prepotencia, cuando se entiende como que el pueblo la merece, cuando se afirma que los israelitas la habían ganado. El don divino de la elección es gratuito, no se basa en los méritos humanos ni mucho menos en las cualidades morales, espirituales, legales o étnicas del grupo, sino en la misericordia y el amor de Dios. El motor que guía la teología de la elección es la necesidad del pueblo, no su poder.

La teología de la elección divina del pueblo de Israel no constituye un rechazo adverso de otras comunidades o grupos étnicos. Por el contrario, pone en la comunidad escogida una responsabilidad extraordinaria, pues lo identifica como representante internacional y portavoz de ese Dios que le seleccionó. En efecto, como la elección divina no depende de las virtudes humanas, sino de las fragilidades, y el poder proviene enteramente de parte de Dios, es deber del pueblo escogido transmitir esos valores entre todos los pueblos de la tierra. Y esos valores se relacionan con la naturaleza del Dios que los sacó de la tierra de Egipto.

La elección no es una especie de licencia teológica para actuar de forma impropia en la vida, sino que conlleva una gran responsabilidad teológica, espiritual, social y política. No es un permiso moral o legal para rechazar, herir, ofender, humillar o cautivar a otras comunidades. El pueblo de Israel, de acuerdo con el Deuteronomio, debe representar adecuadamente, ante los demás pueblos de la tierra, la naturaleza especial y única del Dios del pacto. Y esa particular naturaleza divina se manifiesta concretamente, entre otras formas, en demostraciones de justicia, amor, paz, perdón y misericordia.

Bibliografía

A continuación, presentamos una bibliografía selecta, no muy extensa, de las obras consultadas y de los libros que recomendamos para proseguir los estudios más avanzados de la Biblia hebrea o el Antiguo Testamento. Aunque deseamos enfatizar obras recientes en castellano, se han incluido algunas referencias a libros en otros idiomas, particularmente en inglés, por la importancia de sus contribuciones.

Y en torno a la bibliografía de los libros de la Biblia en específico, se pueden consultar los comentarios bíblicos que incluimos a continuación.

Obras generales en torno a la Biblia

ALONSO SCHOKEL, Luis: *La palabra inspirada*; Madrid: Cristiandad, 1986.

_____, *Hermenéutica de la Palabra*, 3 vol.; Madrid: Cristiandad, 1986-1987.

_____, ARTOLA, A. M., (eds.). *La Palabra de Dios en la historia de los hombres.* Bilbao: DeustoMensajero, 1991.

ALTER, R.: *The Art of Biblical Narrative*; Nueva York: Basic Books, 1981.

ANDINAH, Pablo R.: *El libro del Éxodo*; Salamanca: Ediciones Sígueme, 2006.

ARANDA PÉREZ, G., F. García Martínez y M. Pérez Fernández: *Literatura judía intertestamentaria*; Estella (Navarra): Verbo Divino, 1996.

ARTOLA ARBIZA, A. M.: La Escritura inspirada. Estudios sobre la inspiración bíblica. Bilbao: Universidad de Deusto, 1994.

ARTÚS, O.: *Aproximación actual al Pentateuco*; Cuadernos 106; Estella (Navarra): Verbo Divino, 2001.

BLENKINSOPP, Joseph: *El Pentateuco: introducción a los cinco primeros libros de la Biblia*; Estella (Navarra): Verbo Divino, 1999; original en inglés: 1992.

CASSUTO, U.: *The Documentary Hypotesis and the Composition of the Pentateuch*; Jerusalem: Perry Foundation for Biblical Research, 1961; publicado originalmente en 1941.

CHILDS, B. S.: *Introduction to the Old Testament as Scripture*; Philadelphia: Fortress Press, 1982.

Clemens, R. E.: *Old Testament Theology*; Atlanta: John Knox Press, 1978.

CROATTO, José Ceverino: «Éxodo 1-15: Algunas claves literarias y teológicas para entender el Pentateuco», *Estudios Bíblicos* 52, 1994; 167-194.

DELCOR, M., y F. García Martínez: *Introducción a la literatura esenia de* Qumrán; Madrid: Cristiandad, 1982.

DÍAZ MACHO, A.: El tárgum: introducción a las traducciones aramáicas de la Biblia; Madrid: CSIC, 1982.

——————— , Los apócrifos del Antiguo Testamento; Madrid: CSIC, 1983-1986.

GARCÍA CORDERO, M.: *Teología de la Biblia*, 3 vol. Madrid: Edica, 1970-1972.

García López, Félix: El Pentateuco: introducción a la lectura de los primeros cinco libros de la Biblia; Estella (Navarra): Verbo Divino, 2002.

García Martínez, F.: *Textos de Qumrán*; Madrid: Trotta, 1993.

Finegan, J.: Hanbook of Biblical Chronology. Principles of Time Reckouning in the Ancient World and Problems of Chronology in the Bible; Peabody: Hendrickson, 1998.

Mannucci, V.: *La Biblia como Palabra de Dios*; Bilbao: Desclée, 1995.

Pagán, S.: *Introducción a la Biblia hebrea*; Barcelona: clie, 2013.

—————, *El Santo de Israel*; Nashville: Abingdon, 2001.

—————, *Experimentado en quebrantos*; Nashville: Abingdon, 1998.

Pixley, Jorge V.: Éxodo: una lectura evangélica y popular. México: Casa Unida de Publicaciones, 1983.

Ocariz, F., y A. Blanco: *Revelación, fe y credibilidad*; Madrid: Pelícano, 1998.

Rad, G. von: *Teología del Antiguo Testamento*. Vol. 2; Salamanca: Sígueme, 1975.

Trebolle, Barrera, J.: *La Biblia judía y la Biblia cristiana*; Madrid: Trotta, 1993.

Trevijano Etxevarría, R.: *La Biblia en el cristianismo antiguo*; Estella (Navarra): Verbo Divino, 2001.

Sánchez Cetina, Edesio: *Deuteronomio. Comentario Bíblico Iberoamericano*; Buenos Aires: Ediciones Kairós, 2002.

Schwantes, M.: *Sufrimiento y esperanza en el exilio*; Santiago: rehue, 1991.

SICRE DÍAZ, José Luis: *El Pentateuco: Introducción y textos selectos*; Buenos Aires: San Benito, 2004.

SKA, J. L.: Introducción a la lectura del Pentateuco. Claves para la interpretación de los cinco primeros libros de la Biblia. Estella (Navarra): Verbo Divino, 2001; original en italiano, 1998.

VOTH, Esteban: Génesis: primera parte. Comentario Bíblico Hispanoamericano; Miami: Caribe, 1992.

Enciclopedias, geografías y diccionarios bíblicos

ACHTEMEIER, P. J. (ed.): *Harper's Bible Dictionary*; San Francisco-Londres: Harper and Row, 1985.

AHARONI, Y., y M. Avi Yonay: *The Macmillan Bible Atlas*; Jerusalén, Nueva York y Londres: Macmillan, 1977.

—————— , The Archaeology of the Land of Israel; Londres: SCM, 1982.

BALY, D.: *The Geography of the Bible*; Nueva York y Londres: Harper, 1979.

BLAIKLOCK, E. M., y R. K. Harrisson: *The New International Dictionary of Biblical Archaeology*; Grand Rapids: Zondervan, 1983.

BOGAERT, P. M., *et al.*: *Diccionario enciclopédico de la Biblia*; Barcelona: Herder, 1993.

BOTTERWECK, G. W., H. Ringreen *et al.* (eds.): *Diccionario teológico del Antiguo Testamento*; Madrid: Cristiandad, 1973.

BROWNING, W. R. F.: *A Dictionary of the Bible*; Oxford, Nueva York: Oxford University Press, 1996.

BUTTRICK, G. A., *et al.* (ed.): *The Interpreter's Dictionary of the Bible*, 4 vol. Nashville-Nueva York: Abingdon Press, 1962. Supl. 1976.

COHENEN, E., E. Beyreuther y H. Bietenhard (eds.): *Diccionario teológico del Nuevo Testamento*; Salamanca: Sígueme, 1980-1984.

DIEZ MACHO, A., y S. Bartina, (eds.): *Enciclopedia de la Biblia*, 6 vol.; Barcelona: Garriga, 1963-1965.

FREEDMAN, D. N. (ed.): *The Anchor Bible Dictionary*. Vol. 6; Nueva York, Londres, Toronto, Sydney, Auckland: 1992.

JENNI, E., y C. Westermann (eds.): *Diccionario teológico manual del Antiguo Testamento*, 2 vol. Madrid: Cristiandad, 1973.

LÉON-DUFOUR, X. (ed.): *Vocabulario de teología bíblica*; Barcelona, 1973.

MAIER, J., y P. Schafer: *Diccionario del judaísmo*; Estella (Navarra): Verbo Divino, 1996.

MAY, H. G. (ed.): *Oxford Bible Atlas*; Nueva York y Toronto: Oxford University Press, 1987.

PRITCHARD, J. B.: *The Harper Atlas of the Bible*; Nueva York: Harper and Row, 1987.

STERN, E.: Archaeology of the Land of the Bible. The Assyrian, Babylonian, and Persian Periods, 732-332 B. C. E.; Nueva York: Doubleday, 2001.

Comentarios e introducciones al Antiguo Testamento

ACKROYD, P. R., A. R. C. Leaney y L. W. Packer: *Cambridge Bible Commentary on the English Bible*; Cambridge: Cambridge University Press, 1963-1979.

ALONSO SCHOKEL, L., y J. Mateos (eds.): *Libros Sagrados*; Madrid: Cristiandad, 1966-1977.

BROWN, R. E., J. A. Fitzmayer y R. E. Murphy: *Nuevo Comentario Bíblico «San Jerónimo»*. 2 Vol.; Madrid: Cristiandad, 1971-1972, 2000.

Comentario bíblico hispanoamericano. Vol 1 y 2; Madrid: Verbo Divino, 2005, 2006.

CROSS, F. M. (ed.): *AT. Hermeneia. A Critical and Historical Commentary on the Bible*; Filadelfia: Fortress Press, 1972 ss.

FARMER, W. R., *et al.* (eds.): *Comentario Bíblico Internacional*; Estella (Navarra): Verbo Divino, 1999.

GOTTWALD, N. K.: *The Hebrew Bible: A Socio-Literary Introduction*; Philadelphia: Fortress, 1985.

GUIJARRO OPORTO, S., y M. Salvador García, (eds.): *Comentario al Antiguo Testamento I*. Estella (Navarra): Casa de la Biblia, 1997.

HUBBARD, D. A. (ed.): *Word Biblical Commentary*; Waco: Word Books, 1982 ss.

KECK, L.: *The New Interpreter's Bible*. 12 vol.; Nashville: Abingdon, 1995-2002.

LAFFEY, A.: *An Introduction to the Old Testament: A Feminist Perspective*; Philadelphia: Fortress press, 1988.

LASORD, W. S.: *Panorama del Antiguo Testamento*; Buenos Aires y Grand Rapids: Nueva Creación y Eerdmans, 1995.

MCKENZIE, S. L., y M. P. Graham (eds.): *The Hebrew Bible Today: An Introduction to Critical Issues*; Louisville: Westminster-John Knoix press, 1998.

PROFESORES DE LA COMPAÑÍA DE JESÚS: *La Sagrada Escritura*. 6 vol.; Madrid: BAC, 1967-1971.

SÁNCHEZ CARO, J. M., *et al.*(eds.): *Introducción al estudio de la Biblia*. 10 Vol.; Estella (Navarra): Verbo Divino, 1989.

RENDORFF, R.: *The Old Testament: An Introduction*; Philadelphia: Fortress, 1995.

SCHMIDT, W. H.: *Introducción al Antiguo Testamento*; Salamanca: Sígueme, 1983.

SICRE, J. L.: *Introducción al Antiguo Testamento*; Estella (Navarra): Verbo Divino, 1993.

SOGGIN, J. A.: *Introduction to the Old Testament*; Philadelphia: Westminster Press, 1980.

STENDEBACH, F. J.: *Introducción al Antiguo Testamento*; Dusseldorf: Patmos, 1994.

Ediciones de la Biblia

A. EDICIONES EN HEBREO, ARAMEO Y GRIEGO

Biblia Hebraica Stuttgartensia; ELLIGER, K., y W. Rudolph, (eds.): Stuttgart Deutsche Bibelgesellschaft, 1967-1987.

Septuaginta. Vetus Testamentum Graecorum Autoritate Academiae Scientiarum Gottingensis Editium, Göttingen: Vanderhoeck und Ruprecht, 1974.

B. EDICIONES EN CASTELLANO

Biblia del Peregrino; Bilbao: Mensajero, 1993.

Biblia de estudio (VPEE); Miami: SBU, 1994.

El Libro del Pueblo de Dios; Buenos Aires, 1985.

La Nueva Biblia de Jerusalén; Bilbao: Descleé de Brouwer, 1975.

La Biblia de Navarra; Pamplona: EUNSA, 1975-2002.

La Nueva Biblia Española; Madrid: Cristiandad, 1975-1988.

La Biblia-NVI; Miami: SBI, 2001.

La Nueva Biblia Latinoamericana; Madrid: Paulinas, 1982.

Reina-Valera 1995: Edición de estudio; Miami: SBU, 1995.

Reina-Valera Contemporánea; Miami: SBU, 2012.

Historia y geografía del antiguo Oriente Medio

ADAM SMITH, G.: *Geografía histórica de la Tierra Santa*; Valencia: EDICEP, 1985.

BRIGHT, J.: *La historia de Israel*; Bilbao: Desclée, 1985.

DE VAUX, R.: *Instituciones del Antiguo Testamento*; Barcelona: Herder, 1976.

GONZÁLEZ LAMADRID, A.: *La fuerza de la tierra*; Salamanca: Sígueme, 1990.

GONZÁLEZ ECHEGARAY, J., et al.: *La Biblia en su entorno*. Estella (Navarra): Verbo Divino, 1990.

_____ , *El Creciente Fértil y la Biblia*; Estella, Navarra: Verbo Divino, 1991.

MILLER, J. M., y J. H. Hayes: *A History of Ancient Israel and Judah*; Philadelphia: The Wesmisnter Press, 1986.

NOEL, D.: *Los orígenes de Israel*; Estella (Navarra): Verbo Divino, 1999.

PIXLEY, Jorge: *Historia sagrada. Historia popular*; San José: DEI, 1991.

SCHUREL, E.: Historia del pueblo judío en tiempos de Jesús: 175 a. C.-135 d. C. 2 vol. Madrid: Cristiandad, 1985.

SOGGIN, J. A.: Nueva historia de Israel. De los orígenes a Bar Kochba; Bilbao: Declée, 1997.

9 788482 679662